反垄断软性执法机制研究

刘进 著

ZHEJIANG UNIVERSITY PRESS
浙江大学出版社
·杭州·

图书在版编目(CIP)数据

反垄断软性执法机制研究 / 刘进著. —杭州:浙江大学出版社,2022.6
ISBN 978-7-308-22801-5

Ⅰ.①反… Ⅱ.①刘… Ⅲ.①反垄断法－行政执法－研究－中国 Ⅳ.①D922.294.4

中国版本图书馆 CIP 数据核字(2022)第 116220 号

反垄断软性执法机制研究

刘 进 著

策划编辑	吴伟伟	
责任编辑	陈思佳(chensijia_ruc@163.com)	
责任校对	宁 檬	
封面设计	雷建军	
出版发行	浙江大学出版社	
	(杭州市天目山路 148 号 邮政编码 310007)	
	(网址:http://www.zjupress.com)	
排 版	浙江时代出版服务有限公司	
印 刷	广东虎彩云印刷有限公司绍兴分公司	
开 本	710mm×1000mm 1/16	
印 张	16	
字 数	260 千	
版 印 次	2022 年 6 月第 1 版 2022 年 6 月第 1 次印刷	
书 号	ISBN 978-7-308-22801-5	
定 价	68.00 元	

前　言

　　为了落实复杂的反垄断任务,各国在司法诉讼和行政强制执法方式之外,设计出一系列特殊的反垄断软性执法方式,如指导、建议、劝告、协商等。在一些发达国家和地区,如加拿大、日本、欧盟等,这种软性执法的使用频率甚至已超过司法诉讼和强制性行政执法,占据了反垄断执法的主流地位。

　　反垄断软性执法即一国反垄断法专门执法机构在执法过程中不直接运用国家强制力,而通过指导、许诺、揭露、协商等方式,于事前对垄断行为予以预防,或于事中形成对垄断行为的控制,或于事后对垄断行为加以修正的执法方式。反垄断软性执法从本质上而言是一种回应型执法方式,与其他反垄断执法方式之间的界限在于"未直接运用国家强制力"。在反垄断软性执法中,尽管各国采取的具体措施有所不同,基本涉及指导、许诺、揭露激励、协商等方式的运用。

　　反垄断软性执法产生于公域之治转型的背景之下。公域之治由国家管理模式向国家治理模式的转变,带来了行政执法方式的改变,也为反垄断软性执法提供了发展契机。反垄断问题的复杂性、专业性,要求专门的执法机构来处理反垄断事务,反垄断独立经济管制机构应运而生,为反垄断软性执法提供了主体条件。反垄断软性执法对于传统行政执法是一个极大的挑战。在反垄断软性执法中,反垄断执法机构对反垄断法律规则的解释不再是决策式而是指导式;反垄断执法机构的裁量采取商谈、接受承诺、宽恕等方式进行,是一种交往理性下的执法裁量,这种裁量方式注重权力的非单向性,表现为一种"暂时性共识",基于主体间的认同而获得正当性。反垄断软性执法对于一种垄断行为的处分不是事后的责任追究,而是事中的直接规制,即将垄断行为纳入监督视野,并对行为进行长期监控与调整,以趋利避害。

　　反垄断法的不确定性是软性执法的正当性基础。尽管法律都或多或少体现出不确定性特点,但是这一特征在反垄断法中尤为突出。反垄断法的不确定性集中表现在反垄断诉讼判决中充斥着大量模糊不清,甚至自相矛盾的"反垄断双语"(antitrust double-talk)。反垄断法律规则特有的模糊性、合理分析原则在反垄断案件中的广泛运用,以及反垄断法目的的多元化矛盾、反垄断经济学的复杂性使反垄断法的不确定性超出了一般法律,其法律属性甚至因此而遭到质疑。最优法律理论、不完备法律理论、执法激励理论等都早已证明,在法律不确定的状态下,行政执法相对于司法执法更具合理性。这意味着作为一种特殊的行政执法,反垄断软性执法比反垄断法私人执行更具优势。与非软性执法相比,反垄断软性执法体现出非裁判性、非制裁性、协商性、过程性、参与性的优势,能使具有特殊不确定性的反垄断法得到更为合理的适用。在一个充满不确定性的法律体系中,如果采取对法条进行强制适用的执法方式,不仅难以完成反垄断法的任务、达到其目的,其法律的正当性也无从体现。因此可以说,反垄断法的不确定性为软性执法提供了正当性基础,而反垄断软性执法又有利于促进反垄断法正当性的实现。

反垄断软性执法遭受的最大质疑是可能损害相关主体的利益以及公共利益,因此,有必要为其设立一定的监督机制。对于行政裁量权的监督方式主要有三种:立法控制、程序控制与司法审查。针对协议裁决这种典型的反垄断软性执法,尽管美国选择了司法审查监督的方式,但法院基于自身的局限性而不愿对政府作出的协议裁决进行过多干涉,表现出对行政自由裁量的充分尊重。司法审查中的"公示—评论—解释"程序为各种相关利益提供了表达、抗辩的"论坛"(forum),其实质是对以程序控制行政裁量权的回归。这种程序控制与正式的行政程序的不同之处在于,前者是一种事后的程序控制,既保障了协议裁决的非正式性,又能形成对执法过程的威慑,促进公共利益的实现。

我国《反垄断法》的实施已逾十年,其私人执行的效果并不明显,但是公共执行取得了一定的成绩。我国反垄断执法机构在执法实践中颁布的反垄断指导性规则体现了其作为一种软性执法方式的参与性,发挥了解释《反垄断法》、对市场行为进行指导的功能,但也存在一些不足之处。商务部在反垄断法执法初期就已开始顺应软性执法的潮流,重视协商方式在执法中的运用,建立了较为完善的经营者集中商谈制度。在没有司法审查的背景下,还应进一步完善公示与听证制度,以加强对经营者集中商谈制度的监督。我国《反垄断法》规定的经营者承诺制度,并未体现其软性执法应具有的协商性、参与性与过程性。我国反垄断宽大制度作为一种揭露垄断协议的激励机制,是协议参与者与执法机构之间的一种要约与承诺的交易机制,如何克服其"诱惑不足"的缺陷并增强其激励效应,是未来我国宽大制度设计的重中之重。

目　录

导　论

一、问题的提出

在我国,《反垄断法》的产生经历了复杂曲折的过程。《反垄断法》的颁布是我国反垄断法制建设的一个新起点,其肩负着公众对打击市场垄断势力、健全市场竞争机制的殷切期望。因此,在《反垄断法》实施的第一天,即2008 年 8 月 1 日,媒体就报道了 4 起反垄断法诉讼案件。[①] 然而,在《反垄断法》实施的起始阶段,反垄断民事诉讼案件并不多见。[②] 在此后的十多年间,反垄断民事诉讼案件的数量稳步上升,但真正进入诉讼阶段的案件却也并不多见。[③] 这一现象的出现固然和我国没有反垄断传统、各方主体对于反垄断法的理解不足有关,但是纵观世界各国的反垄断法实施历史,我们会发现在反垄断法实施初期反垄断私人诉讼稀缺的现象并非我国所独有。很多国家在反垄断法实施初期,私人反垄断诉讼也是非常少甚至没有。例如,从 1890 年到 1940 年,即在美国《谢尔曼法》实施后的第一个五十年,美国法院仅受理了 175 起私人诉讼案件,平均每年只有 3.5 起。[④] 从 1962 年至

[①] 这 4 起案件分别是:重庆律师刘方荣以涉嫌垄断保险费市场价格造成其保险费损失为由对重庆市保险行业协会提起反垄断诉讼;北京 4 家防伪企业起诉国家市场监督管理总局强制企业对产品赋码交费加入电子监管网的行政行为;北京律师李方平状告北京网通利用垄断地位差别对待北京"新市民";浙江余姚名邦税务师事务所起诉余姚市政府违反《反垄断法》侵犯其公平竞争权。

[②] 截至 2010 年 5 月,全国地方法院仅受理反垄断民事诉讼案件 10 起,尚无胜诉案例(孔祥俊、郜中林:《中国反垄断民事诉讼制度之构建》,中国世界贸易组织研究会竞争政策与法律专业委员会主编:《中国竞争法律与政策研究报告(2010 年)》,北京:法律出版社,2010 年,第 30 页)。

[③] 在 2019 年,我国《反垄断法》第二个十年的开局之年,中国裁判文书网上以"垄断纠纷"为案由检索到的裁判文书仅有 54 份,其中撤诉(含裁定准许撤诉、按撤诉处理)的有 10 起,驳回诉讼请求的有22 起,支持诉讼请求的仅 2 起(杜爱武、陈云开:《中国反垄断诉讼案件概况及评析(2019 年)》,《竞争法律与政策评论(第 6 卷)》,北京:法律出版社,2020 年,第 315 页)。

[④] Glifford A. Jones, *Private Enforcement of Antitrust Law, UK and USA*, Oxford: Oxford University Press, 1999, p. 79. 转引自王健:《关于推进我国反垄断私人诉讼的思考》,《法商研究》2010年第 3 期。

2004 年 8 月,在所有 25 个欧盟成员国中,总共只有 60 起反垄断私人诉讼案件,平均每年不到 1.5 起。[①] 日本的《关于禁止私人垄断和确保公正交易的法》制定于 1947 年,但很长一段时间内日本也没有反垄断私人诉讼案件,1955 年至 1964 年间也只有 2 起。[②] 由此可见,反垄断私人诉讼难现象并非我国所独有。

诉讼是法律执行的重要途径,然而反垄断诉讼如此稀缺,这一现象留给我们的疑问是:反垄断民事诉讼稀缺的原因是什么?一部法律既然存在,就应该得到有力的执行,在诉讼之外,是否有更好的执行反垄断法的方式?纵观各国反垄断法的执法历史,我们发现反垄断法执行的方式并非只有私人民事诉讼这一种,目前有很多国家均采取私人执行与公共执行两种方式来实施反垄断法。对反垄断法执行实践进行进一步检视,我们会发现在成熟市场经济国家,反垄断法更多地依靠公共执行来实施,并在公共机构的强制执法之外大量采用指导、劝告、建议、诱导、协商等方式。这类具有灵活性、务实性、适应性的执法手段(本书将之统称为软性执法)的运用甚至超过了其他执法手段,成为反垄断执法中备受瞩目的一部分。无独有偶,检视我国反垄断法已有实践,我们会发现这类特殊的执法方式不仅在我国反垄断法中有所规定,而且在实践中已经获得了一定的运用。例如:我国反垄断执法机构颁布大量的指导性规则以引导企业的经营行为,避免垄断行为的发生;原反垄断执法机构工商局、发改委在其制定的《反垄断法》配套法规中细化《反垄断法》所规定的经营者承诺制度和宽大制度;商务部颁布了《企业商谈规则》,并在审查经营者集中过程中特别注重商谈方式的运用,引导企业主动消除集中对市场竞争的影响。在此,我们提出的问题是:在西方成熟市场经济国家的反垄断执法实践中,软性执法为何会超越其他执法方式而达到普遍适用的程度?我国反垄断法对软性执法应持何种态度呢?为此,本书将反垄断软性执法作为反垄断法的一种执法类型进行研究,试图回答以下

① Emily Clark, Mat Hghes, David Wirth, "Study on the Conditions of Claims for Damages in Case of Infringement of EC Competition Rules", http://ec. europa. eu/competition/antitrust/actionsdamages/economic_clean_en. pdf. ,2021-08-20.

② Shingo Seryo, "Private Enforcement and New Provitions for Damages and Injunctions in Japan", in Clifford A. Jones, Mitsuo Matsushita(eds.), *Competition Policy in the Global Trading System*, Hague: Kluwer Law International,2002,p. 268. 转引自王健:《关于推进我国反垄断私人诉讼的思考》,《法商研究》2010 年第 3 期。

几个主要问题：

第一，反垄断软性执法有没有对其进行定义的可能？也就是说有没有可能抽象出一个各国具体软性执法方式的上位概念？软性执法仅仅是反垄断法执行的一部分，因此回答这一问题的要点就是找出一个标准，将软性执法与反垄断其他执法方式进行区分。这是对反垄断软性执法进行理论研究的基础。

第二，反垄断法大量采用软性执法的正当性何在？事实上，在公私法融合趋势下，公法的执法领域早已出现"软化"趋势，如刑法中的执法和解制度的形成，行政法上的行政指导、行政契约的出现等。在此趋势下，反垄断法执法的"软化"并非新现象，但为何反垄断法中的软性执法能超越其他执法方式而占据主导地位？

第三，我国反垄断法软性执法今后应如何完善和发展？要回答这个问题，首先要解决的前提问题是：我国反垄断法需要软性执法吗？事实上，我国《反垄断法》已经存在对软性执法的明确规定，而且在实践中我国也已出现反垄断软性执法现象。在今后仍需要大力发展软性执法吗？如果要发展，应如何对之进行细化、完善？

二、本书的意义

（一）理论意义

第一，本书是对现有研究成果的适时总结。目前我国法学理论界对于反垄断法实施机制的研究十分重视，成果显著。关于反垄断软性执法的研究也受到了一定的关注，但研究内容较为分散，往往囿于某一具体的软性执法制度，未将反垄断软性执法进行类型化，并挖掘其背后深刻的理论根源。本书将总结现有的相关研究成果，探寻反垄断软性执法的共同特点及发展趋势，分析其正当性并寻求其背后的理论支撑。此外，本书是在反垄断法实施机制的整体层面突出软性执法这一特殊板块的研究。从这一角度而言，本书是对反垄断法的实施机制的一种全景式考察。

第二，在公法领域执法"软化"的大环境下，反垄断软性执法尤显突出。这一现象理应不是外部因素单独作用的结果，而必然与反垄断法这一特殊法律制度的制度个性息息相关。因此，本书涉及反垄断法制度特殊性的分政执法机构在执法中的地位,促进行政权在反垄断法实施中的合理实现,对我国《反垄断法》行政执法具有现实的指导意义。最后,本书的研究有助于解释现实中反垄断法实施的困惑,澄清公众对反垄断法实施的质疑。

三、国内外研究现状

从目前国内外已有的研究成果来看,与本书有关的研究成果有两类:一类成果将所有反垄断软性执法现象作为一类特殊执法机制予以整体研究;另一类则针对具体的反垄断软性执法进行专门研究。

(一)关于反垄断软性执法的整体研究

将软性执法作为反垄断执法的一种类型予以整体研究的成果较为少见,以下成果较具代表性。

美国学者丹尼尔·F. 史普博在《管制与市场》一书中指出,反垄断政策代表一种司法方式的产业管制,反垄断机构具备了许多管制机构的特征。与此同时他还指出,目前美国大部分行政机构的行为都是非正式的,并不遵循与法规制定和裁决有关的明确程序,并认为研究管制必须努力去发现非正式行为的一般模式。该书从反垄断法作为管制制度之一种的角度,对反垄断执法机构的非正式管制行为进行了研究,与本书的研究有密切关系,但是该书并不是专门针对反垄断软性执法进行的研究,相关内容比较少,论述也较为简单。[①] 苏里文从非正式手段的频繁运用使得美国反托拉斯局成为经济管制者的角度,介绍了美国反托拉斯局这一反垄断执法机构在执法中所运用的有别于诉讼的执法手段,如事前的准则颁布(guideline)、企业结合前的揭露要求(premerger disclosure requirement)、商业审查函(business review letter)的制定等。该文将反托拉斯局的管制手段分为典型管制(classical regulation)和事实管制(de facto regulation)两种类型,并认为以上非诉讼手段符合了管制的特质,美国反托拉斯局因而事实上成为一个管制者。该文对反垄断软性执法的某些内容进行了论述和分析,但仅仅从反垄断执法机构规制企业结合行为这一特殊领域着手进行研究,并非对反垄

---

① [美]丹尼尔·F.史普博:《管制与市场》,余晖等译,上海:上海三联书店、上海人民出版社,1999 年。

几个主要问题：

第一，反垄断软性执法有没有对其进行定义的可能？也就是说有没有可能抽象出一个各国具体软性执法方式的上位概念？软性执法仅仅是反垄断法执行的一部分，因此回答这一问题的要点就是找出一个标准，将软性执法与反垄断其他执法方式进行区分。这是对反垄断软性执法进行理论研究的基础。

第二，反垄断法大量采用软性执法的正当性何在？事实上，在公私法融合趋势下，公法的执法领域早已出现"软化"趋势，如刑法中的执法和解制度的形成，行政法上的行政指导、行政契约的出现等。在此趋势下，反垄断法执法的"软化"并非新现象，但为何反垄断法中的软性执法能超越其他执法方式而占据主导地位？

第三，我国反垄断法软性执法今后应如何完善和发展？要回答这个问题，首先要解决的前提问题是：我国反垄断法需要软性执法吗？事实上，我国《反垄断法》已经存在对软性执法的明确规定，而且在实践中我国也已出现反垄断软性执法现象。在今后仍需要大力发展软性执法吗？如果要发展，应如何对之进行细化、完善？

二、本书的意义

（一）理论意义

第一，本书是对现有研究成果的适时总结。目前我国法学理论界对于反垄断法实施机制的研究十分重视，成果显著。关于反垄断软性执法的研究也受到了一定的关注，但研究内容较为分散，往往囿于某一具体的软性执法制度，未将反垄断软性执法进行类型化，并挖掘其背后深刻的理论根源。本书将总结现有的相关研究成果，探寻反垄断软性执法的共同特点及发展趋势，分析其正当性并寻求其背后的理论支撑。此外，本书是在反垄断法实施机制的整体层面突出软性执法这一特殊板块的研究。从这一角度而言，本书是对反垄断法的实施机制的一种全景式考察。

第二，在公法领域执法"软化"的大环境下，反垄断软性执法尤显突出。这一现象理应不是外部因素单独作用的结果，而必然与反垄断法这一特殊法律制度的制度个性息息相关。因此，本书涉及反垄断法制度特殊性的分析。目前,越来越多的学者开始关注反垄断法作为法律之一种与其他法律之间的巨大区别。在国外,早有学者质疑反垄断法的法律属性。^① 而在我国,目前也开始有学者关注到反垄断法的特殊性,并以此为出发点来设计反垄断法实施机制。例如,在我国《反垄断法》实施初期,法学学术研究领域权威杂志《法学研究》曾在 2010 年刊发了 3 篇关于反垄断法研究的学术论文,3 篇论文均对反垄断法所呈现出的有别于传统法律的特点予以关注。^② 这 3 篇文章的发表,表明我国关于反垄断法实施的学术研究开始从具体制度的"标研究"走向"本研究",即从反垄断法的本质属性出发探求反垄断法实施的具体方式。本书将延续这一思路,对学者们关于反垄断法这一特殊法律本身的朦胧认识进行进一步深化,并将这些理论认识和软性执法的实践进行结合。从这一角度来讲,本书的研究既是一种"追根溯源"式的研究,又是一种"独辟蹊径"式的研究。

第三,本书的论证将借用法理学、行政法学、经济学等学科领域中的理论成果,将这些理论成果运用于反垄断法领域,大量使用反垄断执法实践材料,尤其是行政执法案例材料,使现有理论成果与反垄断立法、执法实践相结合。这种结合不仅仅是对已有理论成果进行实践验证,也为理论的丰富和发展提供素材。

第四,尽管本书所研究的问题相对集中,但其结论的得出却需要对反垄

---

① 有学者指出反垄断法的实施使反垄断法更像一种经济政策而非法律(Harry First, "Is Antitrust Law", *Antitrust*, Vol. 10, 1995, p. 9)。有学者认为反垄断法是一系列模糊的、非连续性的、复杂的、没有明确目的的规则组合,以至于在执法机构宣布其是否合法之前,企业根本无从预期自身行为是否合法,因此主张反垄断法不具备法律属性而应该废止(Edward W. Younkin, "Antitrust Law Should be Abolished", http://www.quebecoislibre.org/000219-13.htm, 2000-02-19)。此外,还有学者认为反垄断法充满着悖论,试图保护消费者,却在实施中惩罚能提供更多产品和更低价格的有效率的企业。反垄断法企图保护竞争防止垄断,但其实施却是在抑制竞争,他认为美国反垄断法的实施就是一场"与自己的战争",进而指出反垄断法阻碍了竞争,力主废除该法(Robert H. Bork, *The Antitrust Paradox: A Policy at War with Itself*, New York: The Free Press, 1993)。

② 刘水林认为,反垄断法不同于机械的个体社会中的法律,其本质上属于有机社会的"社会规制法",因此,反垄断诉讼应有别于传统的"争议解决"式的诉讼模式,建立"秩序建构"式的反垄断诉讼(刘水林:《反垄断诉讼的价值定位与制度建构》,《法学研究》2010 年第 4 期)。史际春与赵忠龙指出,竞争法是典型的"政策法",反垄断法没有任何一个法条可以直接套用于实际案例,是一种超越人治和法制、实证法与自然法,解脱形式法条的"小鞋",以实现社会福祉的法律(史际春、赵忠龙:《竞争政策:经验与文本的交织进化》,《法学研究》2010 年第 5 期)。张占江认为,竞争法要有效落实,必须给予竞争倡导(即竞争推进,是竞争主管机构实施的除执法以外所有改善竞争环境的行为)优于竞争执法的地位(张占江:《竞争倡导研究》,《法学研究》2010 年第 5 期)。

断法的法律条文、适用规则、实施方式等各方面、各环节进行全面考察。在资料收集的过程中,笔者已发现反垄断法研究存在的一些可能的误区。例如,我国越来越多的学者关注国外反垄断法私人实施制度的研究,并主张我国应重视反垄断私人执行。① 但事实上,在私人反垄断诉讼最为发达的美国,近年来联邦最高法院多次指出了私人反垄断诉讼存在的问题。因此,本书将在反垄断法执法强制力强弱的谱系中,对软性执法和私人执行进行优劣比较,指出具有非软性执法性质的私人执行方式在反垄断法实施中不宜过于强调。又比如,有学者认为合理原则与本身违法原则这一由美国发展而来的反垄断法规制原则有其泾渭分明的界限和范围②,但本书的研究却发现美国法院在两种原则之间并未划出明确界限。再比如,被誉为"现代反垄断法鼻祖"的美国《谢尔曼法》被当作剑指垄断企业、保护弱小企业与消费者的正义化身而出现在历史舞台,然而在本书的研究中,笔者发现《谢尔曼法》的出台不过是一种政治激情的结果,甚至是美国国会为了避免反垄断执法的纵深发展影响垄断企业利益而实施的"偷梁换柱"之计。因此,从这一角度而言,本书的研究是一种正本清源、有立有破的研究。

(二)现实意义

反垄断法是执法难度远远大于立法的特殊法律,我国《反垄断法》立法的艰难有目共睹,其执法难度更不言而喻。因此,对于反垄断法实施的理论研究必然有其重要的现实意义。本书是对反垄断软性执法的专门研究,更有其特殊的实践意义。首先,本书的研究建立在反垄断法执法整体研究的基础上,因此,是对我国反垄断法的现有立法与执法实践的适时梳理和总结。其次,本书将在强制力强弱谱系上对软性执法与其他非软性执法方式进行优劣比较,涉及司法权与行政权在反垄断法实施中的合理性比较,能够为反垄断法在实施实践中如何进行私人执行与公共执行的比例配置提供指导。再次,本书所研究的反垄断软性执法实质上是一种行政执法机制,是国家行政权力在反垄断法实施领域的运用,因此本书有利于厘清反垄断法行

---

① 王健:《反垄断法的私人执行——基本原理与外国法制》,北京:法律出版社,2008 年;李俊峰:《反垄断法的私人实施》,北京:中国法制出版社,2009 年;冯锦如:《反垄断私人诉讼的制度构建重心——基于美国与欧盟的启示》,《广西政法管理干部学院学报》2017 年第 6 期。

② 郑鹏程:《美国反垄断法"本身违法"与"合理法则"适用范围探讨》,《河北法学》2005 年第 10 期。

政执法机构在执法中的地位,促进行政权在反垄断法实施中的合理实现,对我国《反垄断法》行政执法具有现实的指导意义。最后,本书的研究有助于解释现实中反垄断法实施的困惑,澄清公众对反垄断法实施的质疑。

三、国内外研究现状

从目前国内外已有的研究成果来看,与本书有关的研究成果有两类:一类成果将所有反垄断软性执法现象作为一类特殊执法机制予以整体研究;另一类则针对具体的反垄断软性执法进行专门研究。

(一)关于反垄断软性执法的整体研究

将软性执法作为反垄断执法的一种类型予以整体研究的成果较为少见,以下成果较具代表性。

美国学者丹尼尔·F. 史普博在《管制与市场》一书中指出,反垄断政策代表一种司法方式的产业管制,反垄断机构具备了许多管制机构的特征。与此同时他还指出,目前美国大部分行政机构的行为都是非正式的,并不遵循与法规制定和裁决有关的明确程序,并认为研究管制必须努力去发现非正式行为的一般模式。该书从反垄断法作为管制制度之一种的角度,对反垄断执法机构的非正式管制行为进行了研究,与本书的研究有密切关系,但是该书并不是专门针对反垄断软性执法进行的研究,相关内容比较少,论述也较为简单。^① 苏里文从非正式手段的频繁运用使得美国反托拉斯局成为经济管制者的角度,介绍了美国反托拉斯局这一反垄断执法机构在执法中所运用的有别于诉讼的执法手段,如事前的准则颁布(guideline)、企业结合前的揭露要求(premerger disclosure requirement)、商业审查函(business review letter)的制定等。该文将反托拉斯局的管制手段分为典型管制(classical regulation)和事实管制(de facto regulation)两种类型,并认为以上非诉讼手段符合了管制的特质,美国反托拉斯局因而事实上成为一个管制者。该文对反垄断软性执法的某些内容进行了论述和分析,但仅仅从反垄断执法机构规制企业结合行为这一特殊领域着手进行研究,并非对反垄

---

① 〔美〕丹尼尔·F.史普博:《管制与市场》,余晖等译,上海:上海三联书店、上海人民出版社,1999 年。

断软性执法的整体研究。① 我国台湾学者苏永钦在《经济法的挑战》一书中,对反垄断法实施中的非正式程序和补充性规则这两大独具反垄断法特色的执法机制进行了介绍,认为这两种执法方式是解决以追求安定性的法律来落实易变性的经济政策造成的两难困境的产物。其对美国、日本、德国等国家的非正式程序与补充性规则进行了介绍,并对我国台湾地区的相关制度进行了分析并提出建议,主要集中于对具体制度的介绍,而对于非正式程序与补充性规则为何会产生,有何特点与优势等理论问题没有进行深入探讨。② 王炳的《反垄断非强制性执法制度与实践》一书以反垄断执法的价值分析为主导,以反垄断执法制度的供需平衡为主线,研究探讨了反垄断非强制性执法制度的生成逻辑、制度规范以及我国相关制度的构建问题。③ 该书是对反垄断法非强制性执法的一种综合性研究,回答的主要问题是"反垄断执法领域为什么需要非强制性制度"。其与本书研究的对象极为相似,但该书的研究主要立足于反垄断行政执法内部的强制性执法与非强制性执法的比较,而不是在反垄断"私人诉讼—行政强制执法—软性执法"这一框架内进行。再者,该书所回答的主要问题与本书所要解答的问题"为何软性执法会在反垄断法执法中占据主流地位"存在区别。简言之,该书回答的是"反垄断法为何需要非强制性执法",而本书则试图回答"软性执法在反垄断执法中应处于何种地位"。

(二)关于经营者集中商谈制度的研究

商谈制度是嵌在经营者集中事前监督控制模式中的非正式程序。欧盟在企业结合反垄断审查中将非正式的申报前商谈阶段(informal pre-notification phase)作为审查中的一个独立环节。事实上,商谈制度在没有获得正式规定之前,在欧盟企业结合实践中就已存在。④ 欧盟委员会结合控制程序最佳做法指出:在富有成效的申报前商谈阶段,欧盟委员会竞争总司和各方的互惠互利只有在关于预先通知的讨论及坦诚与合作的氛围中才

① E. Thomas Sullivan, "The Antitrust Division as a Regulatory Agency: An Enforcement Policy in Transition", *Washington University Law Quarterly*, Vol. 64, 1986, p. 154.

② 苏永钦:《经济法的挑战》,北京:清华大学出版社,2005年。

③ 王炳:《反垄断非强制性执法制度与实践》,北京:法律出版社,2011年。

④ Günther Hirsch et al., *Competition Law: European Community Practice and Procedure*, 1st ed., London: Sweet & Maxwell, 2008, pp. 1937-1939.

能实现,并且其中所有潜在的问题都以建设性方式予以解决。从原反垄断执法机构商务部网站公布的案件信息来看,商谈制度也广泛运用于我国经营者集中的实践中,但我国商谈制度的理论研究几近空白。目前对经营者集中申报中的商谈制度进行专门研究的文献主要有 2 篇。张东以欧盟、日本等国家和地区为例,对申报前商谈制度的体系定位和制度价值、程序性规则和实体性规则进行了比较研究,进而分析了申报前商谈制度的局限与克服办法。[①] 顾小霞分析了经营者集中申报商谈制度的合理性与局限性,并提出了相应的完善举措。[②]

(三)关于反垄断执法和解制度的研究

执法和解制度在各国有不同的表现形式,在各国的反垄断执法实践中运用最为频繁,适用范围也最为广泛。因此,关于各国具体的反垄断执法和解制度的研究成果非常丰富。在国外,对这一制度进行研究主要有三个角度。第一,对具体制度本身进行介绍。有学者对协议裁决这种执法和解制度在美国反垄断法实施中的运用进行了介绍,认为协议裁决是一种非常有效率的实施工具,并对其未来的适用提出了建议。[③]《哈佛法学评论》发表评论认为,协议裁决是一种高效的反垄断工具,并分析了其优势,即灵活性,同时指出了协议裁决的不足之处。[④] 还有学者对欧盟反垄断法接受承诺制度的适用范围、欧盟委员会的承诺决定对成员国竞争执法机构及法院是否有拘束力等问题进行了介绍。[⑤] 第二,从作为管制手段之一种的角度来分析执法和解制度。此类研究较具代表性的有《反托拉斯:新的规制》[⑥]《规制式执法:反托拉斯法律实施的变化趋势》[⑦]。第三,如何通过司法审查来增强执法和解制度的透明性与公正性,最有代表性的研究成果有《密歇根法学

[①]　张东:《经营者集中申报前商谈制度比较研究》,《比较法研究》2013 年第 5 期。

[②]　顾小霞:《论经营者集中申报前商谈制度》,《商业评论》2015 年第 5 期。

[③]　John J. Flynn, "Consent Decrees in Antitrust Enforcement: Some Thoughts and Proposals", *Iowa Law Review*, Vol. 53, April, 1968, p. 985.

[④]　Notes:"Flexibility and Finality in Antitrust Consent Decrees", *Harvard Law Review*, Vol. 80, 1967.

[⑤]　John Temple Lang, "Commitment Decisions under Regulation 1/2003: Legal Aspects of New Kind of Competition Decision", *European Competition Law Review*, Vol. 8, 2006.

[⑥]　A. Douglas Melamed, "Antitrust: The New Regulation", *Antitrust*, Vol. 10, 1995.

[⑦]　S. W. Waller, "Prosecution by Regulation: The Changing Nature of Antitrust Enforcement", *Oregon Law Review*, Vol. 77, 1998.

评论》1974 年发表的评论《〈1974 年反托拉斯程序和处罚法〉中的协议裁决司法审查之范围》、①《哥伦比亚法学评论》的评论《ITT 案的效益：司法部协议裁决程序的改革》②，以及《事新思考塔尼法案：反托拉斯协议裁决的司法审查模式》③。

　　我国的反垄断执法和解制度即经营者承诺制度。我国目前出现了大量关于经营者承诺这一反垄断软性执法具体制度的研究成果。例如，盛杰民与焦海涛认为，反垄断承诺制度是一种以经营者与执法机构之间的相互承诺来代替反垄断法处罚的执法方式，该方式可能导致执行中的动态不一致，致使反垄断目标落空，建议通过扩展公共知识的传导渠道、保障经营者的理性预期等方式为承诺制度提供执行激励。④ 黄勇对比了美国与欧盟经营者承诺制度的不同，从承诺制度的实体内容、程序安排和制衡机制三个方面提出了我国反垄断承诺制度的创新建议。⑤ 王炳认为反垄断和解执法方式提高了执法效率，体现了对被执法者的人文关怀，但也存在相关公众利益保护问题的隐忧，因此，应从限制适用范围、建立和解说明、评论、相对人权利保障等制度来规范反垄断和解制度。⑥ 焦海涛指出反垄断执法和解是现代反垄断执法的重要特征，有其固有的优势，但容易造成公共利益的损失，也可能对相关主体的利益照顾不足，因此，应为公共利益及相关利益提供制度保障，以实现主体间的利益平衡。⑦ 刘桂清认为反垄断和解制度存在着一定的积极功能，但其适用必须符合"有关事实状况或法律观点不确定且难以查明"这一前提，还应对和解契约进行监督。⑧ 王超运用经济学原理分析了反垄断和解的价值、原则及具体运作，分析了如何对反垄断和解进行监督。⑨

---

　　① Notes："The Scope of Judicial Review of Consent Decrees Under the Antitrust Procedures and Penalties Act of 1974"，*Michigan Law Review*，Vol. 82，1974.

　　② Notes："The ITT Dividend：Reform of Department of Justice Consent Decree Procedures"，*Columbia Law Review*，Vol. 73，1973.

　　③ Lawrence M. Frankel，"Rethinking the Tunney Act：A Model for Judicial Review of Antitrust Consent Decrees"，*Antitrust Law Journal*，Vol. 75，2008.

　　④ 盛杰民、焦海涛：《反垄断法承诺制度的执行难题与激励》，《清华法学》2009 年第 2 期。

　　⑤ 黄勇：《经营者承诺制度的实施与展望》，《中国工商管理研究》2008 年第 4 期。

　　⑥ 王炳：《反垄断执法和解的制度机理》，《安徽大学学报》2010 年第 2 期。

　　⑦ 焦海涛：《反垄断执法和解中的利益平衡》，《西南政法大学学报》2007 年第 2 期。

　　⑧ 刘桂清：《反垄断执法中的和解制度研究》，《当代法学》2009 年第 2 期。

　　⑨ 王超：《反垄断和解制度的经济学研究》，北京交通大学博士学位论文，2009 年。

易枚辉对反垄断法承诺制度的功能与合理性及法律性质进行了理论分析，并对我国反垄断法承诺制度的具体化提出了构想。^① 焦海涛指出尽管经营者承诺制度能显著提高执法效率，但这是以牺牲反垄断法的其他价值为代价的，应采用程序方式来控制承诺制度适用可能带来的风险。^② 王先林从超高定价反垄断规制的执法困境出发，分析了经营者承诺制度在此类案件中的独特优势。^③

随着经营者承诺制度在我国《反垄断法》实践中的具体运用，学者们也开始对我国经营者承诺制度适用过程中的一些具体问题进行研究。例如，黄义指出，我国反垄断经营者承诺制度存在适用范围不确定、承诺监督程序不完善和利害关系人权益保障不足的问题，并分析了承诺制度的适用范围，进而探讨了约束反垄断执法机构自由裁量权，监督经营者承诺制度的落实情况，吸纳利害关系人参与承诺制度的启动程序等完善承诺制度的具体路径。^④ 大成反垄断团队根据公开信息，以反垄断执法机构公布的予以中止调查的 20 起案件为基础，对我国反垄断经营者承诺制度的适用类型、申请时间和实质要件等进行了分析。^⑤

上述文献从理论与实践的角度对反垄断经营者承诺制度进行了介绍、分析和检视，但均未从软性执法的角度对该制度的性质进行深入挖掘，在反垄断执法工具谱系中明确其地位，从而对其进行系统研究。

（四）关于反垄断宽大制度的研究

目前，国内外关于反垄断宽大制度这一软性执法的研究成果也较为丰富。杨铭宏探讨了反垄断宽大制度的运作机理，分析了其如何有效打击恶性卡特尔的条件，并以赛局理论之囚徒困境理论对宽大制度进行了经济分析。^⑥ 李俊峰指出，反垄断宽大制度的实施具有提出申请、提供有效信息、

---

① 易枚辉：《反垄断法承诺制度研究》，中南大学硕士学位论文，2010 年。

② 焦海涛：《反垄断法承诺制度适用的程序控制》，《法学家》2013 年第 1 期。

③ 王先林：《超高定价反垄断规制的难点与经营者承诺制度的适用》，《价格理论与实践》2014 年第 1 期。

④ 黄义：《对经营者承诺制度的理性审思与解释适用——基于反垄断执法实践的分析》，《价格理论与实践》2014 年第 5 期。

⑤ 大成反垄断团队：《经营者承诺制度在中国反垄断执法中的运用》，《中国价格监督与反垄断》2019 年第 9 期。

⑥ 杨铭宏：《卡特尔规范之研究——以宽大制度为中心》，台湾中原大学硕士学位论文，2008 年。

完全配合反垄断执法机构查处三个先决条件,但由于我国反垄断法律体系内部的冲突、执法权归属的模糊以及行政法律责任的缺失等因素,该制度在我国的实施面临隐忧。① 游钰认为宽大制度是卡特尔执法的有效政策工具,并指出具体、确定、透明是宽大制度的基本要求。② 娄炳录认为反垄断宽大制度具有明显的依赖性、契约性和威慑性,并分析了该制度发挥实效所必需的条件。③ 林平与马克斌分析了有效的反垄断宽大制度必须满足的基本条件。④ 金美蓉认为各国的反垄断宽大制度实施中,申请人必须满足一系列条件才能获得宽大,其中申请时间是最为核心的因素之一。⑤ 毕金平对《反垄断法》实施之日至 2018 年(含 2018 年)中,反垄断执法机构所公布的执法公告中适用宽大制度的案例进行研究,指出我国反垄断宽大制度的实施效果与期待相差较大,并提出提升宽大优惠幅度、减少执法机构自由裁量空间、确定合理的适用主体和行为对象等完善建议。⑥ 綦书纬发表了一系列论文,对《横向垄断协议案件宽大制度适用指南(征求意见稿)》提出了几点建议⑦,提出我国反垄断宽大制度应引入附加宽大机制⑧,并对宽大制度中的信息保密问题进行了研究⑨。

　　以上关于经营者集中商谈制度、反垄断执法和解制度、反垄断宽大制度、反垄断软性执法中具体制度的研究存在以下不足:第一,现有成果主要集中于对具体制度的程序设计,包括如何启动、如何操作、如何执行、其效力如何等方面,但对于该制度为何出现、作为反垄断执法的一部分与其他执法方式相比其优势何在等问题进行研究的成果较少;第二,现有成果更多关注具体制度的个别研究,未关注具体制度之间的内在联系和普遍制度原理;第三,对于反垄断软性执法的研究主要集中在经营者承诺制度与宽大制度这

　　① 李俊峰:《反垄断从宽处理制度及其中国化》,《现代法学》2008 年第 2 期。
　　② 游钰:《反垄断宽大制度的理论分析与实证考察》,《法律科学》2008 年第 4 期。
　　③ 娄炳录:《反垄断宽大制度的理论基础与实效保障》,《法律科学》2010 年第 5 期。
　　④ 林平、马克斌:《宽大制度与卡特尔的反垄断控制》,《产业经济评论》2006 年第 2 辑。
　　⑤ 金美蓉:《论核心卡特尔参与者申请宽大的时间条件》,《政法论坛》2008 年第 3 期。
　　⑥ 毕金平:《〈反垄断法〉宽大制度之完善建议》,《竞争法律与政策评论》(第 6 卷),北京:法律出版社,2020 年,第 15 页。
　　⑦ 綦书纬:《完善我国〈反垄断法〉宽大制度的研究——兼就〈横向垄断协议案件宽大制度适用指南(征求意见稿)〉提出几点建议》,《价格理论与实践》2016 年第 3 期。
　　⑧ 綦书纬:《反垄断法中的附加宽大机制研究》,《价格理论与实践》2017 年第 3 期。
　　⑨ 綦书纬:《反垄断法中的宽大制度与信息保密问题研究》,《价格理论与实践》2019 年第 3 期。

两个方面,关于指导、建议、咨询等制度的研究较少;第四,如何对软性执法进行监督是必须研究的重要问题,但是目前学者对该问题关注甚少。

四、基本思路与主要内容

本书将反垄断软性执法作为一种类型进行研究,以区别于反垄断法非软性执法(反垄断法的私人执行与传统行政强制执法),并研究其普遍适用的正当性,进而探讨这种执法机制在我国如何运作与完善。基于这一思路,本书将通过对现象描述、概念提炼、制度形成、正当性基础、优势凸显、运行原理与制度完善等内容的研究来构筑本书的研究框架。从上述思路出发,本书的主要内容安排如下:

第一部分将对国外反垄断软性执法的现象进行介绍。这一部分将解答"反垄断软性执法在国外的适用情况如何"这一问题。只有存在反垄断软性执法在成熟市场经济国家获得广泛运用这一事实,才有必要回答"为何获得广泛运用"的问题。因此,现象考察与描述是本书研究的起点。本部分选取了几个成熟市场经济国家,如美国、加拿大、德国、日本,介绍国外反垄断软性执法现象。该部分的目的在于说明反垄断软性执法并非某国反垄断法执法的独特现象,而是各国反垄断法实施中的普遍现象,而且这一特殊的执法机制在成熟市场经济国家的反垄断法实施中发挥了巨大的作用,其制度也越来越成熟,甚至在某些国家软性执法成为反垄断执法的基本特征。

第二部分在现象考察的基础上对反垄断软性执法进行概念提炼。要对一种事物进行研究,先要将其与相关事物进行区分,因此,在对国外反垄断软性执法现象进行描述后,有必要提炼出反垄断软性执法的概念,对其进行识别,并总结出反垄断软性执法与非软性执法之间的界限,抽象出反垄断软性执法的识别标准,以获得反垄断软性执法的清晰边界。这部分内容有助于读者对反垄断软性执法这一概念形成初步认识,并为反垄断软性执法与非软性执法的比较打下基础。

第三部分将论证反垄断软性执法如何生成。这部分首先描述反垄断软性执法产生的外部环境。反垄断是国家公共治理领域之一,从公域之治的大环境来看,公域之治由"规则之治"向"裁量之治"的转型,为反垄断软性执法提供了产生与发展的契机。反垄断专门执法主体的出现为软性执法提供了主体基础。在公域之治转型的大环境下生成的反垄断软性执法呈现出何种特点？对传统法律执行方式提出了哪些挑战？本部分在全书中的作用不仅是在于进一步加深对反垄断软性执法制度的认识，更重要的是在于分析反垄断软性执法产生与发展的外在因素，为后文内在因素的研究打下基础。

第四部分将寻找软性执法在反垄断执法中大量运用的深层根源。任何制度的产生都受到外部因素的影响，但如果软性执法不是反垄断法本身的需求，那么这种执法机制就不可能在反垄断法实施中独具优势。因此，本部分要论证的是反垄断法的不确定性决定了软性执法的正当性。

第五部分将在反垄断法个性特征的基础上进一步分析反垄断软性执法相对于其他执法方式的优势。软性执法是反垄断执法中的一部分，但是这一部分却超越了其他部分甚至决定了反垄断执法的整体特征。为何会出现这种情况？本部分正是对这一问题进行回答。从结构上来说，本部分是第四部分的延续，分析软性执法对反垄断法个性特征的适应性，同时也是在反垄断法实施的整体板块中分析软性执法相对于非软性执法的特殊优势。

第六部分将分析反垄断软性执法的运行与监督。理论的分析不足以让我们对软性执法有清晰具体的认识，而任何一个软性执法方式都有其启动、达成、履行、监督的程序，因此有必要选择一个具有代表性的具体软性执法制度来分析反垄断软性执法的运行原理。这一部分内容的意义在于在理论探讨之外加强实践研究，使本书不至于太空洞。此外，反垄断法是一种以维护和增进公共利益为目标的法律，大量适用以指导、协商、宽大等为特征的软性执法，将会产生如何保障其正当性的问题，也就是如何监督软性执法的问题。本部分选择了一种具体的软性执法制度，即美国的协议裁决制度为例，论证软性执法应该如何实际运作和实施监督。

第七部分立足于我国已有的反垄断实践，分析我国反垄断软性执法的现状，并探讨未来如何完善。在我国，无论是反垄断私人执行，还是公共执行领域都有了一定的实践。本部分对我国《反垄断法》已有的实践进行评价，进而对我国《反垄断法》进行了规定或反垄断实践中已经出现的软性执法——反垄断指导制度、经营者集中商谈制度、经营者承诺制度与反垄断宽大制度，进行评价，并提出制度完善的建议。

第一章　国外反垄断软性执法现象考察

在人们的传统观念中,法律的实施就是通过国家强制力来明确当事人的权利与义务,并使义务得以承担,从而使权利获得实现的过程。因此,无论是法院执法还是行政执法,虽然不免有自由裁量的空间,但法院或行政机构的基本任务就是将白纸黑字的法律变成涉案当事人的权利与义务。然而,在反垄断法的实施中,各国却在传统的行政执法方式基础上大胆创新,发展出一系列以事前指导、协商、和解、订立协议为内容的反垄断执法方式,例如美国的顾问性意见程序、协议裁决程序,德国的有关卡特尔的申报——异议程序中的同意程序,英国自20世纪50年代初开始运用的寻求谅解程序等。这些执法方式既不同于司法执法方式,也不同于上令下行式的行政强制执法方式,本书将这种特殊的反垄断执法方式称为软性执法,其普遍特点在于注重行政机构与当事人的协商、注重过程控制、灵活性强、执法成本低廉等。软性执法已成为各国反垄断法执行中引人注目的现象,在实践中发挥了巨大作用,甚至引领了反垄断执法的发展趋势,成为各国反垄断法实施过程中的显著特色。

第一节　美国反垄断软性执法现象

《谢尔曼法》是美国乃至世界第一部系统的现代反垄断法。[①]　无论从世界反垄断法的历史还是现实来看,美国的反垄断法(在美国,反垄断法被称为反托拉斯法)都具有特殊地位。美国不但是现代反垄断法的摇篮,而且在

---

①　加拿大于1889年就制定了反垄断法,比美国早了一年,但目前公认的现代反垄断法的起源仍然是美国《谢尔曼法》(孔祥俊:《反垄断法原理》,北京:中国法制出版社,2001年,第61页)。

其发展适用过程中展现了巨大的辐射力。现代国家的反托拉斯法基本规则大多与美国的反托拉斯法有着这样或那样的渊源关系。① 美国反托拉斯法的历史大致分为五个阶段：(1)从《谢尔曼法》的通过到 1911 年 Standard Oil 案的判决(1890—1911 年)；(2)从《克莱顿法》和《联邦贸易委员会法》的通过到罗斯福新政的开始(1914—1932 年)；(3)从大萧条到 20 世纪 50 年代的复兴(1932—1954 年)；(4)沃伦·伯格任最高法院首席大法官的十五年(1954—1969 年)；(5)沃伦·伯格卸任最高法院首席大法官以后至今(1969 年至今)。②

在美国反托拉斯法中，《谢尔曼法》是最重要、最基础的部分。在《谢尔曼法》实施的初期，其执法效果并不明显，因而遭到了公众的谴责。为了加强反托拉斯立法，美国于 1914 年制定了《克莱顿法》和《联邦贸易委员会法》，对《谢尔曼法》进行细化。迄今为止，《谢尔曼法》《克莱顿法》和《联邦贸易委员会法》仍然是美国反托拉斯法框架的基础。美国反托拉斯法主要将执法权赋予美国司法部反托拉斯局和联邦贸易委员会，同时私人也可以提起三倍损害赔偿和禁令的诉讼。在美国长期的反托拉斯执法中，反托拉斯案件呈现出的特点在于涉及面广、疑难程度高、需要耗费大量的执法成本。因此，在多种压力之下，美国反托拉斯执法机构，即美国司法部反托拉斯局和联邦贸易委员会均致力于设计出一些特殊的执法机制，不仅避免因不确定性对企业正常经营行为的干扰，也因这些特殊执法程序的非正式性而降低执法成本，以最低成本达到反托拉斯执法的最大效益。

一、指导性规则与意见

美国《谢尔曼法》及其后续立法条文过于抽象简单，并且充斥着众多的模糊术语，针对这一问题，美国反托拉斯执法机构通过主动颁布一些解释性法律文件，指导企业的经营行为，不仅提高了反托拉斯法的确定性和可预见性，也试图尽量避免违法行为的发生，降低执法成本。此外，美国还建立起相关的咨询制度，企业可将自己拟实施的经营行为上报给反托拉斯执法机

---

① 孔祥俊：《反垄断法原理》，北京：中国法制出版社，2001 年，第 61 页。

② James McCall, *Sum & Substance: Antitrust*, (2nd edn.), Saint Paul: Minnesota Publishing Company, 1998, p. 9.

构,要求反托拉斯执法机构对于此行为是否会违反反托拉斯法以及应该如何行动才符合法律的规定提出意见与建议。

（一）产业指导规则

产业指导规则（industry guide）是美国联邦贸易委员会就某一特定产业所执行的法律所做的行政解释（administration interpretation）。这种产业指导规则可能为多个产业所通用,但也可能仅为某一产业特别制定。该制度始于 1955 年,截至 1971 年共有 175 个此类指导原则在有效实施中。[1] 目前收录到《联邦法规大全》（Code of Federal Regulations, CFR）的原则有 35 个。联邦贸易委员会所颁布的产业指导规则所涉及的范围很广,有关于消费者保护的,有关于产品广告及标示的,也有关于反托拉斯法范畴的,例如,联邦贸易委员会对《罗宾森-帕特曼法》第二条（d）、（e）两款有关供应者在服务或设备方面的歧视性给付所做的解释。产业指导规则的目的在于向企业显示联邦贸易委员会的执法态度及意见,促使企业更自觉地遵守有关法令。但是产业指导规则并不具有法律强制力,也不得作为确认违法行为而提起诉讼的依据。

（二）政策声明

政策声明（policy statement）是美国联邦贸易委员会专门为指导特定行业的企业结合行为而发布的。联邦贸易委员会可依法就其认为容易因合并而影响竞争的产业发表声明,以表明其对企业结合进行审批的标准和执法意图。例如,1967 年《针对水泥业垂直结合发布的执行政策声明》、1968 年《针对杂货制造业的结合发布的政策声明》、1982 年《针对横向结合发布的声明》等。20 世纪 90 年代,联邦贸易委员会与司法部反托拉斯局积极合作,发表了多个联合政策声明。[2] 1993 年,联邦贸易委员会和司法部反托拉斯局针对在医疗保健行业发生的大量结构性变化联合发表了对于有关事项执行政策的六项声明,涉及医疗保健提供商的合并、企业联营、信息共享以及联合采购等行为。这些政策声明是对反垄断法不确定概念的重要厘清,

---

① Susen Wagner, *The Federal Trade Commission*, New York: Praeger Publishers, 1971, p.51.

② 1992 年的《横向合并指南》是美国司法部和联邦贸易委员会以联合形式发布的第一个联合声明,是二者在反垄断法实施方面紧密合作的结果（王炳:《反垄断法实施指南制度建构研究》,北京:知识产权出版社,2019 年,第 53 页）。

其目的在于显示联邦贸易委员会竞争执法的政策导向,虽然并无拘束企业或法院的效力,但事实表明,法院在个案审理过程中,有时对政策声明相当倚重。① 联邦贸易委员会发布的政策声明对企业行为以及司法审判具有重要的参考价值。

(三)顾问性意见

在美国,企业要评估拟实施的经营行为是否违反反托拉斯法之规定,除参考以往的案例及竞争执法机构所发布的各种声明和指南外,还可以就下列事项主动请求联邦贸易委员会提供顾问性意见(advisory opinion):(1)对于拟实施的事项,既无法院的判例,也无联邦贸易委员会的相关规定可遵循;(2)与公司并购(merger or acquisition)有关的事项;(3)依事件性质可能与公共利益相关的事项。联邦贸易委员会在接受申请之后,对上述事项以正式书面声明的形式提出顾问性意见,并予以公布,公布时往往省略当事人的姓名。② 联邦贸易委员会可禁止企业从事申请文件中所指的行为,也可同意企业实施该行为,但联邦贸易委员会提出的意见书对其自身与企业均没有拘束力,联邦贸易委员会可随时撤销,并开始执法程序。但是对于此前企业因信赖联邦贸易委员会所为之善意行为,则不得采取任何行动,即有禁止反言原则(estoppel)的适用。

(四)商业审查函

为了节约执法资源、提高效率,美国司法部鼓励企业主动参与到反垄断执法活动中来,以期在正式执法开始前就将企业的经营行为纳入合法的轨道。商业审查函(business review letter)就是美国司法部为此设计的执法措施。③ 为了避免被司法部介入调查或被私人主体提起诉讼,企业可以在某一经营行为发生之前向反托拉斯局报告拟实施的经营行为,提出书面审查申请,请求反托拉斯局对此经营行为发表自己的意见。这一程序最普遍地适用于对企业结合的审查,企业在结合前可向司法部反托拉斯局提出审

---

① Phillip Areeda, *Antitrust Analysis: Problems, Text, Cases* (2nd edn.). Boston: Little Brown and Company, 1974, p. 95.

② 顾问意见案可以参见联邦贸易委员会资料(https://www.ftc.gov/policy/advisory-opinions)。

③ 商业审查函的发布情况在美国司法部网站有记载,可参见 https://www.justice.gov/atr/business-review-letters-and-request-letters。

查申请以及提供关于结合的有关资料,反托拉斯局在一定期限后将书面发布商业审查函,解释其执法意图,提出对该结合应否实施的意见。司法部运用商业审查函来规范垄断行为始于1913年,这一程序属于反垄断执法机构"结合事前清理"(pre-merger clearance)程序中的一种。① 反托拉斯局并不受商业审查书函的约束,一旦反托拉斯局发现该行为有有违公共利益的因素,仍然可以自由发动执法程序。事实上,在法律确立商业审查函制度之前,这种企业结合前征求执法机构意见的惯例已经存在。有学者指出,在实践中,法律(意指结合前审查制度出台前的法律)所规定的反垄断执法程序并没有完全包含反垄断执法机构与企业之间真实的执法状况。反垄断执法机构与企业之间存在着一整套的习俗与惯例(a whole range of customs and conventions)来处理它们之间的关系。没有哪个执法机构会在开始正式调查程序之前不事先对案件进行试探性检查(tentative examination)。对结合各方的企业而言,"先结合再抗辩"(merger now-fight later)并不总是合适的,结合前审查等非正式程序和非审判程序就会被用来避免"先结合再抗辩"的弊端。② 商业审查函作为事前对企业经营行为的一种判断,能指引企业作出符合反托拉斯法目的的行为。实践表明,在美国,司法部从未在通过一个肯定性的营业审查书之后,又对该行为发动刑事诉讼,后续的民事诉讼也极其少见。③

二、协议裁决

在美国反托拉斯的实践中,主管机构除了于事前频繁运用非正式手段,让利害关系人得以明了最新的政策走向之外,事后则是多以协议(negotiation)等温和方式,禁止或调整厂商可能违法之行为,并借此监控厂

---

① Walton Hamilton, Irene Till, "Antitrust-The Reach After New Weapons", *Washington University Law Quarterly*, Vol. 26, 1940, pp. 1-2.

② Christine Windbichler, "Informal Practices to Avoid Merger Control Litigation in the U. S. and West Germany: A Comparison", *The Antitrust Bulletin*, Vol. 25, 1980, p. 623.

③ 曾经担任司法部反托拉斯局助理检察长一职的沃克·B. 科米吉斯(Walker B. Comegys)曾经公开指出:"商业审查函具有很大的实用价值,它能保护企业不受司法部刑事起诉,在很大程度上,也能避免司法部的民事诉讼。"

商未来的一举一动,以维护市场竞争。① 根据美国反托拉斯法的规定,美国司法部有权执行反托拉斯法,并且可提起民事诉讼或刑事诉讼来追究违法者的法律责任,联邦贸易委员会也有权执行反托拉斯法并可通过民事诉讼来实现其执法功能。在实践中,尽管对刑事案件宣传力度较大,但是多数案件都是通过民事诉讼解决的,并且在多数案件中都没有提起诉讼。在美国,无论是司法部反托拉斯局还是联邦贸易委员会,都广泛通过协商颁发协议裁决或命令(consent decree and order)的方式来纠正涉嫌垄断的行为。美国在反托拉斯协议裁决适用方面的法规相对成熟,法律程序较为完善,但是分布比较零散,在《谢尔曼法》《克莱顿法》《联邦民事诉讼规则》等法案中都可看到有关协议裁决的规定,不过都较为简单。1974 年美国颁布的《反垄断程序和处罚法》(Antitrust Procedure and Penalties Act,又名 Tunney Act、《塔尼法》)建立了详尽的约束协议裁决的程序,它的内容也主要围绕协议裁决的影响以及对公共利益的维护方面而展开。在美国司法部提起民事诉讼之前或者提起民事诉讼之后,可以进入协议裁决的程序,原告司法部反托拉斯局与被告企业在诉讼之前或提起诉讼之后形成一个协议,被告停止所指控的违法行为或对行为进行修正,最终形成一个协议裁决。该协议裁决得到法庭批准后,终止审判程序,协议裁决获得法律执行力。依据协议裁决,原告放弃就所涉及的反垄断问题提起诉讼的权利,被告亦应受协议裁决文本的约束。

在美国的反托拉斯执法领域,协议裁决受到司法部和联邦贸易委员会的高度重视与广泛运用。有学者指出:"反托拉斯案例的结果是多种多样的。最普通的结果是某种形式的和解,而不是司法审判。""政府的案例经常是以同意判决或命令而结束。"②的确,在美国反托拉斯的实践中,无论是司法部反托拉斯局,还是联邦贸易委员会,都"广泛依靠协议裁决或命令来纠正违反反垄断法的行为"③。许多大案如 1975 年的施乐案、1982 年的AT&T 案、1994 年的 Microsoft 案等,都是通过协议裁决方式结案的。

① 谢佩芬:《行政管制走向下反托拉斯法规范手段之研究——以"协议裁决"为中心》,《公平交易季刊》1994 年第 1 期。

② [美]W. 吉帕·维斯库斯,约翰·M. 弗农,小约瑟夫·哈林顿:《反垄断与管制经济学》,甩军等译,北京:机械工业出版社,2004 年,第 40 页。

③ [美]E. 吉尔霍恩,W. E. 科瓦西克:《反垄断法律与经济》(第四版),王晓晔译,中国人民大学出版社,2001 年,第 450 页。

第二节　欧盟反垄断软性执法现象

欧盟竞争法(在欧盟,反垄断法被称为竞争法,其执法机构称为竞争执法机构)主要有三个基本法律依据,即《欧盟运行条约》第一百零一条、第一百零二条(原《欧共体条约》第八十一条、第八十二条),以及 1990 年的《第4064/89 号关于企业并购控制的理事会条例》,三者分别禁止限制性协议、滥用市场支配地位行为和企业结合控制。欧盟竞争法在这些规定的基础上经历了多年的发展、充实,已经形成一个较为庞大而完备的法律规范体系。欧盟委员会的竞争总局专门负责竞争执法工作。根据欧盟理事会 1962 年的《第 17 号条例》,欧盟委员会享有对案件的调查权、追究权、裁决权和制裁权。除此之外,欧盟委员会在执行欧盟竞争法方面还享有授予企业竞争法豁免的权力。欧盟委员会的竞争违法案件通常有两种结案的方式,一种是通过作出正式决定结束案件,另一种方法是通过非正式程序来解决案件。每年欧盟都有许多竞争法案件是通过非正式决定结案的。

一、指导函制度

在欧盟,根据《第 1/2003 号条例》序言第三十八条的陈述,在竞争法适用时,如果出现了新的或不能解决的问题,进而产生了法律适用的不确定性问题,个别企业可能希望寻求欧盟委员会的非正式指导(informal guidance),条例不影响委员会发出此种非正式指导的权力"。基于此,欧盟委员会于 2004 年 4 月 27 日颁布了《关于有关〈欧共体条约〉第八十一条、第八十二条适用个别案件新问题的非正式指导公告》(以下简称《非正式指导公告》)。根据《非正式指导公告》,企业可以申请欧盟委员会发布指导函(guidance letter)对其经营行为进行非正式指导。欧盟委员会是否发出指导函应考虑的一个根本条件是:企业行为确实产生了一个新的法律适用问题,对于该行为,欧盟法律框架下尚无明确规定,也没有法院的先前判例与公开的一般指南可以参照。也就是说,指导函仅适用于那些由适用《欧共体条约》第八十一条、第八十二条引起的真正不确定或产生新的问题的场合。[①] 从法律效力上看,指导函是执法机构对于企业某一经营行为的一种评价,而不是欧盟委员会的决定,其目的是帮助企业能在行为实施前或实施过程中获得对其行为法律适用问题的评价,以便于企业作出决策而避免受到执法。指导函的内容并不限制成员国竞争执法机构或法院适用条约的权力。当然,成员国竞争执法机构或法院在某一案件中如果认为适当,可以决定考虑欧盟委员会的指导函。

二、安慰函制度

由于正式程序需要花费大量人力和时间,欧盟委员会找到了一种简易的临时结案方式,当欧盟委员会不能对所收到的所有要求审查的协议作出正式的决定时,使用安慰函(comfort letter)来简化个别审查程序,这是于20世纪 70 年代被引入的一种制度。所谓安慰函,是指欧盟委员会根据其掌握的信息,对企业申报的协议作出的符合否定性排除条件或豁免条件的非正式的初步决定。因此,安慰函有两种:否定性排除安慰函(negative clearance letter)和豁免安慰函(exemption letter)。[②] 欧盟委员会在安慰函中通知企业,其提出的否认违法的申请或者请求豁免的申报在目前不需要欧盟委员会做任何工作。安慰函不等于欧盟委员会否认违法或给予豁免的正式决议,并不具有法律的约束力。因此,安慰函对于成员国法院和主管机构都没有法律约束力,不能保护企业免受第三方的损害赔偿诉讼。[③] 但是,安慰函对于提出申请的企业至少是一种宽慰,因为在一般情况下,欧盟委员会不会对一个收到安慰函的企业的有关行为再进行干预。[④] 根据德国学者的看法,安慰函实际所起的作用在于无限期延长了一个请求否认违法的申请。[⑤] 安慰函不仅能给予企业一定的宽慰,更重要的是它能对外表明欧盟委员会对于某些垄断行为的态度和政策。事实上,除了安慰函制度之外,通

---

①　Giuliano Amato, Claus-Dieter Ehlermann, *EC Competition Law—A Critical Assessment*, Oxford: Hart Publishing, 2007, p. 651.

②　徐世英、郑丙贵:《欧盟竞争法的新发展对我国的启示》,《法学》2004 年第 8 期。

③　Roger van den Bergh, Perter D. Camesasca, *European Competition Law and Economics: A Comparative Perspective*, Oxford: Hart Publishing, 2001, p. 142.

④　刘宁元主编:《中外反垄断法实施体制研究》,北京:北京大学出版社,2005 年,第 244 页。

⑤　胡光志主编:《欧盟竞争法前沿研究》,北京:法律出版社,2005 年,第 26 页。

过发布通告与指南来明确竞争执法标准是近年来欧盟委员会竞争执法改革的重点内容。① 欧盟还对前文中提及的美国的商业审查函制度进行效仿，预防企业违法竞争行为的发生，降低执法成本。从程序上来看，安慰函由竞争总局局长签署即可，不需要进行公告，不需要与顾问委员会进行正式协商。安慰函的使用发展较快，大约每年有 150～200 件案件通过这种方式处理，在 1999 年，超过 90% 的申报案件都是以非正式程序结案的，或以安慰函的方式来处理的。②

三、可接受的补救制度

可接受的补救制度存在于欧盟对企业集中进行执法的实践中。欧盟于 1989 年 12 月 21 日颁布了《关于企业集中的第 4046/89 号条例》，该条例后由第 1310/97 号条例进行了修订。该条例序言指出："当事人作出与竞争问题相称的，并足以消除竞争问题的保证后，欧盟委员会可以在程序的第二阶段，宣布该集中与共同市场相容。"该条例同时指出："在程序的第一阶段，竞争问题容易发现且容易补救，因此所作出的保证能起到补救效果……在两个阶段，均应保证透明度，并与成员国和有利害关系的第三人进行有效磋商。"③这是欧盟竞争法第一次提出"补救"的概念。在 2001 年，欧盟颁布了《根据理事会第 4046/89 号条例、委员会第 447/98 号条例可以接受的补救》的通告，该通告的导言进一步明确了"补救"的概念："本通告的目的，是对企业集中进行修正，特别是包括对集中进行修正的保证，提供指南。这种修正通常称为'补救'，其目的是减少结合当事人的市场力量，以免结合产生或加强市场力量，从而扭曲有效竞争的市场条件。"④"补救"措施是参与集中的经营者针对欧盟委员会所指出的竞争影响问题，请求对集中进行修改以解决其提出的问题。这种修改可以在批准之前作出并予以执行，也可由当事人先向欧盟委员会提出保证，在集中获得批准后一段时间内予以实施。

---

① 罗凌：《欧共体委员会与欧共体竞争法：经验、改革与发展》，胡光志主编：《欧盟竞争法前沿研究》，北京：法律出版社，2005 年，第 34 页。

② European Commission, *White Paper on Modernisation of the Rules Implementing Articles 85 and 86 of the EC Treaty*, 1999-04-28, pp. 34-35.

③ 许光耀：《欧共体竞争立法》，武汉：武汉大学出版社，2006 年，第 497 页。

④ 胡光志：《欧盟竞争法前沿研究》，北京：法律出版社，2005 年，第 536 页。

四、和解结案制度

和解结案是欧盟委员会针对竞争案件的一种非正式结案方式,但欧共体并没有明确的立法对该程序予以规定。在欧盟委员会发出指控书之后,或者仍然在初始的调查阶段,被查处的企业自动修改协议或者停止协议的履行,使该行为不再与欧盟竞争法相冲突,欧盟委员会即终止程序结案。据有关数据统计,欧盟委员会在调查过程中以这种方式结案的比例高达 90%以上,并且绝大部分发生在初始的调查程序中。[①]

第三节 加拿大反垄断软性执法现象

1986 年,加拿大对 1952 年制定的《联合调查法》进行全面修订,并更名为《竞争法》。该法第一条对立法目标进行了调整,指出《竞争法》的立法目标在于"鼓励和维护竞争,提高经济的效率和适应能力,扩大加拿大企业参加国际竞争的机会,加强认识外国竞争在加拿大的作用,保证加拿大的中小企业有同等的机会参与竞争,为加拿大的消费者提供竞争性的产品和价格的选择"。为了实现这一目标,加拿大竞争局在执法机制上进行了一系列创新,确立了"以遵守法律为目标"(compliance-oriented approach)的执法体系,加拿大竞争局将这一方法体系称为守法统一体(conformity continuum),有学者指出,加拿大这种独具特色的执法体系的目标在于确保最大限度地遵守《竞争法》,即从教育入手,扩大到包括指导、劝告、建议、通知、和解、同意令、指导起诉、罚款、监禁等的一个统一执法整体。[②] 加拿大的竞争执法体系分为三大部分:教育和倡导措施、建议和预先裁决措施、对违法行为的应对措施。[③] 无论哪一部分都非常注重非对抗性程序的运用,强调对竞争违法行为的预防,具有较大的灵活性。

[①] 阮方民:《欧盟竞争法》,北京:中国政法大学出版社,1998 年,第 432 页。
[②] 王红梅:《加拿大竞争局的执法方法简介及评价》,《河北法学》2003 年第 5 期。
[③] 国家工商总局国际合作司:《加拿大竞争执法浅析》,《中国工商报》2017 年 8 月 26 日,第 3 版。

一、通过教育遵守法律的措施

加拿大竞争局认为教育是整个竞争执法体系中的基础,因此大量采用通过教育遵守法律(conformity through education)的执法措施。由于竞争法术语众多、含义模糊,执法的最根本目的是要让企业明了法律的确切含义,了解执法当局的执法意图。如果经营者知道自己的守法义务,他们中的大多数都会愿意遵守法律。加拿大竞争局所指的教育主要是通过提供各种指南、加强与公众的交流互动以积极地宣传竞争法律和政策。

加拿大竞争局制定了一系列指南以指导企业的经营行为,例如1997年的《企业结合执行指南》、1998年的《银行结合执行指南》、1992年的《掠夺性价格指南》和《价格歧视执行指南》。加拿大竞争局很注重与公众的交流。任何人只要愿意都可以在竞争局网站设立的"在线咨询"中登记,通过电子邮件及时了解有关案件的审理,竞争局一旦有政策的重大调整,就会广泛征求公众的意见,始终与商业团体、消费者团体、律师协会、学术机构和其他社会团体密切联系,并召开各种形式的研讨会。此外,竞争局还通过各种途径和市场经营者保持密切联系,及时了解市场的竞争状况,并与政府部门签订合作协议,通过派驻代表等方式互通信息、分担责任、及时发现可能的垄断行为。[①]

二、促进遵守措施

促进遵守措施(facilitating conformity)通过采取一系列鼓励经营者自愿遵守《竞争法》之规定,监督和鼓励企业自愿遵守竞争法,促进《竞争法》在整个市场的贯彻落实。

(一)建议

某些经营者为避免自己提出的某项经营计划或从事的经营行为违反《竞争法》的规定,会事前向竞争局进行咨询,竞争局将为之提供建议(advisory)。但是该建议对双方都是没有约束力的,经营者有权依据建议自主采取任何行动,竞争局提出的建议也可能依据经营者行为与市场情况的变化进行修改。

[①]　国家工商总局国际合作司:《加拿大反垄断与反不正当竞争法律制度解析》,《中国工商报》2017年5月23日,第3版。

（二）预先裁决证明

《竞争法》第一百零二条规定，结合交易的当事人可以向竞争局局长申请核发预先的裁决证明（advanced ruling certificate），该裁决证明将保证最终完成的结合交易不受竞争法庭起诉。获得预先裁决证明后完成的结合并交易，在一年内竞争局不得对之提出异议。如果竞争局认为不能核发该证明，就会向经营者提出一些没有法律约束力的建议。申请预先裁决证明的结合交易，可以免除事前申报的程序。

（三）合作遵守计划

合作遵守计划（corporate compliance program）于1997年开始实施，要求企业自觉建立一套可靠、有效的企业内部遵守《竞争法》的规章制度。该规章制度必须包括五项基本内容：第一，企业高级管理人员支持合作遵守计划的承诺以及员工的签名，表明已了解合作遵守计划的内容；第二，公开企业合作计划的内容，并依据情况及时调整合作遵守计划；第三，建立相关的教育和培训机构，使员工了解公司行为的合法限度；第四，建立完善的监督、审查、汇报制度，及时发现和纠正反竞争行为；第五，建立对违反合作遵守计划人员的惩戒措施。

三、对不遵守《竞争法》的应对措施

对于违反《竞争法》的企业，加拿大竞争局建立了一整套非惩罚性非强制性的不遵守竞争法应对措施（response to non-conformity）。

（一）劝告

在竞争局调查后发现企业的违法行为是由于不知道法律的规定，通过一定的指导可以达到遵守法律的效果时，可以通过口头通知、书面通知、警告函等方式要求企业在一定期间内纠正违法行为。

（二）保证

在某些情况下，如果竞争局认为某一违法行为后果并不严重，无须提交法庭进行审理时，竞争局可以责令行为人提供书面保证，纠正具有潜在违法后果的行为。保证主要适用于民事违法行为。经营者作出保证后必须遵守，否则将受到更严厉的惩罚。

（三）协商

在 2000 年左右，竞争局经常接到要求免除处罚的申请，为了鼓励不法行为人迅速有效终止严重的竞争犯罪行为，竞争局在 2000 年 9 月 21 日公布了竞争法下的免予起诉计划（Immunity Program under the Competition Act），规定在两种情况下行为人可以申请免予起诉：（1）竞争局还不知道该犯罪行为的发生，行为人主动向竞争局揭露；（2）竞争局已经知道该行为，但还未掌握足够的证据移交审判，行为人于此时向竞争局揭露。此外，申请免予起诉的行为人不得是该违法行为的策划者、领导者，且采取了有效措施终止了自身的不法行为。符合条件者向竞争局提出申请，竞争局审查后提交总检察长进行决定。如果条件符合，总检察长将给予免予处罚的书面保证。最后，总检察长和申请人签订免予起诉的协议。竞争局认为和对抗性程序相比较，协商可以节省更多的时间和费用，并使问题得到合理解决。

在最大限度遵守《竞争法》的执法目标指引下，加拿大竞争局从教育入手，注重执法方法的灵活性和适应性，不以处罚为目的，重视预防与指导，重视非对抗性、合作式的执法方式的运用，以灵活有效地解决垄断问题，在反垄断领域取得了较好的效果，既保证加拿大建立公平、有效竞争的市场环境，又有助于提高企业在全球化背景下的竞争适应能力。

第四节　德国反垄断软性执法现象

德国于 1957 年制定《反限制竞争法》，该法于 1958 年 1 月 1 日生效。德国《反限制竞争法》迄今为止已经过六次修订，但每次修订并没有实质性变化。该法在制定之时，因政治上的压力而没有规定控制企业结合的条款，只有禁止卡特尔的规定。德国《反限制竞争法》将反垄断执法机构统称为卡特尔当局，包括联邦卡特尔局和联邦经济部。

一、竞争规则

德国市场上的不公平竞争行为与限制竞争行为分别由两种程序来处理：一是通过追究刑事与民事责任；二是通过行政管制。由于《反限制竞争法》规定之标准不甚明确,尤其是各种"滥用"的认定使企业无所适从,加之主管机构制定补充性规则的权力受到法律的严格限制,即主管机构要制定专门限制竞争规则对法律予以补充的话,须得到法律关于内容、目的和范围等方面的明确授权。[①] 鉴于此,德国在 20 世纪 50 年代制定《反限制竞争法》时,援引美国工商团体制定伦理规范(codes of ethics)的先例,规定工商团体可以制定竞争性规则来规范本行业之竞争行为。工商团体在制定出竞争规则后,可向联邦卡特尔局进行申请,经审查符合要求的竞争规则即予以登记,并公告于联邦公报。这样一套扩大参与及公示的严格程序,表明德国立法者期望利用社会团体的力量来创设具体竞争规则,以此引导市场竞争秩序。1974 年,德国联邦经济部为了引导工商界制定此类规则,发布了一项"扭曲竞争行为释例",引起了广大反响。1975 年底,有 15 个工商业总会发表联合声明支持该政策。到 1982 年,在联邦卡特尔局登记的竞争规则达到 74 件,到 2005 年已达到 100 件以上。[②] 竞争规则的发展自 20 世纪 70 年代以来日趋活跃。其作用在于:第一,降低竞争法的不确定性,提高其可预见性;第二,竞争规则通过行业自治,使竞争规则适应行业的特殊性;第三,竞争规则的登记虽也要耗费一定的行政资源,但整体而言能减轻经济立法、行政及司法的负担;第四,竞争规则的妥当性有时不易判断,但如果实施效果明显,立法者即可俟时机成熟制定一般性的规范,因此,竞争规则可为一般立法做准备,减少立法错误。

二、同意

德国有严格而详尽的行政程序法,因此,《反限制竞争法》一直按照严格的行政程序和司法程序来实施。但是随着实践经验的增长,德国竞争当局认识到对于某些市场行为完全禁止没有必要,如果当事人同意配合采取某些措施即可消除垄断弊害,可以不加禁止。因此,德国在 1973 年对《反限制竞争法》进行修改时引入了非正式程序。非正式程序的目的不在于依据法律来追究涉案企业的责任,而是通过协商采取措施消除企业行为的垄断弊害。1973 年修改后的《反限制竞争法》还规定了关于企业结合的事前申报

[①] 苏永钦:《经济法的挑战》,北京:清华大学出版社,2005 年,第 114 页。

[②] 苏永钦:《经济法的挑战》,北京:清华大学出版社,2005 年,第 116 页。

程序,要求符合一定条件的企业必须经过申报后才能实施结合行为。尽管其未规定在企业结合申报中可适用协商方式来处理企业结合事项,但是这种非正式的自愿和解结案方式在执法的早期就开始使用。① 德国将这种由当事人与执行机构约定负担一定义务而不加禁止的行为称为同意(zusage)。德国通说的看法认为,同意是卡特尔机构与企业之间一种从属性公法契约。虽然同意程序没有直接法律依据,但管辖限制竞争行为的法院表示,卡特尔机构可以将同意内容当作评估未来竞争效果的事实,从而肯定其合法性。

第五节　日本反垄断软性执法现象

日本反垄断法于 1947 年制定,当时日本仍在美军的占领之下。因此,日本反垄断法体现了美国反托拉斯法的基本内容和精神,是将美国《谢尔曼法》《克莱顿法》和《联邦贸易委员会法》加以综合形成的产物。从整体上而言,日本反垄断法更多地体现了美国反托拉斯法的预防性保护措施。②

国内外对于日本反垄断法的实施成效有两种截然不同的看法。一种认为日本国内企业界经常抱怨日本反垄断法实施过于严格,僵死的合并规则不利于企业实现有效重组。然而另一种认为,日本公平交易委员会长期以来被国外比作一只"不咬人的看家狗"。有学者对这一现象进行分析指出,其根本原因在于日本公平交易委员会使用了各种非正式的执法方式,比如发布行政指南,对结合方案进行事前非正式磋商等非正式执法措施。③ 日本非正式执法措施具有保密、当事人容易接受、节省资源、有利于从法律和竞争政策的双重角度解决整个行业面临的问题等种种优势,但又缺乏可预见性和透明度,导致国外对日本公平交易法的谴责。这也表明行政指南、事前非正式磋商等非正式程序是日本反垄断执法中所运用的主要手段。

①　Windbichler, "Informal Practices to Avoid Merger Control Litigation in the U. S. and West Germany: A Comparison", *Antitrust Bulletin*, Vol. 25, 1980, p. 643.

②　孔祥俊:《反垄断法原理》,北京:中国法制出版社,2001 年,第 109 页。

③　[日]栗田诚:《竞争法执行的有效性和透明性——对日本执行反垄断法认识之差异的原因和后果分析》,王晓晔、[日]伊从宽主编:《竞争法与经济发展》,北京:社会科学文献出版社,2003 年,第 34 页。

一、警告、注意与劝告审决

在日本,广泛的领域内实施着各种各样的行政指导,行政指导在行政中占有很大的比重,这是为了应对行政所需要的灵活性、确保行政的弹性,从而圆满地达到行政目的。[①] 行政指导也是公平交易委员会通常采用的反垄断执法方式。具体而言,公平交易委员会的行政指导主要有两种:其一是注意。注意是针对事业者可能在以后发生特定违法行为而提起特别注意。其二是警告。警告则是要求事业者自发地采取纠正措施,公平交易委员会通常在无法取得证据支持其对违法行为进行审决时才作出警告处分。对于一些重大事件,公平交易委员会倾向于以警告解决,且在大部分警告事件中,事业者在事前与公平交易委员会达成协议,同意采取改正措施,事业者也不会因受到警告而与公平交易委员会发生争执。由于不需要缴纳行政罚款,在反垄断案件中,事业者均愿意接受警告。[②] 实践中,行政指导在反垄断法的执行过程中起着十分重要的作用,其中警告处分的事件不仅数量多,而且包括大量的重大事件。在 20 世纪 80 年代,日本每年处理 200 件左右违反反垄断法事件,其中处以警告处分的有 100 件左右。[③]

此外,日本公平交易委员对于涉案企业还采取诸如劝告、媒体曝光等非正式措施来限制企业的反竞争行为,而很少诉诸正式手段,如禁令。日本公平交易委员会认为这样的做法可以节省时间和人力等执行资源,而且对于指控的违法行为,在没有充分证据的情况下也可以发出劝告。这种非正式措施实际上也是对于违法者进入正式审判程序之前的一种行政指导。这些方式并没有法律约束力,是否遵守取决于当事人自己。当事人受到劝告之后,应在一定期限内通知公平交易委员会,表示其是否接受该劝告。公平交易委员会在收到同意劝告的书面通知后,即可不经审判程序作出与劝告内容相当的决定,即劝告审决。这种劝告审决具有审决的正式效力。[④] 在外国尤其是美国的压力下,日本公平交易委员会曾作出减少非正式措施而更

---

① [日]根岸哲、舟田正之:《日本禁止垄断法概论》,王为农、陈杰译,北京:中国法制出版社,2007年,第186页。

② [日]村上政博:《日本禁止垄断法》,姜姗译,北京:法律出版社2008年,第66-67页。

③ 吴小丁:《反垄断与经济发展》,北京:商务印书馆,2006年,第192页。

④ 苏永钦:《经济法的挑战》,北京:清华大学出版社,2005年,第75页。

多地使用正式措施的决定。然而,从实践来看,1997—2001 年这 5 年中,日本公平交易委员会发出了 141 个禁令,94 个是关于串通投标的,9 个是关于价格卡特尔的。可见,日本公平交易委员会仅对那些严重限制竞争的垄断行为采取了正式措施,而对于其他类型的垄断行为基本采取了没有约束力的非正式措施。

二、结合前申报的非正式磋商

日本反垄断法早在 1947 年颁布时就规定了结合前的通告和审查制度,比美国早得多。美国在 1976 年修订《哈特-斯科特-罗迪诺(Hart-Scott-Rodino)法案》时才规定结合前申报制度。然而,在此后的三十多年中,公平交易委员会针对企业的并购活动从来没有采取过任何正式的行动。[①] 虽然法律规定的程序是当公平交易委员会收到结合申报后应立即展开调查程序,但是在日本,交易当事人往往是在申报前与公平交易委员会对准备进行的交易进行秘密磋商。在通常情况下,准备实施企业集中的当事人,为了尽可能避免正式提出的事前申报在被受理后出现垄断方面的问题,总是希望能够在正式的申报提出之前得到公平交易委员会的指导,于是常常于事前就会向公平交易委员会通报企业集中计划,并就此进行咨询,征求公平交易委员会的非正式指导意见。公平交易委员会在举行非正式的听证会和完成调查程序之后,将结论通知当事人,对其准备进行的交易活动是否违法进行说明。在非正式磋商中,如果发现结合方案有违反反垄断法的问题,当事人依据自愿原则对结合方案进行修改,必要时放弃企业结合计划。由此可见,这一程序实际上是准备实施企业结合的当事人与公平交易委员会在企业结合规制的实践中形成的一种习惯。这是一种事前咨询制度,事前咨询并非一般意义上的咨询活动,而是日本企业在结合之前经常使用的一种法律规定之外的非正式程序。[②] 根据日本公平交易委员会在企业结合方面已有的实践来看,准备结合的企业很可能屈于权威或缺乏法律咨询,在公平交易委员会对案件进行正式调查前就修改甚至放弃了原有的结合计划。而那些在

---

①　苏永钦:《经济法的挑战》,北京:清华大学出版社,2005 年,第 42 页。
②　王为农:《企业集中规制基本法理:美国、日本及欧盟的反垄断法比较研究》,北京:法律出版社,2001 年,第 217-218 页。

结合方面经验丰富且获得法律咨询的企业会尽力说服公平交易委员会认可其交易，或者可能与公平交易委员会达成对交易进行修改的协议。

日本公平交易委员会在几十年的企业集中规制的实际运行中，所处理的有关结合的违法案件十分稀少。应当说，这与当事人在提出正式的申报之前充分利用事前咨询的非正式磋商方式向公平交易委员会提出咨询，是有着直接关系的。即使是那些最初的计划被认为是具有实质性垄断嫌疑的企业集中案件，最终由于当事人经过咨询之后对集中计划自愿作出相应的修正和补救措施，而获得了公平交易委员会的认可。如果企业无法满足公平交易委员会所提出的条件，案件就有可能进入正式程序。以八幡制铁公司与富士制铁公司合并案为例，1968 年 4 月 30 日，八幡制铁与富士制铁两大钢铁公司作出了合并决定。随后，两家公司将合并计划告知公平交易委员会，并就该计划是否将会违反日本反垄断法第十五条向公平交易委员会进行咨询，以期能得到指导意见。对此，公平交易委员会于 1969 年 2 月给出了相关意见并指出合并计划中涉嫌违反反垄断法的问题，并以内部通告的方式向两家公司作出了答复。此后，两家公司对合并计划进行了相应调整，并于 3 月 19 日将调整后的具体方案提交公平交易委员会，但是这一方案最终并没有获得公平交易委员会的认可。于是，公平交易委员会将该项合并计划作为正式案件进行了审查。1969 年 5 月 7 日，公平交易委员会对两家公司发出了"不得依据 1969 年 3 月 6 日缔结的合并计划实施合并"的劝告命令，但是两家公司拒绝接受这一劝告。于是，公平交易委员会于同年5 月 19 日决定开始正式的裁判程序。这一案件是日本迄今为止唯一进入正式结合规制程序的案件。[①] 该案件体现了企业结合事前申报制度中从非正式磋商程序到正式裁决程序的全过程。

三、同意审决

根据日本反垄断法之规定，公平交易委员会有权对其认为违反反垄断法之当事人提起诉讼，在提起诉讼之后，被告如果同意起诉书中所描述的事实以及法律的适用，可以提出书面申请，表示不须经审判程序即愿意承担相

---

① 王为农：《企业集中规制基本法理：美国、日本及欧盟的反垄断法比较研究》，北京：法律出版社，2001 年，第 219 页。

应的法律责任,并且提出自行排除该违法行为或保证排除违法行为,则公平交易委员会可不经审判程序作出审决。这种审决即同意审决。与前述劝告审决不同的是:劝告审决的当事人无须承认违法事实与行为,只需承诺作出采取适当措施对有关行为进行修正;同意审决中的违法当事人必须承认公平交易委员会所调查的违法事实。这两种程序相比较来说,同意审决比劝告审决更接近正式执行程序,但其仍属于非正式程序。①

日本公平交易委员会的年度报告显示,在昭和二十七年至三十六年之间,日本公平交易委员会调查了 265 件涉嫌违反反垄断法的事件,其中调查结果显示合法的共有 213 件。其余 52 件违法事件中,以劝告审决结案的有 28 件,约占全部违法事件的 54%,采取同意审决来处理的有 9 件,约占经审判进行处理的事件的 37%。可见经劝告审决或同意审决的非正式程序处理的案件,已占据所有违法案件的七成左右。②

第六节　本章小结

为了落实复杂的反垄断任务,各国反垄断执法机构在司法诉讼和强制性行政执法方式之外,设计出一系列特殊的反垄断执法方式,如指导、建议、协商、劝告等。在很多发达国家,如加拿大、日本,这些特殊的软性执法方式的使用频率已远远超过司法诉讼和强制性的行政执法方式,占据了反垄断法实施的主流地位。可以说,软性执法这种特殊执法机制已普遍存在于各国反垄断法的实施中,都获得了巨大成就,并显示出独特优势,甚至决定了一国反垄断执法的根本特征。这一现象值得我们深思。尽管在公域之治转型的大环境下,非正式、非强制性的行政执法行为在各类关涉公共利益的法律执行中逐渐崭露头角,但是像反垄断执法实践中如此大规模地依赖软性执法仍然是不多见的。第一,反垄断软性执法适用面非常广泛。在各国的反垄断执法实践中,软性执法不仅适用于企业结合这类并不对竞争产生直接限制的反垄断法规制对象,即使是各国均要重点打击的卡特尔行为也普

---

① 苏永钦:《经济法的挑战》,北京:清华大学出版社,2005 年,第 75 页。
② 苏永钦:《经济法的挑战》,北京:清华大学出版社,2005 年,第 75 页。

遍依靠软性执法来查处。第二,软性执法贯穿于各国反垄断执法的整个过程,不仅有未雨绸缪式的建议、指导等软性措施的运用,也有宽大、协商等亡羊补牢式的事后救济。第三,在某些国家,软性执法措施的普遍运用决定了该国反垄断法的总体特点。例如:日本的反垄断法由于在执行中普遍运用软性执法,而被视为"不咬人的狗";加拿大的反垄断执法体系因软性执法的普遍适用而被称为统一守法体系。因此,尽管软性执法实践并非反垄断法所特有,但是,软性执法在各国反垄断执法实践中的普遍运用使反垄断执法形成了一种软性趋势,进而塑造了反垄断执法的总体形象。

第二章　反垄断软性执法概念的提炼

概念的界定是认识一种事物的起点。通过对概念的界定,人们才能形成判断,进行推理,从事抽象的知识建构,表达各种原创性学理思想。[1] 对各国反垄断软性执法实践有了初步了解之后,有必要提炼出反垄断软性执法的概念。一个特定概念的形成至少包括以下三个方面:第一,该事物为何以此概念名称来代表? 第二,以该名称代表的事物有何本质属性,即其内涵是什么? 第三,以该名称代表的事物与相关事物如何进行区分,从而明确其外延界限?

第一节　反垄断软性执法名称的由来

一、相关名称的辨析

前述各国特殊的反垄断执法程序是各国专为反垄断法的实施而设计的,有不少学者已经开始对这些程序予以关注,但使用了不同的名称。有的称之为非裁判程序(non adjudicative procedure)[2],有的称之为非正式程序(informal procedure)和补充性规则[3],还有的称之为守法统一体(conformity continum)[4]。本书之所以不沿用已有的名称是因为:首先,非裁判并非这类

---

[1]　王莉君:《权力与权利的思辨》,北京:中国法制出版社,2005年,第1页。

[2]　非裁判程序主要是指当事人之间非强制的,且至少细节不做成记录的接触过程(Christine Windbichler, "Informal Practices to Avoid Merger Control Litigation in the U. S. and West Germany: A Comparison", *Antitrust Bulletin*, Vol. 25, 1980, p. 623)。

[3]　苏永钦:《经济法的挑战》,北京:清华大学出版社,2005年,第67页。美国学者丹尼尔·F.史普博也提出过非正式行为这一称谓,认为在美国大部分行政机构的行为都是非正式的,并不遵循与法规制定和裁决有关的明确程序,并认为研究管制必须努力去发现非正式行为的一般模式(〔美〕丹尼尔·F.史普博:《管制与市场》,余晖等译,上海:上海三联书店,上海人民出版社,1999年,第97页)。

[4]　王红梅:《加拿大竞争局的执法方法简介及评价》,《河北法学》2003年第5期。

特别执法机制的唯一特征。非裁判程序难以概括所有这类反垄断执法程序,也无法反映其全貌。况且,从相关学者给出的非裁判程序的定义来看,其主要强调程序的非强制性和不做记录这两个特点,因此非裁判程序这一名称不足以反映反垄断软性执法的全貌。其次,本书所研究的反垄断软性执法包括了非正式程序和补充性规则,在本书看来,反垄断法中的补充性规则是一种非正式的行政解释活动,也是非正式执法程序的一种。因此从本质上来说,这两种行为并无区别。况且本书所要研究的这类反垄断执法程序在各国反垄断执法中已经成为运用频繁且有效的程序,因此非正式程序容易造成误解,使人误认为此类程序仍处于边缘地带,难以反映反垄断执法特征。最后,统一守法体系之类的名称是来自加拿大的特殊称谓,其普适性不足。

二、反垄断软性执法与非强制性行政执法

反垄断软性执法从性质上而言属于一种行政执法活动。在行政法学研究中,曾兴起过一股对于非强制性行政执法进行研究的热潮。[①] 反垄断软性执法与非强制性行政执法有着密切的联系,有学者将上述利用指导、协商等来执行反垄断法的特殊方式称为反垄断非强制性执法。[②] 本书不选用此称谓来概括反垄断软性执法现象出于以下考虑。首先,在行政法学界,已有学者质疑非强制性行政执法这一概念。例如,熊樟林指出,非强制性行政行为概念无论在语义层面,还是在概念内涵层面,都缺乏科学性思考,该概念的长期使用将直接给行政指导、行政合同等行为的模式化研究带来不利影响。[③] 其次,非强制性行政行为是与强制性行政行为相对的概念,二者共同形成行政执法行为总体。本书的研究目的是要在反垄断整体执法层面突出

[①] 20 世纪 90 年代末期,崔卓兰对非强制行政行为进行了专文研究,可视为我国行政法学界最早对非强制行政行为进行的专门研究(崔卓兰:《试论非强制行政行为》,《吉林大学社会科学学报》1998 年第 5 期)。此后,非强制行政行为这一概念得到了广泛的引用,例如:赵肖筠、陈凯:《在非强制行政行为中引入诚信原则的价值分析》,《山西大学学报(哲社版)》2003 年第 3 期;王萌:《浅析非强制行政行为》,《理论研究》2007 年第 4 期;万高隆:《现代行政法的发展走向:以非强制行政行为为主导——从中国行政法的视角》,《云南行政学院学报》2010 年第 6 期;李宝君:《非强制行政行为制度化研究——寻求政府柔性执法的制度规约》,北京:中国政法大学出版社,2012 年。

[②] 反垄断非强制性执法即"为惩治、制止和预防特定主体在经济活动中非法地排除、限制竞争的状态、行为或图谋行为,由行政机构依法对相对人实施的非压迫性活动"(王炳:《反垄断非强制性执法制度与实践》,北京:法律出版社,2011 年,第 65 页)。

[③] 熊樟林:《"非正式行政行为"概念界定——兼"非强制行政行为"评析》,《行政法学研究》2009 年第 4 期。

软性执法的优势,涉及软性执法与其他行政强制执法以及司法执法的比较,跨越了行政执法与司法执法的界分,因此,本书放弃了反垄断非强制性执法这一在行政法领域适用的专门术语。

三、反垄断软性执法与软法

本书使用的软性执法这一概念源自软法(soft law)概念的启发。软法曾经成为西方法学研究界的一个热点。尽管软法现象最早出现在国际法领域,但最近几十年来,软法已经在其他领域大规模涌现,其主要原因在于公共领域管理模式的转变。20世纪中后期以来,公域治理领域经历了从国家管理模式到公共管理模式,再到公共治理模式的转型。较管理模式而言,公共治理模式的一个显著特征就是治理行为方式的多样化,尤其是非强制化。公共治理模式的兴起催生了公法领域的改革,软法开始进入人们的视野并逐渐发展壮大。我国法学界对软法的研究起步较晚,对软法概念还未达成一致看法。[①]对于软法,最基本的共识是:"软法是一个概括性的词语,被用于指称许多法现象,这些法现象有一个共同特征,就是作为一种事实上存在的有效约束人们行动的行为规则,它们的实施未必依赖于国家强制力的保障。"[②]从这一概念来看,前述各国反垄断软性执法中,各国反垄断执法机构所制定的指导性规则已经具备了软法的特征。[③]首先,制定主体多元化。上述反垄断软性执法中的指导性规则与意见往往由一个国家的多个主体制定,不仅有国家行政

---

①　刘莘、绍兴平:《试析软法与非强制性行政行为》,罗豪才等:《软法与公共治理》,北京:北京大学出版社,2006年,第105页。

②　《欧洲法律杂志》主编弗朗西斯·施尼德(Francis Snyder)曾对软法概念进行描述:"软法是原则上没有法律约束力但有实际效力的行为规则。"这一概念被认为是目前对软法最简洁明确的界定(罗豪才:《公域之治中的软法》,罗豪才等:《软法与公共治理》,北京:北京大学出版社,2006年,第6页)。

③　有学者指出,软法相对于硬法所体现的特点在于:第一,软法的创制方式与制度安排富有弹性,例如主体多样化,以及重在指导与建议,而不做硬性规定等。第二,软法的实施方式未必依赖国家强制力。硬法通常通过明确违法责任,并主要诉诸国家强制力来追求违法责任的方式来确保实施,而软法的效力则依靠舆论、自律、内部监督、同行监督,甚至国家强制力的某种暗示或影响来实现。第三,软法效力实现的非司法中心主义。硬法通常都具有司法适用力,而软法虽并不排斥司法适用,但是最主要的是通过法院以外的公共机构来使用,且主要依靠报告、公告、评估、检查等方式来实现其效力。第四,软法的制定与实施具有更高程度的民主协商性。软法机制的中心即开放协商机制(open method of coordination,OMC)。软法的制定过程更加开放,软法的创制、实施、解释、适用过程基本是强调双赢的博弈过程,注重对话与沟通,强调共识与认同(罗豪才、宋功德:《认真对待软法——公域软法的一般理论及其中国实践》,《中国法学》2006年第2期)。

机构、专门的经济管制机构，还包括社会自治团体（如前文中德国的竞争规则主要由工商团体来制定）；其次，这些反垄断指导性规则与意见的载体是形式多样的，有建议、指南、声明、示范法等；最后，反垄断指导性规则与建议往往都是没有强制力保障的，虽然有些规则法院在进行判决时会考虑，但这基本取决于法官的自由选择，并不意味着这些指导性规则与建议具有强制执行的效力。尽管前述反垄断软性执法中的指导性规则已经具备了软法的特征，但是软法毕竟指的是一种行为规则，而本书所研究的反垄断软性执法除了反垄断执法机构颁布的软法规则之外，更多地表现为执法行为，如协商、劝告、诱导等。因此，本书无法直接借用软法这一概念。

软与柔同义，与刚、硬相对，可见软性是一个相对概念，是指刚性、硬性事物的强度弱化、减损后表现出的特性。① 本书将上述反垄断特殊执法方式称为软性执法。这一概念不仅能和司法执行以及行政强制性执法的刚性特点形成对照，也能尽可能将所有相关的反垄断特殊执法方式概括进本书所研究的范围，以区别于反垄断执法中的非软性执法。

第二节　反垄断软性执法的内涵

从本质上而言，反垄断软性执法是一种回应型的执法方式。美国学者诺内特和塞尔兹尼特把人类历史上存在的法律现象分为三种类型：压制型法、自治型法和回应型法。② 这三种类型的法是在总结历史发展经验的基础上，按照理想型（ideal-type）方法建立起来的用以分析和判断同一社会的不同法律现象的工具性框架。③ 如表 2-1 所示，在这三种类型的法律治理模式中，各类型法下的执法机构具有不同的特征，法律实施方式也存在很大的不同。

---

① 王炳：《论金融调控权的软性》，《理论与改革》2008 年第 2 期。
② 社会中的法律可分为三种类型或基本状态：（1）压制型法：作为压制性权力的工具的法律；（2）自治型法：作为能够控制、压制并维护自己的完整性的一种特别制度的法律；（3）回应型法：作为回应各种社会需要和愿望的一种便利工具的法律（诺内特、塞尔兹尼克：《转变中的法律与社会迈向回应型法》，张志铭译，北京：中国政法大学出版社，1994 年，第 16 页）。
③ 季卫东：《社会变革的法律模式》（代译序），［美］诺内特、塞尔兹尼克：《转变中的法律与社会迈向回应型法》，张志铭译，北京：中国政法大学出版社，1994 年，第 4 页。

表 2-1　三种不同类型法下的执法机构特征①

项目	压制型法中的执法机构	自治型法中的执法机构	回应型法中的执法机构
目的	单一的;混淆私人利益和公共责任	明晰的、固定的、公共的;由指定的管辖权加以识别	任务指向的;灵活的
权威	传统的、神授的、松散的	按等级细分的权能范围;通过渠道沟通;形式合理性	工作组和特别工作组织;开放性沟通;权威扩散;实质合理性
规则	无系统的	编撰的;行为的蓝图;关注焦点是行政规则性	从属于目的,避免对规则划界
决策	特别的;服从于个人统治的恣意和下属的无控制行为	系统的;常规化的;有限责任;假设稳定的社会领域由易于分类的要素组成并服从于规则	参与性的;以问题为中心的;广泛委托;假定需要和机会不断转变的一种环境
职业	不稳定的、非专业的;官职可供出卖或作为兼职卖给精英	官员是专职的、专业的,并对组织负责;没有个人的选民;任人唯贤;着重资历和任职期	任职的多样性和短暂性;通过契约就职;专家有自治的专业基地

　　在上述三种法中,压制型法具有威慑力和受制于长官意志的偏向。在压制型法的众多特征中,最重要的特征是政体合法和放纵裁量。这种法制的明显缺陷表现为不安定和正当化程度很低。在现代社会,压制型法这一类型已随着社会文明化和法治化的发展被历史所抛弃,自治型法与回应型法成为法治类型的主流。自治型法是为了拘束国家强制力,从人治走向法治而形成的法制类型。建立在西方自由主义法学传统之上的现代西方法治具有典型的自治型法的特征,即创造"一种法律的统治而非人的统治"②。在这种法律体系中,合法性被理解为对规则的严格负责。这种体系的主要特征就是形成了专门的、相对自治的法律执行机构,强调法律执行机构忠于法律规则,执法严格依照程序规定。在司法执法领域,法官是不可替代的权威,司法裁判的主要功能就是依照法律的规定来明确当事人的义务从而追

---

① [美]诺内特、塞尔兹尼克:《转变中的法律与社会迈向回应型法》,张志铭译,北京:中国政法大学出版社,1994 年,第 25 页。
② [美]诺内特、塞尔兹尼克:《转变中的法律与社会迈向回应型法》,张志铭译,北京:中国政法大学出版社,1994 年,第 59 页。

究当事人的法律责任,其目标是解决纠纷和制裁违法者。在法律的行政实施领域,行政执法是一种传送带模式的执法,行政机构必须在立法机构的明确指示下执行法律,并通过司法审查确保行政机构遵守了立法机构的指示。① 在这种传送带模式下,行政机构完全遵照立法指令行事,事实上它和司法程序不存在本质区别。

在回应型法中,执法机构不再那么专注于行政管理的规则性,合理性这一价值被牢固地确立。执法机构的目的不再是严格地执行法律,而是"更多地回应社会需要"。从自治型法转向回应型法的关键一步,就是法律目的的普遍化,以法律目的为标准来建立一种能够有效应变的法律秩序。特殊的规则、政策和程序逐渐被当作是工具性和可牺牲的。② 相对于其他两种法,回应型法显示出如下基本特征:第一,回应型法的典型功能在于调整而非裁判。第二,回应型法鼓励执法机构对社会治理采取一种以问题为中心的态度。③ 第三,在回应型法中,秩序是协商而定的,而非通过服从赢得的。④ 第四,在回应型法中,权威必须是开放的和参与性的,即鼓励协商,说明决策理由,欢迎批评,把同意当作对合理性的一种检验。⑤ 回应型法的产生意味着法律及其实施从形式主义向实用主义的转变。在上述三种法中,压制型法是一种强制占主导地位的法,在自治型法中强制被缓和,而在回应型法中强制则退居二线,往往备而不用。⑥

很显然,反垄断软性执法是一种典型的回应型法下的执法机制。反垄断法作为经济法的一个子部门法,其对市场经济状况变化的反应程度、对社会现实变化的敏感度,以及与一国政治的联系紧密度都要远远高于其他传

---

① [美]理查德·B.斯图尔特:《美国行政法的重构》,沈岿译,北京:商务印书馆,2002年,第5-9页。

② [美]诺内特、塞尔兹尼克:《转变中的法律与社会迈向回应型法》,张志铭译,北京:中国政法大学出版社,1994年,第87页。

③ [美]诺内特、塞尔兹尼克:《转变中的法律与社会迈向回应型法》,张志铭译,北京:中国政法大学出版社,1994年,第103页。

④ [美]诺内特、塞尔兹尼克:《转变中的法律与社会迈向回应型法》,张志铭译,北京:中国政法大学出版社,1994年,第105页。

⑤ [美]诺内特、塞尔兹尼克:《转变中的法律与社会迈向回应型法》,张志铭译,北京:中国政法大学出版社,1994年,第111页。

⑥ 季卫东:《社会变革的法律模式》(代译序),[美]诺内特、塞尔兹尼克:《转变中的法律与社会迈向回应型法》,张志铭译,北京:中国政法大学出版社,1994年,第4页。

统的法律部门,体现出回应性特征。① 自治型法治模式的基本前提是法律是清晰明确且完善的,而反垄断法却有着传统法律所难以比拟的模糊性、概括性和抽象性。这样一种法律无法通过自治型法下的"规则之治"来执行,软性执法则适应了这一要求。在反垄断软性执法中,协商、劝告、建议等方式的运用表明,执法机构不再是不证自明的权威,其执法工作的开展需要市场主体的积极配合,以更灵敏地反映市场的变化。软性执法使反垄断执法工作保持着高度的开放性、灵活性和务实性,执法者的行为也处于一种灵活、适应和自我纠正的状态,因此,反垄断软性执法体现了反垄断法的实施对一国市场、经济、政治变化和现实需要的高度回应性。

第三节　反垄断软性执法的外延

一部法律的确立,其目的就在于使之在社会中发挥控制作用,即法律的实施。从广义上而言,法的实施主要包含了四个方面:遵守法律,即社会主体依照法律的规定履行义务的活动;运用法律,即利用法律维护合法权益;执行法律,即国家行政机构在行使行政管理权的过程中,依照法定职权和程序,贯彻实施法律;适用法律,即国家适用法律机构根据法定职权和法定程序,具体应用法律处理案件的专门活动。② 遵守法律和运用法律,主要是针对社会一般公民和一般组织而言的。执行法律和适用法律,是以国家机构为主体,以国家为名义的,是法律实施的关键环节。执行法律是针对行政机构而言,而适用法律则是司法机构的职责。严格说来,软性执法应属于行政机构执行法律的范畴,但在某些国家,也包括行政机构在诉讼中在法院主持下与被告达成的协商和解。③ 因此,在行政执行法律和司法适用法律的法律实施二分法框架下,反垄断软性执法是一个跨领域的综合体。在此,有必要将反垄断软性执法与司法执法机制和传统行政执法进行比较,以厘清反垄断软性执法与非软性执法的界限。

---

① 刘普生:《论经济法的回应性》,《法商研究》1999 年第 2 期。

② 刘星:《法理学导论》,北京:法律出版社,2005 年,第 335-418 页。

③ 例如,在美国的反垄断协议裁决制度中,司法部反托拉斯局与涉案经营者达成的协议必须经过法院的司法审查才能最终获得法律效力,这是美国所特有的。

一、反垄断软性执法与非软性执法的界限

反垄断执法方式多种多样,因此我们需要一个参照物来明确反垄断软性执法与非软性执法之间的界限。从目前世界各国反垄断法的实施实践来看,在反垄断法领域中对法律实施的分类有别于上述法理学中法律实施的四种分类,而将之分为反垄断法的公共执行①和私人执行②。在"司法执法-行政执法"二分法的国家执法框架内,反垄断法的私人执行是借助国家的司法权力实现私人的法定利益,因此,反垄断法私人执行属于司法执法的范畴。反垄断软性执法的操作主体是一国的反垄断专门执法机构,因此,属于行政执法的范畴。目前,各国基本采用了反垄断法的私人执行与公共执行二者并驾齐驱的实施模式。在此模式下考察反垄断软性执法,就会发现反垄断软性执法与其他执法方式最大的区别在于是否直接运用了国家强制力。因此,在国家强制力的强弱谱系中以"强制力的直接运用与否"这一标准,能建立起反垄断非软性执法与软性执法的分水岭。

一般认为,国家强制力是法律实现的必备要素。在我国,曾有学者对当前教材和著作论述的法的基本特征进行了统计,其中有85%以上的教材和

---

① 反垄断执法机构对垄断行为采取的行动可以称为公共执行(public enforcement),主要是指反垄断专门执法机构对违法者进行直接的处罚或发布禁令要求企业停止违法的行为,还包括反垄断专门执法机构通过提起诉讼来执行反垄断法的行为。但是,除美国之外,其他国家的反垄断专门执法机构并不承担对垄断行为进行起诉的职能,因此,反垄断法的公共执行主要是指一国反垄断专门执法机构的行政执法行为(Karen Yeung, "Private Competition Regulation", *Oxford Journal of Legal Studies*, Vol. 18, 1998, p. 583)。从字面上看,这一概念并未涉及反垄断软性执法,但是本书所研究的反垄断软性执法是由反垄断执法机构发起并运作的,因此应属于公共执行的范畴。

② 私人执行(private enforcement)与公共执行相对,即由普遍的市场参与者通过自身的力量,通过发动反垄断诉讼等方式来实现反垄断法(王健:《反垄断法的私人执行——基本原理与外国法制》,北京:法律出版社,2008年,第117页)。对于私人执行的外延范围,人们有着不同认识。广义上的私人执行是指由私人倡导或介入而进行的反垄断法执行;中义上的私人执行是指涉及反垄断法执行的任何私人当事人在诉讼程序中作为诉讼参与人指控违法者;狭义上的私人执行是指在诉讼程序中,私人当事人基于反垄断法的规定而提起的独立民事诉讼或民事反诉。广义的私人执行实际包括了私人当事人向反垄断执法机构控告检举垄断行为的情况,虽然执行程序由私人引发,但最终还是由执法机构发动公共程序来执行,因此仍然是一种公共执行。中义的私人执行实际上包括了私人当事人作为第三人参加行政诉讼这种情况,这事实上是私人参与公共执行,而不能认为是一种典型的私人执行。因此真正意义上的私人执行应该是狭义上的私人执行,因为在此概念中反垄断执行是由私人当事人发起并全程参与和主导的。因此,为区别于公共执行,本书取其狭义概念。本书中的私人执行意指其自身利益受到反垄断违法行为影响的法人或自然人通过向法院提起民事诉讼,借由国家司法机构来处理垄断争议,从而使反垄断法得以执行的执行方式。

著作直接认为国家强制性是法律的基本特征,其他的论述虽未直言强制性,但包括了"国家制定或认可并由国家强制力保证实施"之类的语言。① 因此,强制论,即将强制作为法律之所以为法律的标志、特征,将法律执行的动力与保障归结于强制力的观点,曾经在我国法学理论界有着举足轻重的地位。在西方世界,强制论的观念在 19 世纪末、20 世纪上半叶也成为一种世界性的思潮。② 对于规范人们行为的法,曾一度以强制力、命令、制裁等概念加以认定。③ 强制力在法律执行中的体现就是确认特定主体的行为是否违反法律规定,进而追究其法律责任。

　　然而,尽管反垄断执法机构作为执法机构的一种,自然拥有国家强制力,但是回顾各国反垄断软性执法现象,我们会发现每一种反垄断软性执法的出发点都不在于明确企业行为的法律效力,其目的更不在于对涉案企业进行处罚。在反垄断软性执法中,国家的强制力往往备而不用,并不涉及违法确认和责任追究。相反,反垄断软性执法的实施效果更多依赖于国家强制力所产生的公信力与威慑力。一方面,在指导、建议、劝告等反垄断软性执法活动中,企业信赖作为国家权力主体的反垄断执法机构的意见,进而自愿接受该意见,以期将自身行为合法化,从而避免未来的法律责任追究。在这一方面,国家强制力化为公信力而发挥作用。另一方面,在企业承诺、协议裁决、宽大等反垄断软性执法活动中,国家强制力就像一柄高悬的达摩克利斯剑,迫使企业自愿对自身行为进行修正,并自觉遵守自身承诺,或者向执法机构揭露可能涉嫌违反反垄断法的行为。在这一方面,国家强制力以其威慑效果达到执法目的。

　　反垄断法的私人执行即通过私人原告提起民事诉讼来规制垄断行为属于非软性执法。在反垄断法私人诉讼中,国家司法机构通过审理活动,即通过双方当事人的当庭质证,查明案件事实,最终做出判决,确认被告是否违法以明确被告是否应追究法律责任。在此过程中,尽管证据的提供、庭审过程中的抗辩均由当事人自己完成,但最终的判决结果是由法院来确认,且判决结果的最终实现也依赖审判机构的强制力得以实现。因此,从强制力运

① 尤俊意:《国家强制性、强制性规范与制裁——也论法的强制性问题》,《法学》1996 年第 3 期。
② 周永坤:《论自由的法》,济南:山东人民出版社,2006 年,第 259 页。
③ 毕雁英:《法律社会化视角下的软法责任》,《政法学研究》2018 年第 4 期。

用与否这一标准来看,反垄断法私人执行应属于非软性执法。① 在反垄断法公共执行中也有直接运用国家强制力的执法方式,即依照法律的规定认定行政相对人的权利、义务,并追究其违法责任。因此,以是否直接运用国家强制力为标准,我们可以大致划分出反垄断软性执法与非软性执法的界限:反垄断法私人执行和直接运用了国家强制力的反垄断法公共执行属于反垄断非软性执法,未直接运用国家强制力的反垄断法公共执行则属于反垄断软性执法。

行政执法是国家行政机构利用其行政权力处理违法行为的活动,其方式多种多样。行政法学界将行政执法活动区分为各种类型,并按照强制力的强弱顺序对所有的行政执法行为大体进行区分,存在惩罚类行为、命令类行为、审批类行为、契约类行为、建议类行为这五类。②

在上述五类行政行为中,惩罚类行为的单方性和强制性最为明显,即发现违法行为之后,直接依据有关法律规定追究其相应的法律责任,一旦作出处罚决定,相对人只能接受。命令类行为也是一种典型的单方强制行为,行政机构直接向个人或组织发出指令,为或不为某种行为。审批类行为即公法规定个人或组织只有获得特定国家机构的批准、通过、同意、许可之后才能依法获得某种资格或实施某种行为的情况下,由个人或组织提出申请,行政机构同意后赋予其资格的行为。此类行为与前两类行为的区别在于行政行为的启动往往需要相对人予以申请,行政机构并不主动实施。但是从强制力的运用方式来看,仍然是依据法律的直接规定进行许可与否的判断,最终作出决定,该决定明确了申请人能为或不为某种行为。因此,审批类行为和前两类行为一样,是国家行政强制力的直接运用。

契约类行为将契约精神引入行政执法领域,即行政机构通过听证、意见听取或直接和相对人协商等方式与相对人达成合意,其结果将对双方产生约束力,从而实现执法任务。此过程类似于契约签订过程,尽管执法机构的强制力能对相对人产生一定的威慑效果,但是在此过程中行政强制力并没

---

① 在反垄断民事诉讼中,双方当事人可能会以达成和解的方式结案。和解是当事人之间合意的达成,也是双方自由意志的体现。因此,诉讼和解不是国家执法的后果,尽管和解内容会对垄断行为产生影响,但其并不是国家意志的体现,因此这种特殊情况不在本书所讨论的软性执法范围之中。

② 关于行政执法行为的分类研究可参见罗豪才、宋功德:《公域之治的转型——对公共治理与公法互动关系的一种透视》,《中国法学》2005 年第 5 期。

有进行直接适用。① 建议类行为即行政机构建议个人或组织为、不为或怎样为某种行为,但这种建议并不具有强制性,相对人不依照建议实施行为也不会产生任何法律后果。从理论上来讲,尽管基于国家机构的公信力,相对人在行为时会考虑此建议,但建议类行为对于相对人的行为完全不具有强制约束力。因此,这类行为是强制性最弱的行政行为。

按照是否直接运用了国家强制力这一标准,前三类行政行为,即惩罚类、命令类、审批类行为属于非软性执法,而契约类、建议类行政行为属于软性执法。以上分类标准落实到反垄断法实施领域,则可划分出反垄断非软性执法与软性执法的界限,即直接运用了国家强制力的反垄断法私人执行与公共执行中的惩罚、命令、审批执法方式属于反垄断非软性执法方式,而契约类、建议类等反垄断执法行为则属于反垄断软性执法方式。当然,以上分类仅仅是理论上的抽象划分,在反垄断法实施实践中,有些行为虽表现为非软性执法类型,但是其并未直接运用国家强制力,因此仍然属于软性执法。例如,在经营者集中申报制度中,尽管审查机构的行为属于审批类行为,但是如果该机构在审批过程中使用了协商、认可承诺等方式,则该行为仍然属于软性执法方式。

二、反垄断软性执法方式

以上分析是在行政执法领域进行普遍划分得出的抽象性的执法行为类型,在反垄断法实施领域,各国反垄断执法机构创设出一系列具有反垄断特色的软性执法方式,包括在事前通过建议、引诱与威吓(carrot and stick)的设计来减少违法行为的发生,以及在事后采取协商、揭露、诱导等方式来规范垄断行为。

(一)指导

反垄断执法机构在专门从事的反垄断执法工作中获得了相关经验,这些经验是指导企业如何行事的最好资源。通过颁布指南、规则、声明、意见、建议等文件以指导企业的经营行为,避免企业走入违法误区,是各国反垄断软性执法手段中常用的一种。反垄断指导式执法具体分为两种类型:指导

---

① 余凌云:《论行政协议的司法审查》,《中国法学》2020 年第 5 期。

性规则与针对个案的指导。

指导性规则是一种具有普适性的规则。现代行政机构通过委任、授权的方式或者基于现实的需要而拥有一定的立法权,以制定立法性规则或非立法性规则,这已经是各国行政法实践中常见的事实。立法性规则与非立法性规则在理论上的区别十分明确。一部立法性规则基本上是一部行政法律——一种委任立法,经常用来规定、修正和废除权利与义务,或豁免。而非立法性规则不是运用委任的法律制定权力,而是根据实践的需要制定指南,为公众、行政机构职员与决定者提供指导,对公众并不具有约束力。① 此处所讲的反垄断法指导性规则,即反垄断执法机构依照反垄断法的精神内涵,以制定准则、发布指南等方式细化反垄断法律条文,宣告反垄断执法标准,引导企业经营行为的执法方式。这种指导性规则属于行政法上的非立法性规则的范畴。② 反垄断执法机构颁布指导性规则的目的不仅仅在于对市场主体解释反垄断法的执法标准,从而加强反垄断法的确定性和可预见性,还在于让反垄断法的执行适应不断变化的市场情况和国家竞争政策。

由于各国反垄断法律规则较为抽象,而反垄断执法机构的执法标准也会随着市场经济的状况发生微调,同时还由于市场经济行为的复杂性,企业往往很难判断拟采取的行为是否会违反反垄断法。因此,在各国的反垄断执法中均出现了对个案予以指导的反垄断指导执法方式。如美国的商业审查函,欧盟的指导函、安慰函等制度就是针对个案进行指导的制度。这种指导并不具有普遍的约束力,对于被指导的企业也不具有法律效力。但是在各国的反垄断执法实践中,反垄断指导执法获得了广泛运用并体现出了其独特的价值。

第一,相对于其他与企业经营行为息息相关的法律,如契约法、财产法等而言,反垄断法通过禁止企业的某些市场行为来保护市场竞争,具有强行

---

① ［美］迈克尔·阿斯姆:《非立法性规则制定与规制改革》,高秦伟译,《公法研究》(第六辑),杭州:浙江大学出版社,2007 年,第 365 页。

② 非立法性规则包括解释性规则与政策说明。解释性规则与政策说明的功能并不相同。解释性规则阐明或解释在法律、已有的行政机构规则、司法机构或行政机构裁决决定中使用的词语的意义,而政策说明则用于表明行政机构期望或试图在开展其他一些行政行为的过程中如何运用裁量权,例如,一项政策说明可能显示行政机构实施调查、检察、立法性规则制定、正式或非正式裁决时所考虑的因素与追求的目标(［美］迈克尔·阿斯姆:《非立法性规则制定与规制改革》,高秦伟译,《公法研究》(第六辑),杭州:浙江大学出版社,2007 年,第 366 页)。

法的性质。然而，从另一个角度来讲，模糊性是各国反垄断法律规则共同的特点。反垄断法中的诸多术语如竞争、独占、市场占有率、相关市场等都需要一定的经济专业知识才能正确理解。反垄断法的运作很难像一般法律一样，通过传统的法律解释方法得出合理的结果。[①] 企业也很难通过反垄断法律规则字面的意思来获知自身行为的法律效力。因此，通过指南、声明、指导意见等方式来告知企业如何避免反垄断法的追究是十分必要的。

第二，由于市场环境不断发展变化，反垄断执法机构必须根据不断变化的市场状况来调整执法目标。因此，在反垄断执法过程中，不断出台详细的执法标准是反垄断执法机构常用的手段。有学者将之称为标准设定（the setting of standards）。[②] 因此，反垄断指导的功能不仅仅在于解释已有的立法，更重要的是让已有立法更好地适用于不断变化的现实环境。[③] 此外，在市场的实际运作中，不同行业所需要的竞争规则往往差异极大，立法者事实上很难制定出一整套完全适合各个行业的反垄断法，因此需要更具体化、类型化的规则，这也是反垄断指导的意义所在。例如，日本公平交易委员会制定的反垄断法指导性规则主要就是集中在这一方面，德国的联邦卡特尔局与工商团体合作制定的竞争规则的主要目的也在于此。

第三，从现状来看，各国反垄断法往往采取禁止性的立法模式，即规定哪些行为可能违反反垄断法。然而，从市场主体的角度而言，无论立法如何定义，（经营者）往往希望能被确定告知的并不是他们不能做什么，而是他们能做什么。经营者所需要的是有关立法的许可性定义，而不是禁止性说明，这一点他们最期望能由一国的政府竞争管理机构来告知。因此，在一国反垄断法实施初期，执法机构都把旨在改变一国人们对竞争的观念和意识、提高一国竞争文化水平的竞争推进（competition advocacy）应优先于竞争执法。[④] 有的国家反垄断当局帮助企业制定合规指引（compliance guidance），即通过培训、审计等方式，告知企业员工可以被反垄断法接受的行为范围、

---

① 苏永钦：《经济法的挑战》，北京：清华大学出版社，2005年，第103页。

② E. T. Sullivan, "The Antitrust Division as a Regulatory Agency: An Enforcement Policy in Transition", *Washington University Law Quarterly*, Vol. 64, 1986, p. 1022.

③ Spencer Weber Waller, "Prosecution by Regulation: The Changing Nature of Antitrust Enforcement", *Oregon Law Review*, Vol. 77, 1998, p. 1395.

④ 竞争推进指由反垄断执法机构实施的除执法以外所有改善竞争环境行为。

发现违法行为应该如何处理，以及反竞争行为可能遭受的处罚等，以最大限度地确保反垄断法得到遵循。[①] 与此同时，企业在执法机构的合规指引下进行承诺合规（compliance commitment），即企业及其员工主动遵守反垄断法律规定的意愿表达。为了协助企业建立合规制度，反垄断主管机构通常会利用自己对反垄断法的深刻理解及执法经验，制定企业合规的示范规则，引导企业正确处理与竞争者的关系、执行反垄断规范、举报违规行为等。因此，指导方式作为一种事前控制方式，其目的在于防患于未然，减少垄断行为，减少耗时费力的反垄断调查和裁决执法。

反垄断法利用指导性规则的执法方式在各国已得到广泛应用。指导式执法在反垄断执法中有着突出地位，美国有学者对此进行了描述：

> 尽管所有的机构（organization）都会有指导规则（guideline），无论是口头的还是书面的，这些规则的作用在于让新的机构成员和机构之外的利益相关者了解机构的结构及其运作。但是反垄断执法机构，以联邦贸易委员会为例，所发布的一系列书面的指导性规则，却不一样。这些指导规则的目的主要在于传达委员会的反垄断执法政策。通过多年的演进，这些指导规则已经成为一种机构的非正式法律制定（agency informal law-making）方式，而且越来越被法院所依赖与尊重。[②]

指导之所以被归入反垄断软性执法方式的一种，是因为其并不具有反垄断领域的立法性规则所具有的强制执行的效力。鉴于反垄断指导性规则的非强制性特点，它在法律上对相对人不产生约束力，显然，在制定指导性规则的行为中，反垄断执法机构的意思表示和法律后果之间并没有法律上的关联性。即便是市场主体依照指导性规则行事，执法机构的意思得以实现，但对相对人而言，其更多地体现为事实效果，而非法律效果。然而，尽管二者在理论上能进行分明的界定，但是在实践中却很难区分。主要原因在于二者均出自国家机构之手，公众一般认为所有国家机构的规则都是具有法律效力的。反垄断法指导性规则毕竟有国家权力作为背景与依托，必然会对市场主体产生一定程度的精神、心理压力或自上而下的驱使。公众一

[①] 张占江：《竞争倡导研究》，《法学研究》2010 年第 5 期。

[②] Spencer Weber Waller, "Prosecution by Regulation: The Changing Nature of Antitrust Enforcement", *Oregon Law Review*, Vol. 77, 1998, p. 1400.

般会试图遵守,而不是质疑甚至挑战。① 因此,指导性规则与正式规则在实施效果上并无大的区别,而且极少在法院中受到质疑,大多数规则都得到了支持。在美国的公司结合的反垄断控制方面,行政指南、演讲和诉讼前的协议裁决等,对于商业管理者在计划和执行交易过程中的政策指导作用已经等同于法院的判决先例。② 此外,由于各国反垄断法所规定的法律责任非常严厉,一旦深陷反垄断案件的泥潭,企业的正常经营会受到干扰。尽管反垄断指导性规则不具有强制效力,但市场主体都会基于反垄断法的威慑而自觉将自身行为纳入指导规则。因此,反垄断指导性规则在预防垄断行为方面具有重要意义。

（二）许诺

因为反垄断法律规则的复杂性,市场主体往往难以确定自身行为的合法性。因此,各国反垄断执法机构都允许企业在无法确定自身行为的法律后果时,向执法机构报告拟实施的经营行为,执法机构可作出对企业未来行为作为、容忍或不作为的许诺。许诺是各国行政活动领域的一种新兴执法方式,由于许诺对行政相对人具有重大意义,所以在行政实践中获得越来越广泛的适用。③ 许诺对于市场主体而言,其主要意义在于风险排除。市场主体可以通过寻求许诺来排除这样的法律风险:将来的行为可能不符合法律而导致对自己不利的行政决定。为了及时在法律上明确眼前的不确定状态,可以事先就法律后果寻求反垄断主管机构的许诺。就此而言,许诺可以在一定程度上增强法律的安定性。对于申请许诺的市场主体具有信赖保护的功能。对于执法机构而言,鼓励寻求许诺的行为可以尽早了解企业的经营行为,避免进入正式的耗时费力的调查程序。与此同时,许诺也是加速行政程序的一种手段,促使执法机构以较低成本来实现法律目的。前文介绍的欧盟的安慰函制度采用的就是许诺的执法方式。此外,在各国的反垄断宽大制度中,执法机构通过法律责任减免的设计来引诱企业揭露卡特尔（横

---

① ［美］迈克尔·阿斯姆:《非立法性规则制定与规制改革》,高秦伟译,《公法研究》(第六辑),杭州:浙江大学出版社,2007年,第366页。

② ［美］欧内斯特·盖尔霍恩、威廉姆·科瓦契奇、斯蒂芬·卡尔金斯:《反垄断法与经济学》,任勇等译,北京:法律出版社,2009年,第34页。

③ ［德］汉斯·J.沃尔夫、奥托·巴霍夫、罗尔夫·施托贝尔:《行政法》(第二卷),高家伟译,北京:商务印书馆,2002年,第143页。

向垄断协议)行为,这正是对宽大申请者的一种许诺。许诺并不是对国家强制力的直接运用,但必须有国家强制力做背景。在许诺式执法中,国家强制力以公信力的面貌发挥作用。

(三)揭露激励

垄断行为取证难和反垄断执法机构主动执法成本高昂是各国在反垄断执法实践中遇到的两个重大难题。因此,利用市场主体自身的力量来达成反垄断执法目标成为各国反垄断法执法的发展趋势。各国反垄断执法机构往往通过威慑、引诱的方式来促使市场主体揭露市场上的垄断行为。从理论上来讲,反垄断执法机构对于竞争弊害行为的了解程度并不比身在市场之中的竞争者、交易者或消费者更高,而大多数垄断行为又具有一定的隐蔽性,因此有必要借助市场内部的力量来查获反竞争行为。反垄断执法机构所要做的就是触发(trigger)市场主体的披露意愿。这类手段往往具有成本低、灵活性强的特点。

揭露激励手段的运用意图并非设立权利或义务,而是采取特定手段要求或诱导当事人对违法行为相关信息进行披露。例如,在企业结合规章制度中,申报制度是一项最基本的内容。企业结合申报制度分为结合前和结合后两种,结合前申报制度的设立为促进结合当事人向反垄断执法机构揭露结合事项提供了基础。拟结合的企业为了避免进入程序烦琐复杂的正式申报程序,宁愿提早向反垄断执法机构揭露拟结合的相关事项。在反垄断执法机构了解该结合事项之后,可采取商谈、承诺等非正式手段来确保企业结合朝着反垄断执法机构所期望的方向发展。此外,各国反垄断执法机构专为规制卡特尔行为的宽大制度也是以揭露为目的的执法方式。调查卡特尔行为的最大困境是证据难以采集。从客观上看,卡特尔行为各方应有一致行动,这一证据容易获得,然而,当事人之间是否曾有过相关的意思联络,则属于主观内容,很难获得客观的证据。宽大制度(leniency policy)就是各国反垄断执法机构为应对这一难题而设计的为加强卡特尔执法而实施的一项重要政策。它通过向揭发卡特尔并与反垄断执法机构进行合作的卡特尔成员和有关个人提供减免法律责任的宽大待遇,鼓励和诱导卡特尔成员和有关个人揭发违法卡特尔,从而促进对违法卡特尔的发现、调查和处理。[①]

在揭露手段中,是否揭露由垄断行为当事人来决定,反垄断执法机构的主要功能在于设计激励、诱导当事人进行揭露的方法。很明显,在这些激励手段中,并不存在国家强制力的直接运用,而是利用了市场主体自身的力量。揭露制度的首要功能在于将伤害市场竞争的垄断行为尽早纳入反垄断执法机构的视野,便于反垄断执法机构尽快采取措施消除其竞争弊害。揭露制度促使垄断行为公之于众,是反垄断执法机构采取实质执法行动的前奏。此外,该手段的功能还在于其对于垄断行为具有极大的威慑作用,有利于预防垄断行为的发生。

(四)协商

在反垄断执法中,公共利益与私人利益具有一种既冲突又一致的关系。反垄断法保护的是竞争而不是某个竞争者,但是在执法过程中仍然要兼顾竞争者的私人利益。协商的执法方式为两种利益的协调提供了可能。协商本身就是各方在达成共识的前提下作出决策的方式。公共利益与私人利益的妥协和交换可以达到社会利益的最大化,这为在行政执法中运用协商与和解提供了动力。[②] 因此,协商方式在现代行政执法中备受关注。协商从本质上来说,是有关各方当事人之间讨价还价、进行利益平衡的过程。协商方式是反垄断软性执法方式中常用的一种,几乎体现在所有的反垄断软性执法程序之中。

第一,在指导性规则制定过程中进行协商。在指导性规则制定的过程中通过公众听证方式,让利益相关者有表达自己意愿和讨价还价的机会,这本身就是一种协商方式。以美国为例,美国政府非常重视以协议方式来制定管制法规。美国在 1990 年通过《协商法规制定法》(*Negotiation Rulemaking Act*),赋予行政机构与利益团体通过协商方式订立法规的权力,并规定通过协商制定规则属于非正式订立规则的方式。[③] 通过协商制定法规,可让政策利害关系人在整个过程中充分表达自身利益,以减少法规

---

① 游钰:《反垄断宽大制度的理论分析与实证考察》,《法律科学》2008 年第 4 期。

② 孙笑侠:《法律对行政的控制——现代行政法的法理解释》,济南:山东人民出版社,1999 年,第267 页。

③ D. H. Rosenbloom, R. D. Schwartz, *Public Administration*: *Understanding Management*, *Politics*, *and Law in the Public Sector*, (5th edn.), New York: Marcel Dekker, 2002, pp. 87-88.

标准中的争议,从而减少标准制定后的争议与歧解。这一点对于反垄断法尤为重要。

第二,在正式执法程序启动前或者过程中进行协商。虽然各国反垄断法对于垄断行为的种类、表现及如何认定往往都有原则性规定,但是这些规定在具体个案中具体如何运行,则有具体问题具体考量的余地和必要。如果将立法程序复制到行政过程中,为所有受行政决定影响之私人利益提供论坛,当事人就可以通过协商达成普遍接受的妥协。在充分考虑所有受影响利益之后,行政决定便在微观意义上基于和立法同样的原理而获得合法性。① 反垄断执法机构在启动正式执法程序前,如果能与涉案的相关经营者进行协商,找到符合法律规定、各方都能够接受的方案,就能够简化或者加速对垄断行为的控制,避免反垄断案件进入高成本的正式执法阶段,从而节约执法成本和社会资源,提高执法效率,并因此使最终的行政决定获得合法性。这种协商对于双方都不具有法律约束力,但是它是一种"法律阴影下的讨价还价"(bargaining in the shadow of law)。因为这种装置往往是正式行政程序的一个前置阶段,在不损害公共利益的条件下,在进入正式的行政程序前就将问题解决。例如,在企业结合申请前的事前非正式协商程序中,拟结合的企业告知反垄断执法机构有关结合的事项,反垄断执法机构针对结合计划提出自己的意见与建议,这实际就是一种由市场主体自己发起的与反垄断执法机构"讨价还价"的协商方式。

第三,在作出执法决定过程中进行协商。反垄断法所规制的对象往往并不是非黑即白的垄断行为,尤其是随着合理原则适用范围的扩大,垄断违法行为与合法行为之间的界限往往并不分明。传统行政执法方式过分倚重权力与强制,主要采取单方命令以及暴力强迫行政利害关系人服从行政命令的方式,在反垄断法的执行中只会导致对市场合理行为的"误杀"。与此同时,由于市场的复杂性和经营者垄断行为的隐秘性,要真正获取能够证明市场主体存在违法行为的确切证据,需要付出巨大的执法成本。面对事实上或法律上的不确定状态,反垄断执法机构的选择只能是,要么因证据不足而放弃行政执行,要么在事实不清、法律依据不明的情况下作出充满争议的

---

① 〔美〕理查德·B. 斯图尔特:《美国行政法的重构》,沈岿译,北京:商务印书馆,2002 年,第 63-64 页。

执法决定。这两种选择都不利于反垄断法目标的达成,还极有可能导致反垄断执法机构与市场主体之间的冲突、对立,进而引发诉讼。因此,反垄断执法机构在发现垄断行为之后,可以通过协商方式促使经营者在行为实施过程中修正自身的行为,避免损害竞争的因素。这无疑是一种能够花费较低成本来实现反垄断法目标的较优选择。对于经营者而言,与其承担停止涉案经营行为甚至遭受法律处罚的危险,不如通过与反垄断执法机构进行协商,放弃一些利益,将预期损失减少到最小。总之,反垄断执法机构与涉案经营者如果能通过协商方式来进行沟通和对话,力争彼此能够就关键性问题达成共识和谅解,找到双方都可以接受的方法解决所面对的问题,对于反垄断法的执行而言是一种更为合适的方法。

第四,在反垄断软性执法中,还有一种较为隐蔽的协商方式也值得关注。在针对卡特尔行为的反垄断宽大制度中,涉案当事人揭露违法事实,而反垄断执法机构承诺给予处罚的减免,这事实上也是一种讨价还价的过程。为了使这种宽大制度能切实有效,必须确立明确的处罚减免制度。曾任美国司法部反托拉斯局副局长的马苏迪(Masoudi)曾指出:反托拉斯当局赋予当事人申请结果之可预测性,是实现宽大制度应有成效的必备要素。① 因此,各国的反垄断宽大制度普遍呈现出客观明确化的态势。如前所述,美国就是在明确了对宽大申请者当然免除处罚的后果之后,宽大制度才逐渐获得了成效。② 从这个角度而言,宽大制度的变革是卡特尔宽大制度申请者与反垄断执法机构的博弈结果。反垄断执法机构承诺的条件不够优越,则无法获得卡特尔成员的协助,宽大制度无从实施。反垄断执法机构被迫加大免除处罚的力度,才获得了卡特尔成员的青睐。卡特尔成员企业所掌握的信息是其和反垄断执法机构讨价还价的筹码,而宽大条件的给予则是反垄断执法机构为了达到执法目标,对卡特尔成员的一种妥协,从这一意义上说来,宽大制度本身就是一种协商制度。此外,在卡特尔成员提出宽大申请之后,在调查卡特尔行为的过程中,申请者何时停止卡特尔行为、执法机构应采取哪些行动都需要申请宽大的卡特尔成员与执法机构的密切协商。

---

① Gerald F. Masoudi, "Cartel Enforcement In the United States (and beyond)", http://www.justice.gov/atr/public/speeches/221868.htm, 2021-08-10.

② 在1993年之前,美国司法部反托拉斯局手里的卡特尔宽大申请案件平均每年只有一件,1993—2004年,平均每月即受理1件申请案件。

在反垄断执法实践中,各国对上述四种典型的反垄断软性执法方式的运用形成了不同的反垄断软性执法,这从第一章的内容中就可看出。此外,上述四种典型反垄断软性执法方式在实践中并非单独使用,往往被结合起来运用。以美国的企业结合前申报制度为例,达到申报标准的企业结合必须在结合前进行申报。因此,为了避免冗长、高成本的正式程序,企业往往在申报前就告知反垄断执法机构拟进行的结合行为,并与执法机构进行咨询、协商,以获得执法机构的意见与建议。此外,反垄断执法机构还专门为企业结合行为制定了企业结合指南。可见,在企业结合前申报制度中,指导、协商与揭露是同时运用的。指导、许诺、揭露、协商这些执法方式在不同国家的不同反垄断软性执法中有不同的结合方式和表现形式,其共同特点在于并非直接依靠行政机构的权力和法律的强制力来实现。

第四节　本章小结

综上,我们可以为反垄断软性执法下一定义:反垄断软性执法即一国反垄断专门执法机构在执法过程中不直接运用国家强制力,通过指导、许诺、揭露、协商等方式,于事前对垄断行为予以预防,于事中形成对垄断行为的控制,或事后对垄断行为加以修正的行政执法方式。反垄断软性执法从本质上而言是一种回应型的执法方式。未直接利用国家强制力为反垄断软性执法与反垄断其他执法方式划出了明确的界限。在反垄断软性执法中,尽管各国采取的具体措施有所不同,基本涉及指导、许诺、揭露、协商等方式。反垄断软性执法以问题为导向,是为了彻底解决问题而不拘一格地综合运用各种实用性手段的执法机制。这种执法是执法机构在实践中因事制宜、积累经验、突破传统执法模式的束缚而逐渐探索出来的。它虽不曾有着体系建构的雄心(或许还没到建立一整套结构严谨、环环相扣的成熟机制的时机),却是一种极具实用性,对反垄断问题有着超强解决能力的执法机制。

第三章　反垄断软性执法的生成

反垄断软性执法作为反垄断法公共执行的一部分，从性质上而言是一种行政执法，作为一国行政执法体系的一部分，反垄断软性执法的产生与发展一直伴随着公共治理模式的转型。公共治理模式的转型虽然并非为反垄断任务的实现而兴起，但是为反垄断执法提供了方向指引，也为反垄断软性执法提供了理论支持和发展契机，而反垄断软性执法制度顺应了公共治理模式的转型而逐步生成，并对传统行政执法提出了挑战。

第一节　反垄断软性执法生成的背景因素

一、公共管理模式的转型

大致说来，公域之治模式主要有三种：一是由国家作为唯一管理主体，实行封闭性和单向度管理的国家管理模式；二是由国家与各种社会自治组织共同作为管理主体，实行半封闭和单向度的公共管理模式；三是由开放的公共管理与广泛的公众参与这两种基本元素综合而成的公共治理模式，其典型特征是开放性和双向度。[①] 国家管理模式是一个以国家为中心的封闭式管理模式。依法行政（administration according to the law）是该模式的重要特征，即行政必须服从法律。这种原始的法治观在当时具有重要的历史意义，是对封建时期的人治观的一种革命性超越。在这种模式中，国家管理依托于体系庞大的科层性官僚体制，主要采取强制性的、强化公民的法律责任、制裁公民违法行为的方式来实现治理目的。然而，这种僵化的国家管理

---

① 沈岿：《软法概念之正当性新辨——以法律沟通论为诠释依据》，《法商研究》2014 年第 1 期。

模式的实践效果并不尽如人意,国家的管理行动往往远离社会现实,无法跟上经济、社会的发展。国家管理模式的封闭性、强制性造成国家与被管理主体的二元对立。因此,为了应对国家管理模式存在的问题,西方国家普遍兴起了一场旨在推行绩效管理、强调服务意识、在政府管理中引入竞争和市场机制的政府改革运动——新公共管理运动。①

在各国的政府改革运动中,逐渐形成了四种公共管理模式:市场式政府模式(强调政府管理的市场化)、参与式政府模式(主张对政府管理有更多参与)、弹性化政府模式(认为政府需要更高的灵活性)和解制型政府模式(提出减少政府内部规制)。② 在公共管理模式下,国家不再是控制公域的唯一主体,第三部门的广泛介入导致公共管理主体的多元化。公共管理方式也呈现多元化的趋势,在规制、处罚等强制性管理方式之外出现诸如指导、契约等非强制性管理方式。③ 公共管理模式继续在这种模式下向前发展,逐渐过渡到公共治理模式。当前,国家管理模式因失灵而日益衰退,取而代之的公共管理模式通过开放公共过程来拓展公众参与空间,公共管理模式因此普遍兴起,逐渐发展成为一种主导性公域之治模式。④

公共管理模式主张确立一种体现民主参与的治理理念,不再强调被管理对象的违法责任,不再强调服从权力与权威。在公共管理模式下,国家因社会化而回归社会,不再是一种凌驾于社会之上的统治机构。公共管理模式的兴起是各国反思、修正传统的法概念,并推动着法律规范体系朝着"软硬兼施"的方向发展的结果。⑤ 在公共管理模式下,强制性的命令——服从式的传统行政执法框架被打破,整个管理过程以全面开放为原则,非强制性的指导、建议、协商等执法方式成为国家非常重要的管理方式。与主要依靠高权压制来维持统治秩序的国家管理模式截然不同的是,公共管理模式是开放的、包容的、多元的,它通过开放的公共管理和广泛的公众参与最大限

---

① 蔡立辉:《公共管理范式:反思与批判》,《政治学研究》2002年第3期。

② [美]B.盖伊·彼得斯:《政府未来的治理模式》,吴爱明、夏宏图译,北京:中国人民大学出版社,2001年,第79页。

③ 罗豪才等:《软法与公共治理》,北京:北京大学出版社,2006年,第20页。

④ 罗豪才:《为了权利与权力的平衡:法治中国建设与软法之治》,北京:五洲传播出版社,2016年,第62页。

⑤ 王家峰、孔繁斌:《政府与社会的双重建构:公共治理的实践命题》,《南京社会科学》2010年第4期。

度地尊重主体性和体现主体间性,为国家机构、社会自治组织、公民个人充分发挥其潜能提供平台,谋求能动的公共管理主体间的良性互动,最大限度地促成公域之治的共识形成合力,共同致力于善治目标的实现。①

二、行政活动方式的转变

在实践中,公共行政主体可以通过多种多样的活动方式来实现执法任务。它可以向行政相对人发布抽象的命令;可以拟定、确定和执行计划;可以发布具体的命令或者禁令,必要时可以采取强制措施;可以颁发许可,提供法律建议,作出承诺等。② 但是在传统的国家管理模式中,这些行为必须有立法机构的明确授权才能实施。国家管理模式一直力图协调政府权力与私人自主权之间的冲突,其采用的方法就是禁止政府对私人自由或财产的肆意侵犯,除非执法行为得到了立法指令(legislative directive)之授权。为了促成这一目的之实现,传统行政执法模式不仅提供了司法审查以便禁锢行政自由裁量于法定权限之内,而且要求行政机构遵循法定程序,设计这些程序的目的就在于提高行政机构适用立法指令之行为的准确性、合理性以及可审查性。③ 有学者称这种传统的行政执法模式为传送带(transmission belt)模式。④ 首先,行政机构决定的作出必须得到立法机构的授权,授权的方式是制定控制行政行为的规则;其次,行政程序的设计必须能促进行政机构准确、不偏不倚地适用立法指令于特定案件;最后,通过将行政机构实施制裁的行为受制于司法审查,使其符合立法指令。这种行政执法的传送带模式反映的是执法机制的刚性。首先,立法指令必须是明确、全面的;其次,行政执法在立法指令下活动,受到法定程序的严格约束。这种非软性执法缺乏灵活性、应变性,往往通过"命令—执行、裁定—惩罚"的方式进行。在这种行政模式下,行政机构的行为方式十分有限。以美国为例,美国的行政程序法为行政机构规定了行政执法方式包括以下五种:法规(rule)、颁发许

---

① 沈岿:《"为了权利与权力的平衡"及超越——评罗豪才教授的法律思想》,《行政法学研究》2018年第4期。

② [德]汉斯·J.沃尔夫、奥托·巴霍夫、罗尔夫·施托贝尔:《行政法》(第二卷),高家伟译,北京:商务印书馆,2002年,第3页。

③ [美]理查德·B.斯图尔特:《美国行政法的重构》,沈岿译,北京:商务印书馆,2002年,第2页。

④ [美]理查德·B.斯图尔特:《美国行政法的重构》,沈岿译,北京:商务印书馆,2002年,第5—11页。

可证(license)、命令(order)、处罚(sanction)和援助(relief)。尽管行政机构在执法时具有一定的自由裁量权,但这些行为都必须在法律明确授权之下,并依照法律规定的特定程序严格实施。

　　然而,随着时间推移,人们逐渐认识到,如果行政完全被法律所吸收,那么行政就成了对法律的机械执行。从发生学来看,行政总是先于法律的,而不是相反。即便对于已经确立下来的法律规则,行政也不应是消极执行。[①]尤其是在某些特定领域里,法律问题的解决"不应仅仅来自从教科书与案例的崇高权威中所得出的归纳和原则,而应更多地来自一种'务实'的判断——以所有可能的权衡因素为基础并且考虑到解决该特定问题的最令人满意和切实的办法……"[②]至此,行政过程的创造性已经得到越来越多的关注与认可。为了适应行政执法方式的发展趋势,1990 年美国国会通过了《行政争议解决法》(Administrative Dispute Resolution Act,ADRA),该法的目的是"授权和鼓励联邦行政机构适用调解、协商、仲裁或其他非正式程序,对行政争议进行迅速的处理"。在同一年,美国国会又制定了《协商法规制定法》,旨在鼓励和推动行政机构通过协商、谈判等合意途径制定行政规章。在克林顿任总统期间,克林顿发布总统备忘录,强调"所有联邦行政机构必须采取措施促进调解、仲裁、早期中立评估及其他替代性争议技术的应用,以及促进通过协商制定规章(negotiated rulemaking)的更广泛应用"。在立法的激励下,以协商、公共参与等为特征的行政执法方式受到越来越广泛的应用。"行政机构发动执行正日益被这样一种趋势取代,即在没有司法官员干预的情况下,由行政机构和当事人谈判,协商确定条款和条件,以保证行政规则和决定的执行。"[③]在德国,德意志联邦共和国建立之后,行政法领域的变革也不断深化,变革中的一些重大命题,如提高公民对行政过程的参与程度、强化信赖保护原则、加强行政法领域非讼冲突协调和争端处理的调停模式、加强行政任务的私有化等,受到广泛重视,并大大影响了行政法

---

　　①　[德]哈特穆特·毛雷尔:《行政法总论》,高家伟译,北京:法律出版社,2000 年,第 7 页。

　　②　[美]詹姆斯·兰迪斯:《行政过程》,[美]彼得·H.舒克编著:《行政法基础》,王诚等译,北京:法律出版社,2009 年,第 11 页。

　　③　白维贤(Willam C. Banks)、金立法(Richard Goldsmith)、薛刚凌:《中美行政执行制度比较》,《行政法学研究》2001 年第 1 期。

的改革与发展方向。① 在当代德国行政法理论中,行政事实行为,即行政机构实施的没有处理内容和法律约束力的行为,越来越受到重视。"行政事实行为作为软法和柔性行政,非常切合有关行政主体和行政相对人之间关系的现代认识,其作用是促进合作、理解、接受……"②行政事实行为在崇尚成文立法、追求严谨的规则之治的德国大量产生,这一事实表明,转变行政执法方式,务实、灵活的行政执法模式是现实的明智选择。

公域之治转型之下的行政行为方式的变革反映在反垄断执法领域就是软性执法的出现和广泛运用。各国反垄断法律规则的抽象性、含糊性表明立法者无法对反垄断执法机构的执法行为进行明确的指示,因此上令下行式的僵化执法模式在反垄断法领域无法适用。由于垄断现象的复杂性,反垄断法的执行需要执法机构更加贴近市场,对垄断问题进行务实判断和灵活应变。反垄断软性执法更多地给予行政机构以自由裁量权,其方式多以指导、协商、对话等为内容,具有更大的弹性、灵活性、应变性,更适应反垄断执法的现实需要。

第二节 反垄断软性执法生成的主体条件

一、独立经济管制机构的产生

为了顺应公共治理,并考虑到经济领域治理任务的复杂性,各国越来越认识到加强执法的专业性是不容忽视的问题,因此,创设特别的机构来执行复杂的经济政策成为越来越多国家的选择。其中,美国的独立管制委员会是其中独具特色的一种。独立管制委员会的发端可追溯到1887年建立的州际商业委员会(ICC)。其最初诞生的原因在于立法机构在时间和资源上的不足,因此美国国会通过规定政策目标和定期检查的方式,向委员会机构授权来完成某些管制任务。为了更好地开展专门的经济法律事务,独立经

---

① 〔德〕汉斯·J.沃尔夫、奥托·巴霍夫、罗尔夫·施托贝尔:《行政法》(第一卷),高家伟译,北京:商务印书馆,2002年,第88-91页。
② 〔德〕汉斯·J.沃尔夫、奥托·巴霍夫、罗尔夫·施托贝尔:《行政法》(第二卷),高家伟译,北京:商务印书馆,2002年,第187页。

济管制委员会无论在机构设置、人员配备还是议事规则等方面都与传统的行政机构进行区分。例如：独立经济管制委员会的委员任期往往长于总统任期，以避免政治更迭对经济决策的干预；独立经济管制委员会不按行政区划来设置，以避免地方政治势力的干预；独立经济管制委员会的议事规则采取民主制，而非典型行政机构中的领导负责制等。[①] 在美国国会看来，独立管制委员会制度存在诸多优势，例如：它能组织起一支职业化队伍，长期专注于某些特殊产业或特殊任务；在收集信息方面，管制委员会能产生专业经济。况且，管制委员会还能重复多次执行特殊任务。此外，管制委员会系统在决策过程中能享受到职能专业化和劳动分工的好处，管制委员会中更小规模的决策者单位还能降低谈判和沟通信息的成本等。[②]

独立管制委员会产生之初被认为是"无顶头上司的政府'第四部门'，一种由于偶然因素设置的不承担责任的机构，拥有不相协调的权力"[③]。因为独立管制委员会集三种权力于一身，打破了传统的立法、行政、司法三分的治理模式，因而在产生之初曾遭到质疑。然而这种委员会正是在公域治理问题日趋复杂的情况下一种不拘一格的务实选择。尤其是在经济领域，经济问题的处理需要专业化的治理团队，要求对市场行为的长期过程化监督与控制，要求既要在问题出现之前主动介入引导市场主体的行为方向，也需要在事中、事后利用相关主体的自我参与和协商来促进问题的解决。因此，仅仅依靠国会的白纸黑字的立法、司法机构的事后依法判决，都无法有效解决经济领域出现的问题，独立管制委员会这种孕育于行政机构内部，但其职能内容、执法方式又突破了传统三权分立格局约束的特殊机构应运而生。

二、独立经济管制机构的行为模式转型

独立经济管制机构在本质上作为美国行政体系的一部分，其执法行为必须遵循关于美国的行政程序法为行政机构规定的行政程序，拥有法规制定、颁发许可证、命令、处罚和援助五种职能。然而，在实践中，独立管制委

---

① 易涤非：《国会的武器——美国独立管制机构探析（下）》，《中国电信业》2003 年第 3 期。

② ［美］丹尼尔·F.史普博：《管制与市场》，余晖等译，上海：上海三联书店、上海人民出版社，1999年，第 87 页。

③ ［美］丹尼尔·F.史普博：《管制与市场》，余晖等译，上海：上海三联书店、上海人民出版社，1999年，第 88 页。

员会大量的执法实践中使用的都是上述五类执法手段以外的措施。有学者在对美国独立管制委员会的执法活动进行考察后指出：很有必要强调的是，大部分的机构行为都是非正式的，并不遵循法律规定的明确程序。因此，研究管制必须努力发现非正式行为的一般模式。[①] 独立管制委员会实施的非正式行为主要包括即决行为、宣传、政策陈述、调解性解决、申请的遴选及善意的劝说。这些非正式行为具备快速和灵活的优势，大多数的非正式行为"看上去没有强制性"。[②] 独立管制委员会的兴起是公共领域的国家治理模式形成的必然结果，而非正式执法行为又是独立管制委员会执法的必然结果。因为独立管制委员会本来就是为了应对公域治理的专业性与复杂性特点而产生，也是基于立法无法跟上现实发展的问题而兴起的一种执法机构。因此，作为一种专业的、深入市场内部的、以问题导向为执法目标的管制机构，不可避免地会在法律框架之外创设出灵活、务实的执法措施以实现执法的科学化与合理化。

三、反垄断执法机构的形成与职权

从世界范围来看，反垄断领域是一个当仁不让的具有专业性、复杂性而需要专门执法机构的公共治理领域，因此各国都为反垄断执法设立了专门机构，或者将反垄断执法权交由专门机构来执行。在美国，《谢尔曼法》实施一段时间后，人们认识到反垄断任务具有高度复杂性，法院执法无法满足这种复杂性专业性要求。于是威尔逊总统于1914年1月向国会提交了一份有关反托拉斯立法的咨文，提出要设立一个州级贸易委员会来专门执行反垄断法。当时的国会对于这一问题的意向也趋于一致。在这种背景下，纽兰兹参议员提起了《联邦贸易委员会草案》。他认为："反托拉斯法的实施需要一个行政裁判机构通过持续监督来终结或阻止此类托拉斯行为，而不是让法院通过它们缓慢的程序零星间断地进行纠正。解决托拉斯问题所需要的已经不是一个就事论事的偶然性的起诉和判决，而是一套连续性的行政

---

① ［美］丹尼尔·F.史普博：《管制与市场》，余晖等译，上海：上海三联书店、上海人民出版社，1999年，第97页。

② F. A. Heffron, *The Administrative Regulatory Process*, New York：Longman，1983，p. 215.

管理制度。因此,建立一个专门委员会势在必行。"①在此背景下,美国国会于 1914 年通过了《联邦贸易委会法》,设置了联邦贸易委员会(Federal Trade Commission,FTC),以确保反托拉斯执法的高度专业化和专家化。FTC 直接对总统负责,是联邦机构,其本质上是行政机构,但同时它又是依委员会式设立的一个独立的执法机构,具有准司法机构的性质。② FTC 是一个相对独立和超然的维护公平竞争、市场秩序的机构,除了作为执法机构调查并处理它所收到的起诉外,还负有向企业提供法律咨询和行业的行为指导准则、颁布企业必须加以遵守的规则和条件的职责,是典型的独立管制机构。

FTC 的权力有三种:(1)行政权,如对经营者的相关资料的收集和调查权、对资料和判决的公示权、讯问权、行政指导权等。(2)准立法权,FTC 依据国会授权,具有调查违反反托拉斯法的行为、制定有关法律问题的规则以及发布命令等权力。(3)准司法权,FTC 负责执行《联邦贸易委员会法》和《克莱顿法》,并且可以进行裁决,对于违反裁决的当事人,FTC 可以提起诉讼,请求给予其适当的民事处罚。从法律所确立的 FTC 的职权来看,反托拉斯法代表一种司法方式的产业管制,即反托拉斯机构通过对何种违法行为进行调查和起诉的选择来实施反托拉斯政策,这是对反托拉斯法实施模式的一个经典描述。③ 然而,司法方式和行政处罚式的执法方式无法适应反垄断执法的复杂性,尤其是垄断行为对市场的影响往往是利弊共存的,这使得管制机构的依法处罚和法院的依法裁判不仅不能促进市场竞争,反而很可能扼杀促进竞争的市场行为。反垄断比其他经济管制领域更需要执法机构进行个案甄别,避免企业行为的竞争弊害而保留其效率,不能仅仅依靠禁止、处罚等方式。因此,独立管制委员会在法定职权之外,还创设出一系列注重参与、协商、事前引导和过程控制的软性执法方式。其目的并非立足于惩罚市场主体,而是在于修正市场主体的行为,更能体现反垄断执法的科学性与合理性,因而逐渐成为反垄断执法机构经常运用的方式。如果说公

---

① Martin J. Sklar, *The Corporate Reconstruction of American Capitalism*, 1890-1916, *The Market*, *the Law*, *and Politics*, Cambridge: Cambridge University Press, 1988, pp.317-318.

② 刘宁元主编:《中外反垄断法实施体制研究》,北京:北京大学出版社,2005 年,第 65 页。

③ [美]丹尼尔·F.史普博:《管制与市场》,余晖等译,上海:上海三联书店、上海人民出版社,1999 年,第 13 页。

域之治的转型促进了独立管制委员会和软性执法程序的产生,那么反垄断软性执法的创新则树立了公域之治转型的典范。

除美国之外,设立专门机构以实施反垄断法成为各国反垄断执法的选择。英国根据 1998 年《竞争法》设立的公平贸易局与美国的联邦贸易委员会相似,也是一个半独立性质的机构,拥有准立法和准司法权。此外,英国还成立了竞争委员会,在竞争委员会内部还设有由专家组成的专家部(the special panel),负责处理特定事务,负责调查公平贸易局或国务大臣向其提出的垄断和兼并报告中涉及的案件,并将调查结果进行报告。德国根据《反对限制竞争法》设立了专门的反垄断执法机构——联邦卡特尔局,联邦卡特尔局是一个独立的联邦高级机构,其本质上是一个行政机构,但从其职权及处理反限制竞争案件的程序来看,它同时也具有准司法机构的特征。为了适应反垄断法的复杂性,德国通过《反限制竞争法》设置了一个顾问咨询机构,即垄断委员会。垄断委员会由 5 名成员组成,他们必须具备国民经济学、企业管理学、社会政策学、技术工艺学或经济法学方面的特别知识和经验。垄断委员会的主要职责就是每两年制作一份报告,对德国企业集中化的限制和预期发展作出评价,对有关企业结合监控的法律规定的适用作出评价,并对其他竞争政策方面的现实问题发表意见。垄断委员会的报告或建议对竞争主管机构并不具有约束力。垄断委员会对于联邦经济部长和联邦卡特尔局而言,像批评家,也像监察人(watch-dog),它的影响和权威在很大程度上依赖于它的组成人员的专业性和高度的职业诚信。[①] 各国独立反垄断执法机构的设立为软性执法的实施创设了基本的实施主体,反垄断法咨询机构的工作为软性执法的实施提供了辅助手段。这一切都是在公域之治转型的契机下,反垄断执法打破依法行政的格局实现合理执法的结果。

第三节　反垄断软性执法的挑战

始于 20 世纪初的公域之治的转型对反垄断法的执行机制产生了深远的影响。公共管理模式的兴起也引发了反垄断执法机制的革命。在反垄断

---

① 李国海:《反垄断法实施机制研究》,北京:中国方正出版社,2006 年,第 70 页。

法的实施过程中,人们逐渐认识到反垄断法对于市场的影响深远而广泛。尤其是反垄断问题往往具有全局性、广泛关联性、过程性,使得国家管理模式的封闭式、单向度特征无法应付反垄断领域的特殊问题,国家管理模式下的强制性的禁令、处罚等"一刀切"式的传统执法措施在反垄断领域也无法很好地发挥作用,反而可能导致对市场正常经营行为的扰乱。开放式的、治理主体多元化的国家治理模式适应了反垄断执法的现实需要,一场反垄断执法机制的改革运动势在必行。反垄断软性执法作为一种行政执法方式,顺应反垄断法的独特个性,兼顾到反垄断执法的特殊要求,向传统的行政执法活动提出了自己的挑战。

一、反垄断规则:决策模式走向指导模式

一般来说,反垄断法的实施常被描述为通过限制大企业的反竞争行为促进和保护竞争。其实,反垄断所包括的范围之广,远非限于实施机构和个别企业之间的相互行为。反垄断是一种复杂的行政性管制机制,它对市场配置有着广泛的干预,影响了价格、产量、产品种类以及创新活动,而不单单是企业的规模……反垄断执法机构作出的决定对企业的几乎所有市场行为均有深远影响,如定价、产品特征、资产所有权、兼并研究与开发和市场进入等。[①] 对于这种市场全局性问题,立法者往往很难在事先给予企业和执法者以明确指引。因此,反垄断法不可避免地具有抽象性与模糊性。正因如此,在反垄断领域真正发挥作用的规则往往并不是立法者事先确立的反垄断法律规则,而是法院和行政执法机构在实践中对反垄断法的解释。可以说,这种下位的反垄断规则才是真正能在实践中发挥作用的反垄断法。垄断行为具有复杂性,反垄断执法机构往往无法以适宜的方法达到适宜的反垄断规制,在这种情况下执法机构如果仍然采用传统规则之治下的上令下行的规制方法,根本无法体现执法的正当性。[②] 因此,在反垄断领域,行政执法对法律的解释更多地以指导方式作出,而不再是一种决策。反垄断领域中行政执法机构对反垄断规则的适用采取指导方式而不是决策方式适应

---

① [美]丹尼尔·F.史普博:《管制与市场》,余晖等译,上海三联书店、上海人民出版社,1999年,第595页。

② 刘水林、吴锐:《论"规制行政法"的范式革命》,《法律科学》2016年第3期。

了反垄断执法的特殊需求。

（一）指导模式促使反垄断执法从命令式执法走向服务型执法

在长期实践中，立法者与执法者逐渐认识到要完全掌握市场的发展变化规律几乎是不可能的。从这一角度而言，反垄断执法往往是一种"摸着石头过河"的试错性执法。因此，放弃笃定的命令式的执法是执法机构的无奈选择。此外，反垄断法律规则的模糊性又进一步导致企业难以预见自身经营行为的合法性。在反垄断执法机构无法给出确定的反垄断命令的前提下，给予企业适当的指导与其说是一种命令，不如说是一种服务。无论是美国的商业审查函制度、欧盟的安慰函制度，还是日本的劝告制度、加拿大的企业合规指引制度，事实上都是为企业经营提供的法律服务，帮助企业避免反垄断法的责任追究。这种服务性的指导从某种意义上来说，是一种促进双方"相安无事"的权宜之计。

（二）指导模式促使反垄断执法从压制型执法走向友好型执法

在国家干预理论当中，政府作为一种外在于市场的力量被看作正义的代表，然而政府的失灵在经济发展中也逐渐被认识。"政府应加强与市场的合作，而不是对市场予以干预甚至压制"这一认识被越来越多的人所接受，反垄断规则由命令式走向指导式正是这一认识的体现。因此，反垄断指导性规则是一种"市场友好型"的执法。政府并非要排斥市场，而是在市场发育不完全或市场机制运行所需条件被扭曲的情况下，主动地模拟市场，将企业行为纳入正常的竞争轨道。此外，反垄断指导式执法也是一种企业友好型执法。在前文的介绍中我们可以看到，在加拿大，反垄断执法机构不仅仅倚重教育方式来促进市场主体对反垄断法的遵守，还通过建议、建立合作遵守计划等方式来防患于未然。在反垄断领域，企业的大部分经营行为都有可能被纳入反垄断执法，因此，可以说反垄断执法机构掌握着对企业"生杀予夺"的大权。然而，从另一角度来看，执法者难以预见市场发展趋势，也难以明确反垄断强制性执法的未来后果，如果采取命令的方式，很可能使反垄断执法成为企业运作经营的难以承受的负担。命令意味着要设立一定的事后责任来保障命令的遵循，而指导则是期待被指导者的自愿追随。因此，指导性执法既能避免对企业的正常经营造成干扰，又能在执法者强制权力的威慑下实现反垄断的任务。

(三)指导模式促使反垄断执法从低能执法走向效率执法

在传统的社会与经济领域中,执法往往以行政命令的方式来实现。而这种高压式的执法往往成本高昂,这在反垄断领域体现得更为明显。一方面,企业的大部分经营行为均有可能涉嫌违反反垄断法,这意味着反垄断执法机构的执法面非常广泛,执法工作量巨大。另一方面,证明垄断行为的存在是一项非常艰巨的任务,这需要大量的统计资料与数据为支撑。[①] 反垄断执法机构需要为此支出大量的行政资源,花费大量的财政费用。因此,各国反垄断执法机构不仅通过发布指南、声明等来解释执法标准,让企业的经营行为有章可循,还通过接受个案的咨询来指导企业的个别经营行为,避免违法行为的发生。以这种指导模式来约束企业行为不失为一种提高执法效率的执法方式。

二、反垄断裁量:建构理性走向交往理性

行政执法过程就是行政机构对涉嫌违法行为的裁量过程。在严格的法治主义思潮中,行政自由裁量权是不存在的,裁量即意味着"肆意"与"任意"。因此,严格法治主义的信徒们主张以明确规则来限制裁量。在行政法学领域,1969 年美国学者戴维斯的《裁量的正义:一个初步的研究》一书的出版[②],标志着行政法学界开始正式研究行政裁量权。戴维斯指出:"即使规则能做成书面的,裁量通常也是更大的。没有裁量的规则无法全面考虑使结果适应个案之独特实施与环境之需要。"[③]自此,对行政裁量权的研究从严格法治主义走向功能主义。功能主义者反对严格法治主义的外部控制模式,转而认为行政裁量的正当性可以来自行政机构的专业知识与技能,职业荣誉感、公众监督等替代方案较之司法审查是更好的监督方式。[④] 然而,无论是严格法治主义还是功能主义,采取的都是一种建构理性式的研究进

---

① 李友根:《论公私合作的法律事实机制——以〈反不正当竞争法〉第 6 条为例》,《上海财经大学学报》2010 年第 5 期。

② K. C. Davis, *Discretionary Justice: A Prelimininary Inquiry*, Baton Rouge: Louisiana State University Press, 1969.

③ [英]卡罗尔·哈罗、理查德·罗林斯:《法律与行政》,杨伟东等译,北京:商务印书馆 2004 年,第 210 页。

④ 王学辉:《超与程序控权:交往理性下的行政裁量程序》,《法商研究》2009 年第 6 期。

路。在建构理性主义看来,基于对各种行为利弊的清晰认识,人类能按照自己的目标建构起一套完善的行为规则体系。① 在严格法治主义的行政裁量理论中,行政法律规则体系是既定的,哪些行为合法、哪些行为非法一目了然,执法者只需明确涉案行为人是否确实实施了该行为就能依法作出裁断。因此,在行政执法行为中,自由裁量是可以避免的。也就是说,只要立法机构足够英明与勤奋,便可以减少甚至避免行政自由裁量。即使在功能主义视角下,行政自由裁量权研究也未跳出建构主义的框架。② 因为在功能主义思想中,行政权仍然具有天然的正当性,是一种不需要正当性证成的单向性权力。功能主义暗含的理论假设是行政机构在专业知识与技能方面相对于立法者和相对人具有的天然优势。因此,严格法治主义与功能主义都是建构主义的产物,其不同之处不过是前者相信完备无缺的统一规则,而后者相信完美正义的权力机构。

然而,在反垄断法中,反垄断执法机构自由裁量的问题不仅仅源于反垄断法律规则无法给予执法者与当事人明确的指引,更在于垄断事实性质的晦暗不明。在反垄断领域,我们不仅不能寄希望于事先确立一套普适性的反垄断执法规则,与此同时,我们也不能期待拥有一个对于垄断问题有着完全知识的执法机构的完备执法来实现反垄断任务。跳出理论的推测,反观反垄断执法的现实世界,我们看到的是:在反垄断执法领域,立法机构已放弃明确反垄断法详细、统一规则的企图,各国的反垄断法都体现出抽象性、含糊性特征,而执法机构也不再企图自上而下地约束涉案当事人的行为,转而倚重与当事人之间的交流、沟通、讨价还价来确定案件的最终处理结果。③ 这种软性执法的裁量方式是典型的交往理性主义下的行为方式。交往理性强调以主体间性代替主体性,注重主体间商谈和人际沟通,从而达成共识,进而在多元互动基础上实现现代社会体制、规则和程序的正当性与合理性。④ 在交往理性下的反垄断行政裁量体现出以下特点。

---

① 赵祥:《制度分析:建构理性和演进理性的比较》,《天津社会科学》2005 年第 2 期。

② 王万华:《我国行政法法典编纂的程序注进进路选择》,《中国法学》2021 年第 4 期。

③ 刘水林:《规制视域下的反垄断协商执法研究》,《政法论丛》2017 年第 4 期。

④ 高鸿钧:《走向交往理性的政治哲学和法学理论——哈贝马斯的民主法治思想及对中国的借鉴意义(上)》,《政法论坛》2008 年第 5 期。

（一）反垄断裁量中的权力非单向性

如前所述,对反垄断软性执法与非软性执法进行区分的外在标志在于未直接运用国家强制力。也就是说,反垄断执法机构所拥有的国家强制力往往是备而不用的。无论是在美国的协议裁决制度中,还是在日本的劝告审决与同意审决制度中,对于"企业应如何行事"这一问题,执法机构不再是不证自明的权威。涉案企业作为行为的当事人,不仅有权对自身行为进行辩护,还有权与执法机构进行"讨价还价",还可以自主修正自身行为以避免处罚。可以说,反垄断软性执法中的裁量不仅仅是行政机构基于公共利益的裁量,也是企业基于自身利益的裁量,而最终的裁量结果是两种力量的碰撞、抗辩,最终达成妥协、进行合作的结果。因此,在反垄断软性执法中,反垄断执法机构不再独享权威,体现出对行政相对人主体性的尊重。

（二）反垄断裁量表现为暂时性共识

交往行为是交往理性下行政裁量的直接表现形式,非单向的权威为实行交往行为式的行政裁量奠定了基础。反垄断软性执法的行政裁量过程体现为执法机构与当事人之间的交往行为。企业个体状况的特殊性、市场的易变性使得反垄断执法难以预先设定某具体行为的法律效力,只能在执法中通过企业主动提供信息,甚至主动提出行为修正承诺来完成执法任务。因此,在反垄断软性执法中,行政裁量结果是一种基于协商、沟通而达成的暂时性共识①,同时也是一种个案性共识。尽管这种共识不足以建立普适性的统一规则,也难以直接移植到其他案件予以适用,但是至少使多种利益获得了抗辩机会,既能使执法机构的政策意图得以贯彻,又不至于对企业经营形成过多干扰,最终使问题得到较为合理的解决。

（三）反垄断裁量的正当性表现为主体间性

"反垄断法保护的是竞争而不是竞争者",无论是作为一种观念还是一项原则,已被各国学者和立法者广为接受。这一论断表明,反垄断法保护的对象已从传统的主流法的法律关系主体——关系两端的人,转变为主体间

---

① 在哈贝马斯看来,交往行为主体之间的了解只能是暂时性和过程性的,然而,无论了解如何短暂,都属于共识的范畴。作为真理的共识只能通过试错过程中的暂时性共识的累积才能寻求到,即通过不断的对话与议论的交往行为达致共识(季卫东:《法律程序的形式性与实质性——以对程序理论的批判和批判理论的程序化为线索》,《北京大学学报(哲学社会科学版)》2006年第1期)。

互动关系状态。① 反垄断法中的主体是指处于市场这一网状结构关系中的主体,每个主体的行为都会通过影响结构体系而影响处于市场中的其他主体。当反垄断法无法为特定市场主体的行为提供明确指示时,维持好市场这一关系网络的良性运转是执法的最优选择。因此,在反垄断软性执法中,反垄断裁量通过协商、揭露、评论、解释等方式来促进各种利益的表达和碰撞。裁量的正当性标准被置于主体之间,而不是由单个主体来确定。这种主体间性使当事人、相关利益者以及执法机构成为裁量结果的共同创制者,使当事人成为自我立法者。这种主体间的执法进路大大增强了各参与主体尤其是涉案当事人对裁量结果的认同感,裁量结果也因各方主体的认同而获得正当性。

三、反垄断处分:责任规制走向直接规制

在行政执法中,对于一种违法行为的处分往往采取责任规制的方法,即通过责任的追究来处罚违法者,并采取某种措施使公共利益获得补偿。然而,在反垄断领域,由于反垄断法抽象性、模糊性的特点,责任追究方式显然是不适宜的。一种垄断行为往往利弊共存,单纯的处罚不仅仅无法实现执法的正当性,而且对于整个市场的发展而言也未必有利。此外,一个垄断行为或状态对于市场竞争产生的效果往往经过一段时间后才能得以展现,甚至在当时表现为合理(或不合理)的经营行为,经过一段时间后将会表现出不合理(合理)因素。因此,在反垄断领域,某一涉案行为发生之后,行政执法更注重在该行为的实施过程中对行为进行直接规制,将行为纳入监督视野,并通过对行为的长期的、直接的调整来对之进行规制。例如,各国均为企业结合行为设立了事前申报标准,将企业结合纳入反垄断执法机构的视野。在对某一企业结合进行权衡利弊之后,执法机构可作出批准结合、不批准结合或者附条件批准结合三种不同的决定。在执法机构未作出决定之前,企业可自愿申请协商,自愿提出对本结合进行修正的建议,或者请求执法机构予以指导,通过协商最终实现对企业结合的修正。再比如,在反垄断承诺制度中,在反垄断执法机构对涉案行为展开调查之后,企业自愿承诺对涉案行为进行修正以结束调查程序。以上执法方式都不是等待涉案行为发

---

① 刘水林:《反垄断法的观念基础和解释方法》,北京:法律出版社,2011年,第22页。

生违法后果之后对之进行处罚,而是在行为的进行过程中对该行为进行补救,是直接规制式的违法行为处分方式。

第四节　本章小结

公域之治由国家管理模式向国家治理模式的转变,带来了行政执法方式的改变,也为反垄断软性执法提供了发展契机与现实土壤。反垄断问题的复杂性、专业性,要求设置专门的执法机构来处理反垄断事务,反垄断独立经济管制机构应运而生,为反垄断软性执法提供了主体条件。反垄断个案的特殊性、市场环境的易变性,要求反垄断独立经济管制机构必然在传统行政执法方式之外创设出灵活、务实的反垄断执法方式来完成反垄断任务,大量的反垄断软性执法方式得以产生并获得广泛运用。反垄断软性执法对于传统行政执法是一个巨大的挑战。在反垄断软性执法中,反垄断执法机构对反垄断法律规则的解释不再是决策式而是指导式;反垄断执法机构的裁量采取商谈、接受承诺、宽大等方式进行,是一种交往理性下的执法裁量,这种裁量方式注重权力的非单向性,表现为一种暂时性共识,基于主体间的认同而获得正当性。反垄断软性执法对于一种垄断行为或状态的处分不是事后的责任追究式而是事中的直接规制式,即将垄断行为纳入监督视野,并对行为进行长期监控与调整,以趋利避害。

第四章　反垄断软性执法的正当性基础：
反垄断法的不确定性

在公域之治转型的大环境下，公法执法领域早已出现"软化"趋势，例如，刑法中的执法和解制度的形成，行政法上行政指导、行政契约的出现。在此趋势下，反垄断执法的"软化"并非新现象。但为何软性执法趋势会在反垄断领域表现得如此突出？除了第三章所提出的背景因素和主体条件之外，笔者认为，反垄断法自身特有的不确定性才是软性执法在众多执法方式中胜出的决定性因素。

第一节　法律的确定性需求

法律的确定性与不确定性一直是法学关注和讨论的基本问题之一。法的确定性是指法律规定与行政行为、司法行为的一致性及同类事件在不同时期、不同法官手里所产生的法律后果的一致性。[①] 与此相对，法的不确定性则是将法律应用于案件事实时，无法获得唯一正确的处理结果。[②] 也就是说，当一个法律规则在实践中运用于同一类案件事实时无法获得统一的处理结果，这就是法律的不确定性。

在传统观念中，人们一般认为，一旦纠纷发生，人们即可查询国家立法机构制定的已经文字化的明确规则，进而确定双方的权利义务，从而解决纠纷。因此，关于法律的常识观念是这样一种白纸黑字式的观念：法律，就在立法机构或法院这些权威机构宣布的正式文件之中。[③] 这种观念被哈特形

① 周永坤：《论自由的法》，济南：山东人民出版社，2006年，第259页。

② ［英］蒂莫西·A.O.恩迪科特：《法律中的模糊性》，程朝阳译，北京：北京大学出版社，2010年，第2页。

③ 刘星：《法律是什么》，北京：中国政法大学出版社，1998年，第2页。

容为形式主义法学观念,即"法律是一个包罗万象、完整无缺的规则体系,每项规则便是一个一般性的命题。秩序逻辑上的演绎,把它适用到个别案件之中,便能得出正确的判决"①。在 19 世纪末、20 世纪初,这样的观念在英美法律理论中颇为流行。即使是今天,仍然有人坚持这样的观念。在此观念的影响下,人们试图建立一个结构严密、滴水不漏的法律体系,将现实中所有需要规制的行为均纳入法律的规范体系。法律具有普遍性、确定性和可预测性,法律适用者通常只是在适用法律。② 形式主义法学观念暗含了这样一种司法推理模式,即三段论推理。在这种模式中,白纸黑字的法律规则是大前提,案件事实是小前提,判决则是结论。法官仅仅运用演绎推理便可以解决时间问题,法官通常是在查找和发现法律。德国学者韦伯曾指出,理性的、可预测的法律是资本主义产生的前提之一,甚至曾担心未来的司法会像一台自动售货机,把写好的状子和诉讼费放进去,就会自动送出判决。③

　　然而,在长期的实践之后,人们逐渐发现白纸黑字的法律面对纷繁复杂的案件现实常常显露出捉襟见肘、入不敷出的窘态。有些案件因为规则表述得模糊不清而难以处理,有些案件如果直接适用规则会导致不公平、不合理的结果,还有些案件根本无法找到明确的规则作为处理依据。由此,人们逐渐认识到世界的纷繁复杂与纸面法律规则的贫乏薄弱,法律的模糊性(vagueness of law)④、法律的不完备性⑤、法律的空缺结构(open texture)⑥

---

　　① 陈弘毅:《当代西方法律解释学初探》,梁治平:《法律解释问题》,北京:法律出版社,1998 年,第 11 页。

　　② 周赟:《演绎推理与司法结论的不确定性》,《厦门大学学报(哲学社会科学版)》2015 年第 6 期。

　　③ Max Weber, *On Law in Economy and Society*, Cambridge:Harvard University Press, 1954, p. 345.

　　④ [英]蒂莫西·A. O. 恩迪科特:《法律中的模糊性》,程朝阳译,北京:北京大学出版社,2010 年,第 13 页。

　　⑤ 法律的不完备性理论由许成钢与卡塔琳娜·皮斯托提出,如果法律能准确无误地规定出所有相关的情况,而且如果证据充分即能切实地加以执行,则我们认为法律是完备的。这要求法律能够自我说明,并且不需要司法解释。否则,法律就是不完备的。法律不完备性理论主要通过对法律不完备性的分析来论证其对立法和执法制度的设计的影响([德]卡塔琳娜·皮斯托、许成钢:《不完备法律:一种概念性分析框架及其在金融市场监管发展中的应用(上)》,吴敬琏主编:《比较》(第二辑),北京:中信出版社,2002 年)。

　　⑥ 哈特指出:"任何选择用来传递行为标准的工具——判例或立法,无论它们怎样顺利地适用于大多数普通案件,都会在某一点上发生适用上的问题,将表现出不确定性;它们将具有人们称之为空缺结构的特征。"同时哈特还指出:"无论何时,我们试图用不给官员留下特殊情况下的自由裁量权的一般标准,去清晰地、预先地调解某些行为领域,都会遇到两种不利条件,这是人类,也是立法所不能摆脱的困境。其一是我们对事实的相对无知;其二是我们对目的的相对模糊。"([英]哈特:《法律的概念》,张文显等译,北京:中国大百科全书出版社,1996 年,第 127-128 页。)

等概念也随之被提出来。人们开始认识到,尽管人们如此需求法律是确定的,但法律的不确定性现象仍然难以避免。"人们只能极为有限地获得法律的确定性。对法律的准确性和可预测性的要求总是难以获得满足,因为,这类对法律最终性的追求,超越了实际可欲可得的现实……"①

　　然而,即使法律的不确定性被越来越多的人重视,人们仍然对法律的确定性有着极大的需求。第一,人的自由需要确定性的法律来保障。西方法谚有云:"有缺陷的法律也比不确定的法律好。"(law that is deficient is better than law that is uncertain.)在一个规则"无常"的世界里,人类无法确知什么样的行为才是正当的,将会动辄得咎,不可能获得自由。因此,人们对法律的需求从某种意义上而言就是对确定性的需求。正因如此,法律的确定性是合法性的基本要素之一②,也是千百年来人们追求的理想目标。第二,法律的确定性能满足人们对于正义的渴望。现代社会的法治理想就是法律能为社会纠纷的处理事先提供一套客观的标准。在法律的框架之下,人们有理由相信,自己获得了与他人大体一致的待遇。即使通过诉讼之后必须承担败诉的结果,人们也能坦然接受。③ 第三,法律的确定性能满足人类对于秩序的需求。法律规则所确立起来的稳定秩序,"对任何要摆脱单纯的偶然性或任意性而取得社会的固定性和独立性的生产方式而言,是必不可少的因素"④。从某种意义上来说,作为社会行为规则的一种,法律正因为其相对于其他社会行为规则而言更具有确定性而成为社会关系调整的主要手段。法律发展进化的过程,同时也是其确定性程度不断提高的过程。⑤

第二节　反垄断法不确定性的表现

　　反垄断法作为法之一种,一方面,和其他所有法律一样存在与生俱来的

---

① Jerome Frank, *Law and Modern Mind*, Garden City: Doubleday & Co., 1963, pp.11-12.
② 张乃根:《西方法哲学史纲(增补版)》,北京:中国政法大学出版社,2002 年,第 453 页。
③ 邱昭继、许晓燕:《"法律不确定性":内涵、渊源及启示》,《理论探索》2007 年第 6 期。
④ 《马克思恩格斯全集》(第 25 卷),北京:人民出版社,1974 年,第 894 页。
⑤ 曹祜:《论法律的确定性与不确定性》,《法律科学》2004 年第 3 期。

不确定性,另一方面,也承载着人们的确定性期待。然而,当我们进一步对反垄断法规则及其执法实践进行考察,就会发现,反垄断法的不确定性远远超出了一般意义上的法律不确定性,这不仅反映在反垄断法律规则的含糊不清上,还表现为反垄断法适用原则的模棱两可,而这又进一步导致了反垄断法在适用过程中让人无所适从。从世界范围来看,我国《反垄断法》是目前世界上最年轻的一部反垄断法,而美国的反垄断法律制度可以说是世界上实施历史最长、制度最为成熟的,因此,本书以我国和美国的反垄断法为例来分析反垄断法不确定性的表现。

一、反垄断法不确定性在我国的表现:伪案与分歧

在我国,《反垄断法》作为一部"舶来"之法,不仅民众对之了解不多,就连以适用法律为己任的司法人员也对之无所适从。以"周泽诉中国移动通信集团北京有限公司及中国移动通信集团有限公司差别待遇案"(以下简称中国移动差别待遇案)[①]为例,学者郑文通指出该案并不存在《反垄断法》上的案由或诉因。该案中被告的行为仅在字面上属于反垄断案件,但因为没有排除或限制竞争而实际上不属于《反垄断法》所禁止的行为。因此,这些案件事实上是反垄断"伪案"。[②] 然而,又有学者提出了相对的观点,何霞认为电信市场上的主导企业进行差别定价的行为是有悖《反垄断法》的。[③] 陈兵则指出该案之原告有诉诸反垄断法救济的权利,至于最终是否能获得实体权利上的救济并不能决定其是否为反垄断"伪案"。[④]

中国移动差别待遇案中原告援引的法律依据是我国《反垄断法》第十七条第一款第六项的规定:"没有正当理由,对条件相同的交易相对人在交易价格等交易条件上实行差别待遇。"从字面上看,中国移动的行为确实如之所述。法院受理了该案并进行了审理,表明在法院看来此案就是反垄断法应适用的案件。郑文通认为此案为反垄断"伪案"的理由在于:中国移动只

---

① 本案基本案情:中国移动公司对全球通手机用户收取月租费,但是不向其他手机用户收取月租费,原告周泽是中国移动全球通手机用户,其认为中国移动公司的这种行为违反了《反垄断法》第十七条第一款第六项的规定,属于"在价格等交易条件上实行差别待遇"行为。

② 郑文通:《我国反垄断诉讼对"滥用市场支配地位"规定的误读》,《法学》2010 年第 5 期。

③ 何霞:《电信市场差别定价中的反垄断问题》,《北京工商大学学报(社会科学版)》2010 年第 2 期。

④ 陈兵:《我国〈反垄断法〉"滥用市场支配地位"条款适用问题辨识》,《法学》2011 年第 1 期。

向全球通手机用户收取月租费而不向其他手机用户收取月租费的行为并没有在任何方面排除或者限制竞争。中国移动的这种差别待遇行为既不会直接或间接地排挤中国移动的竞争对手,也不会直接或间接地排除或限制其用户之间的竞争,因此不属于反垄断案件。而陈兵则认为《反垄断法》的主要目的之一便是维护消费者权益,从消费者权益维护向度来看,则应支持原告的诉讼请求。从学者的争议来看,二者都是从《反垄断法》的立法目的来寻找论据支持。然而,在笔者看来,就算解决了"伪案"争议,只要符合了法定的行为要件就能提起反垄断诉讼,但上述法条中的"正当理由""条件相同"到底在实践中如何认定也存在重大疑问。也就是说,尽管关于"差别待遇"这一行为有明确的法律规定,法律对该行为给予了否定性评价,但到底什么样的行为是反垄断法上的差别待遇行为仍然不无疑问。尽管上述争议只是一种学术上的探讨,但从这一争议中可以看出,尽管我国《反垄断法》对于滥用市场支配地位这一行为的表现形式有明确规定,但无论是在实践领域还是在理论界,对于哪些行为属于滥用市场支配地位仍存在争议,这种争议甚至扩大到哪些案件应属于《反垄断法》的适用范围这一根本问题,其不确定性可见一斑。

随着实务界反垄断纠纷数量的增长,《反垄断法》实施过程中对其的误读也引起了众多学者的关注。例如李剑针对深圳有害生物防治协会垄断案,通过对当然违法原则、合理原则的理论梳理,指出法院错误地理解了垄断协议的规制方式。[①] 兰磊指出,近年来,我国司法和执法机构处理了大量纵向垄断协议案,但采用的分析方法存在严重分歧。在北京锐邦涌和科贸有限公司诉强生(中国)医疗器材有限公司案中,一审法院上海市第一中级人民法院和二审法院上海市高级人民法院都采用了合理原则,尤其是二审法院综合考察了反竞争效果和促进竞争效果。与此相反,当时负责价格垄断执法的国家发展和改革委员会在执法实践中采用了违法推定的模式。茅台案、五粮液案、奶粉案、克莱斯勒汽车案、镜片案相关公告均程式化地首先指出相关企业达成了纵向垄断协议,继而定性其"违反了《反垄断法》第十四

---

① 李剑:《横向垄断协议法律适用的误读与澄清——评"深圳有害生物防治协会垄断案"》,《法学》2014 年第 3 期。

条之规定"①。以上不仅反映了实务界对《反垄断法》适用的分歧,也反映了学术界与实务界的分歧,我国《反垄断法》中对垄断行为的规定非常抽象,语焉不详,行政执法机构倾向于按照行为表现方式直接适用,而司法界则采用了美国合理原则与本身违法原则二分法的标准进行合理性分析,自然会导致同案不同判的结果,从而也引起了学术界的批评。

二、反垄断法不确定性在美国的表现:"反托拉斯双语"

反垄断法的不确定性不仅仅在我国短期的反垄断执法中有所体现,在反垄断法有着最悠久发展历史的美国也有着突出的反映。如前所述,法律的不确定性即一个法律规则在实践中运用于同一类案件事实时无法获得统一的处理结果。在美国反托拉斯执法实践中,这一问题尤为突出。在很多情况下,一个相同或类似的反托拉斯案件在不同的时期或者不同的法官手中往往采取截然不同的认定标准,甚至出现针锋相对的判决结果。在美国,由于反托拉斯法总体上把诉讼资格交给了两个联邦机构(司法部和联邦贸易委员会)和不同的人(person),起诉权极度分散。这使得任何人都能跨进法院的大门,没有人能预设什么样的观点才能用以支持反托拉斯诉求。"分散的起诉权意味着在一个地方被拒绝接受的理论还能被拿到其他法院,力图让法官采纳。这种状况从《谢尔曼法》问世以来,一直持续到今天。从已有反托拉斯法的司法实践来看,大量的反托拉斯案例判决书中都充斥了模糊不清,甚至自相矛盾的'反托拉斯双语'(antitrust double-talk)。"②

以 United States v. Aluminum Company of America 案③的判决为例,该案法官汉德在判决书中写道:

---

① 兰磊:《转售价格维持违法推定之批判》,《清华法学》2016 年第 2 期。

② 薛兆丰:《商业无边界——反垄断法的经济学革命》,北京:法律出版社,2008 年,第 183 页。

③ 该案的基本案情:1886 年,发明人掌握了取出铝土中的氧成分而制作铝锭的技术,成功获得专利,并于 1889 年将此专利授权给美国铝公司使用。另外有人取得一项熔铝技术专利,也授权给铝公司。于是,铝公司凭专利垄断了铝锭的生产。1937 年被控告时,铝公司占有近 90% 的市场。1937 年,美国联邦政府控告铝公司涉嫌违反反垄断法,其控告铝公司反垄断违法行为多达近 140 项,指出铝公司违反《谢尔曼法》第二条(禁止垄断或企图垄断)。经过四年时间,传讯 155 名证人,安排了 1803 次展示,作出了 5.8 万页法庭文件后,地区法院法官除对 2 项罪名持保留意见外,推翻了其他全部指控。联邦政府不服提起上诉,国会授权汉德法官出任上诉法庭法官。最终,汉德法官宣布铝公司违反了《谢尔曼法》第二条关于垄断和企图垄断的禁令。

铝公司在 1940 年的市场地位,并不是在它不情愿看到竞争对手受到排挤的情况下,被动地从其垄断地位中得到的。它在 1912 年有 2 间工厂,产量不足 4200 磅。但到 1934 年,它却有 5 间工厂,产量达 3.27 亿磅。这种增长和持续不受干扰的控制能力不是从天而降的。若非决意维持垄断,绝不可能出现这样的结果,而这结果已经成为现实……诚然,这家公司激发了需求,开拓了金属的新用途。但是,它也从未停止确保自己有能力去满足它所激发出来的需求。这是不容争辩的——铝公司在表明自己是通过技术、努力和创新精神来开展业务,从而以公平的手段取得成功,所以应该得到赞许而不是遭到分拆的时候,就说明它承认了这一点……谁也没有逼它在还没有其他人进入这个行业前,就不断把规模翻倍再翻倍。它坚称自己从不排斥对手,但它坐拥技术优势、贸易渠道和人力精英,从不放过初露萌芽的机会,总是用新规模来面对新对手,我们想不到有什么比这更能有效排斥对手了。除非我们限制"排斥对手"的含义,使诚实的劳动不包括在内,而仅指抑制竞争的欲望,铝公司所不知疲倦地追求的事业,才会不被看作是"排斥性的"。我们的观点是,要不这么理解"排斥对手"的含义,法律就会受到阉割,本来要去阻止的结盟就会被放任。

市场竞争本来就是企业争胜、排斥对手的过程。汉德法官在判决书中对铝公司企业规模持续增长原因的描述被认为恰好是典型的对市场竞争的描述:"通过激发需求,开拓金属新用途,并努力满足它所激发出来的需求……不断将规模翻倍再翻倍。"一个其根本目的在于维护竞争的法律却被法官拿来禁止竞争,这本身就是一个耐人寻味的现象。

法院作为最接近立法者的机构,不仅仅表现在其对立法的解释具有权威性,也表现在其对立法的解释应该具有最严格的合目的性这一要求上。然而,在反托拉斯法的诉讼实践中却很难反映这一点。除了模糊不清的判决语言之外,我们还能看到很多反托拉斯案件曾经的判决理由在后来的判决中被推翻、法院对同一类案件事实的判断不断反复的现象。以转售价格限制行为为例,转售价格限制行为被认为是适用本身违法原则的典型限制竞争行为。① 然而事实上，在转售价格限制行为是否违法这一问题上，美国联邦最高法院的意见一直在不停反复。

在 1911 年的 Dr. Miles Medical Company v. John D. Park & Sons Company 案中，被告因为与药品零售商达成了最低零售限价协议而被起诉。法官在判决中写道：

> 这些所谓的"零售代理"，根本不是被告的代理，也不是它的代销商，而是按计划购买药物并进行转售的购买者，即所谓的零售商人……维持最低零售价，即使对制药商有好处，也仍然存在问题，即制药商是否有权……限制零售商把属于后者的药物拿去做买卖的自由。

由此，法官认定被告违反了《谢尔曼法》中关于禁止限制贸易的规定。因为价格锁定是"本身违法"的，所以被告有罪。作为少数持反对意见的法官之一，霍姆斯大法官②就此案写下了他的反对意见：

> 被告只要稍微修改协议，就可以达到同样的目的，而任何攻击都将不攻自破。要是被告在法律上和名义上都让零售商成为它的代理，那么哪怕是热衷搞价格管制的人，也都不得不承认被告只是在行使自己的权利。我认为，只要这么想，我们就该悠着点。

在七年之后，也就是 1919 年，美国联邦最高法院在 United States v. Colgate & Co. 案中，技术性地推翻了其在 Dr. Miles Medical Company v. John D. Park & Sons Company 案中建立的原则。其判定厂商有权宣布其批发商品的附带条件（包括关于零售价下限的规定），然后随时终止与违反规定的零售商之间的交易。法院认为这只是厂商单方面的行为，不涉及协议或共谋："在完全私有商业经营中，交易方或生产商有权利自由决定与谁进行交易，这种独立商业判断长久以来都受到认可。（被告的行为）由于缺乏建立或维持垄断的目的，并未对这种独立的商业判断构成限制。"

---

① 有学者指出，美国法律实务部门和学术界比较一致地认为，"本身违法"适用于价格固定、市场划分、联合抵制、搭售安排及转售价格维持等案件，并认为转售价格维持构成"本身违法"是在迈尔斯案中确立的（郑鹏程：《美国反垄断法"本身违法"与"合理法则"适用范围探讨》，《河北法学》2005 年第10 期）。

② 霍姆斯大法官曾在多种场合公开发表他对反托拉斯法的质疑，他曾经说过："我当然知道，而且所有理性的人都知道，《谢尔曼法》可真荒唐，但如果我的国家要下地狱，我就在此帮它一把。"

又过了七年，在 1926 年，当 United States v. General Electric Company 案在联邦最高法院审理时，霍姆斯大法官的预言得到实现——那些执行零售价下限的所谓零售商，被认定为通用电气公司的"善意代理人"（bona fide agent），而非独立营运的企业。这样，当零售商作为生产商的代理，通过寄售方式而非转移所有权方式取得产品，这里就不存在企业之间的协定或共谋，则包括零售价格在内的限制条款都是合法的，所以被告无罪。

然而，在 1964 年的 Simpson v. Union Oil Co. 案中，法院判决联合石油公司（Union Oil Co.）对其服务站寄售商设定零售价格的行为违反了《谢尔曼法》。法院宣布它将不允许一个寄售工具被"用于一个巨大的汽油经销系统，通过许多零售店来固定价格"，并且认为联合石油公司是在强迫名义上的代理商，这些代理商"实际上是努力寻找零售汽油客户的挣扎中的小的竞争者"。

在 1968 年的 Albrecht v. Herald Co. 案中，联邦最高法院又重申 Miles 案的"本身违法"原则，将之适用于最低转售价格固定行为上。原告经销商在建议的零售价之上将报纸转售给客户时，作为被告的报社拒绝将报纸卖给原告。法院判决被告违反了《谢尔曼法》第一条，并指出："固定最高价格的协议与固定最低价格的协议同样扭曲了交易者的自由，并因此限制了他们依据自己的判断来进行销售的能力……并且可能严重地侵害了卖方进行竞争和在市场中生存的能力。"

直到 2007 年 6 月 28 日的 Leegin Creative Leather Products, Inc. v. PSKS, Inc. 案，美国联邦最高法院正式推翻了它在 1911 年 Miles 案的判决。法院详细列举了零售价下限锁定的一系列效益意义，最终认为："合理原则，而非本身违法原则，才是判断纵向价格限制是否合法的正确标准。"这意味着，某一固定转售价格的行为是否合法，必须提交到法院进行判决之后，才能最终确定其法律效力。

我国《反垄断法》的短期实施已经引起了"哪些案件才是真正的反垄断案件"的争论，这在其他法律中是极为少见的。如果说我国学者对现有反垄断案件的真伪之辩显示了各方主体对于什么样的案件才应该是反垄断案件这一根本问题难以达成统一认识，那么美国的反托拉斯执法历史则表明法院在执法过程中对于同类案件难以达成一致判决，在先前认定为行为违法的理由往往被往后的判决推翻。实践表明，在反垄断领域，对于"反垄断法究竟应该反什么"这一根本问题,不仅在不同的行为群体中(例如原告与法官)无法达成认识上的一致,也无法在同一个行为群体中(例如法官群体、学术群体等)形成共识,而且这种认识上的不一致甚至深入到了对"哪些案件应属于反垄断案件"这一根本问题的争议。

第三节　反垄断法不确定性的特殊性分析

一、从法律语言角度的分析

人类语言的模糊性是法律不确定性的主要根源之一。法律的确定性要求法律语言必须精确并且严密,在适用中不会产生歧义,当事人由此能预见自己行为的法律后果,进而决定是否行动和采取何种行动。然而从语言学的角度看,语言本身具有模糊性。"语言的非精确性,即模糊性是语言的本质属性之一。"[1]基于语言本身的模糊性,法律语言的精确性只能是相对存在的。[2] 语言的模糊性是法律不确定性的最基础的根源,任何法律都存在基于语言模糊性的不确定性。然而,尽管法律必然存在语言的模糊性导致的不确定性,但确定性仍然是立法者追求的目标,而且这一目标有被无限接近的可能。按照哈特的观点,规则之所以成为规则,是因为特定社区内的行为群体之中存在着对错看法。换言之,在行为群体中,至少有一部分人对行为模式具有"应该""应当","必须""这样做是正确的","这样做是错误的"的观念。[3] 法律规则是由国家专门机构制定、认可、解释的行为规则,作为规则的一种,自然应该具有规则具有的普遍特征。法律规则规定的是法律上的权利、义务、职责,或者赋予某种事实状态以法律意义的指示。因此,规则的确定性首先表现在其微观性,即受约束的对象可以在细节上清楚什么行为是为法律所不允许的,因此而知道应该如何行动。面对这些规则时,人们

---

① 伍铁平:《模糊语言学》,上海:上海外语教育出版社,1999 年,第 132 页。
② 卢秋帆:《法律语言的模糊性分析》,《法学评论》2010 年第 2 期。
③ ［英］赫伯特·哈特:《法律的概念》,张文显等译,北京:中国大百科全书出版社,1996 年,第182 页。

一看,或者一听,就知道应该如何去做。①

　　不论法律的性质为何,所有法律的适用必须从对立法文字的解释开始。② 或者说,应按照法律条文用语之文义及通常使用方法来阐释法律之意义内容并予以适用。③ 然而,在一国法律规则体系中,各国的反垄断法规则却是最令人无所适从的。④ 以美国为例,《谢尔曼法》是美国反垄断法的最重要渊源。众所周知,《谢尔曼法》的一个显著特点就是主要概念含糊不清,极其原则和抽象,缺乏实质性的违法判断标准。⑤《谢尔曼法》共有八条,其核心条款是第一条和第二条。《谢尔曼法》第一条规定"任何契约、以托拉斯形式或其他形式的联合、共谋,用来限制州级或国际的贸易或商业,是非法的。任何签订上述契约或从事上述联合或共谋,是严重犯罪"。该条的核心概念是"限制州级或国际的贸易或者商业"。该法的第二条是:"任何人进行垄断或企图垄断,或与他人联合、共谋垄断州级或国际商业和贸易,是严重犯罪。"其核心概念是"进行垄断或企图垄断"。然而,《谢尔曼法》没有对"限制竞争""独占""共谋"等词语规定明确具体的内容,没有"相关市场"的概念及确认标准。在 Sugar Institute v. United States 案中,联邦最高法院强调了在反垄断法下司法权力的宽度:"我们说过,《谢尔曼法》如同一部自由宪章,具有可与宪法条款相比的概括性和适应性,它不作细致入微的规定。"

　　因此,在反垄断法的适用过程中,无论是立法者的后续立法,还是法官的司法裁判行为,都尤其注重致力于将《谢尔曼法》明确化,努力地在给"限制贸易"和"进行或企图垄断"赋予较为明确的含义,但这项任务至今尚未完成。⑥ 在长期的审判实践后,联邦最高法院不得不指出:"《谢尔曼法》第一

---

　　① 刘星:《法理学导论》,北京:法律出版社,2005 年,第 76 页。

　　② 吴庚:《执法理论与法学方法》,北京:中国人民大学出版社,2007 年,第 318 页。

　　③ 梁慧星:《民法解释学》,北京:法律出版社,2009 年,第 216 页。

　　④ 江山:《论反垄断法解释的知识转型与方法重构》,《现代法学》2018 年第 6 期。

　　⑤ 有学者对《谢尔曼法》产生的历史进行分析后指出:从根本上来说,《谢尔曼法》产生之时,美国并不具备制定一部目标明确的联邦反垄断法的历史条件。《谢尔曼法》并非经济理性的产物,而是政治运动压力的产物。《谢尔曼法》并非真的要反垄断,反而是大企业用来打击当时轰轰烈烈的州级反垄断运动的工具。这种错位使《谢尔曼法》在立法语言上含糊其辞(曾勇:《〈谢尔曼法〉不确定性的历史研究》,浙江师范大学硕士学位论文,2007 年)。

　　⑥ Fred S. McChesner, William F. Shughart, *The Causes and Consequences of Antitrust: The Public-Choice Perspective*, Chicago: Universit of Chicago Press, 1995, p. 220.

条的最大问题就是词不达意。"①迄今为止,仍有众多学者对反垄断法的不确定性表达忧虑:"含糊不清的《谢尔曼法》对企业市场经营行为的指引极不明确,致使美国市场"就像某个突然失去重力的地方,在那里每个人都迷失方向,不知所措"②。"通过《谢尔曼法》和后续法案的美国议员、主审反垄断案的联邦法官、各国负责承袭美国反垄断法的立法专家,乃至仍在深入研究企业行为的产业经济学家,至今还不确知反垄断法究竟要打击哪些商业行为。"③"垄断定义的混淆不清与反垄断政策的艰难权衡,伴随了美国第一部反垄断法产生至今的各个时期。"④正是因为如此,在《谢尔曼法》颁布后的近一百年间,美国司法部提起的反垄断诉讼非常少。⑤ 司法部提起诉讼数量稀少的最大原因就是《谢尔曼法》过于抽象,使执法者无所适从。也就是说:"立法者没能在这些法规中写进一些标准,使法官能够据以协调那些目标,并把它们转化成一致的、可以运用的法律规则。"⑥

美国国会认识到必须将含糊的《谢尔曼法》进一步明确化。于是在1914年,美国国会通过了《克莱顿法》(Clayton Act)。《克莱顿法》明确了四种非法行为:(1)价格歧视;(2)达成捆绑和排他性交易合约;(3)收购其他公司股;(4)在不同企业兼任经理。《克莱顿法》对很多术语进行了定义,包括"反托拉斯法"(antitrust laws)、"商业"(commerce)、"人"(person),但该法仍然未对"竞争"(competition)、"垄断"(monopoly)、"贸易限制"(restraint of trade)等概念进行定义。该法明确告诉法院哪些"人"可以依据该法起诉,可以依据该法对哪些人起诉。但把解释上述关键术语的事留给了

---

① William E. Kovacic, "Reagan's Judicial Appointees and Antitrust in the 1990s", *Ford Law Review*, Vol. 60, 1991, p. 49.

② Martin J. Sklar, *The Corporate Reconstruction of American Capitalism*, 1890-1916, *the Market*, *the Law*, *and Politics*, Cambridge: Cambridge University Press, 1988, p. 204.

③ 薛兆丰:《商业无边界——反垄断法的经济学革命》,北京:法律出版社,2008年,第180页。

④ 赵杰:《垄断的观念》,北京:人民出版社,2006年,第2页。

⑤ 在《谢尔曼法》实施的第一个十年(1890—1899年)间,司法部仅提起反垄断民事案件10起,刑事案件5起;第二个十年(1900—1909年)间,仅提起民事案件17起,刑事案件25起。参见美国商业结算中心制作的《联邦反托拉斯"蓝皮书"》,转引自[美]理查德·A.波斯纳:《反托拉斯法》(第二版),孙秋宁译,北京:中国政法大学出版社,2003年,第40页。

⑥ [美]理查德·A.波斯纳:《反托拉斯法》(第二版),孙秋宁译,北京:中国政法大学出版社,2003年,第39页。

法院。①

1936 年,美国制定《罗宾森-帕特曼法》(Robinson-Patman Act),进一步细化了对价格歧视的规范。然而,这些行为除了满足形式上的构成要件,还得确实产生了竞争弊害才会受到惩罚。国会把如何解释法律禁止范围这一关键性权力交给了联邦法院。有学者指出,以规制经济为目的的联邦法律中,没有其他法律给予法院可以与此相比的自由裁量权——通过解释立法目的来决定诉讼结果。② 总之,《谢尔曼法》可以看作一个"授权"(enabling)立法,让联邦法院去了解企业和市场是如何运行的,然后形成一套规则来使其运行方式符合社会效率。正如当初谢尔曼议员在制定美国《谢尔曼法》时所言:"以法律语言将合法或是违法的行为清楚表明,其实是一项相当困难的工作。所以,这是法院未来要执行的任务。身为立法者的责任仅是制定概括原则,因为我们深信法院将会加以运用且实现法律所负载的意义。"③随着理念、技术及美国经济的发展变化,所适用的标准也是不断变化的,并且将来大概也会一直不断变化。④ 前述美国联邦最高法院对固定转售价格行为态度的不断反复印证了这一点。近年来,仍然有学者质疑美国反托拉斯法的模糊性:"究竟什么是'限制贸易'与'进行和企图垄断',我们至今仍然没有答案,遑论达成共识。"⑤这意味着,随着美国反托拉斯法实践和理论研究的进化,反托拉斯法的靶子不是越来越清晰了,而是越来越模糊了。

反垄断法律规则的含糊性直接影响到其实施的效果。除美国以外,在其他国家也因为含糊性而在反垄断法的实施上遭遇困难。1899 年,加拿大通过了第一部反垄断法,但是该法由于其模糊性而没有得到有效的执行。⑥

---

① [美]赫伯特·霍温坎普:《联邦反托拉斯政策:竞争法律及其实践》(第三版),许光耀等译,北京:法律出版社,2009 年,第 56 页。

② [美]赫伯特·霍温坎普:《联邦反托拉斯政策:竞争法律及其实践》(第三版),许光耀等译,北京:法律出版社,2009 年,第 32 页。

③ Spencer Weber Waller, "Prosecution by Regulation: The Changing Nature of Antitrust Enforcement", *Oregon Law Review*; Vol. 77, 1998, p. 1388.

④ W. Page, "Ideological Conflict and the Origins of Antitrust Policy", *Tulane Law Review*, Vol. 66, 1991, p. 36.

⑤ Richard Schmalensee, "Thoughts on the Chicago Legacy in U. S. Antitrust", *eSapience Center for Competition Policy*, 2007, May, p. 149.

⑥ [美]欧内斯特·盖尔霍恩、威廉姆·科瓦契奇、斯蒂芬·卡尔金斯:《反垄断法与经济学》,任勇等译,法律出版社,2009 年,第 43 页。

英国于 1948 年颁布了《垄断与限制法》，但立法中关于"公共利益"的概念过于模糊，使得无法真正判断某种行为是否应被视为违法，因此该法对英国的经济并没有产生多少影响。[①] 日本反垄断法以美国反托拉斯法为蓝本，对垄断行为作出了规定，但对它们的解释非常灵活，而且一直处于不断变化的过程中。因此，除了恶性（hardcore）卡特尔，日本的公平交易委员会对其他限制竞争行为几乎不采取行动，而被国外称为"不咬人的狗"。[②]

二、从法律规制对象角度的分析

立法的主要目的在于明确法律所应规制的对象，创立一般规范的立法过程有其自身的逻辑。例如，对于故意杀人者是否应当被判处死刑这一问题，更为深层次的问题是：是否应当禁止故意杀人？ 这是在立法过程中提出的一类问题。[③] 因此，立法的一般结构是：某种情形是否应当被赋予特定的法律后果？ 也就是说，在法律执行之前，立法活动必须明确对某一特定行为或状态的法律评价，以便在一个法律共同体中，内部成员对于某一种行为或状态有一个基本的合法与否的判断。

然而，在反垄断法中，关于"哪些行为是反垄断法应给予负面评价的"这一问题却很难获得确定的认识。反垄断法所规制的企业行为首先是一种经济现象，其次才是一种法律现象。一种企业行为，首先要进行经济上的效率评价，而后才能进行法律上的效力评价。因此，经济学理论对于"何种行为或状态应成为反垄断法所反的对象"这一问题的回答，对于反垄断法规制对象的确定至关重要，经济学上关于竞争与垄断的理论对于反垄断法的立法和适用产生了决定性影响。有学者指出：反垄断法最为与众不同的地方就在于，经济理论是反垄断法制定与实施的理论指南。[④] 因为"反托拉斯法正好在这样一个领域中，其中有大量非法律的——具体说来是经济的——知识，立法者与法官可以从中汲取知识进行政策指导。许多其他领域却没有

---

① 李国海：《英国竞争法研究》，北京：法律出版社，2008 年，第 11 页。

② ［日］栗田诚：《竞争法执行的有效性和透明性——对日本执行反垄断法认识之差异的原因和后果分析》，王晓晔、［日］伊从宽主编：《竞争法与经济发展》，北京：社会科学文献出版社，2003 年，第 34-38 页。

③ 高鸿钧等：《商谈法哲学与民主法治国——〈在事实与规范之间〉阅读》，北京：清华大学出版社，2007 年，第 155-156 页。

④ 潘丹丹：《反垄断法不确定性的意义追寻》，北京：法律出版社，2015 年，第 2 页。

很多法律之外的知识可以汲取"①。

（一）垄断经济学的复杂性

要明确反垄断法的规制对象，首先必须了解经济学对垄断的描述与评价。但是当我们将目光投向经济学文献中对垄断予以研究的内容，我们会发现垄断经济学理论多么丰富与繁杂。第一，经济学上并不存在关于垄断的统一定义。在经济学领域，垄断有时被用来指称垄断者，但是何者为垄断者仍然存在不同的看法②；垄断有时还被作为一种市场势力的描述③。第二，经济学上关于垄断的利弊论证存在分歧。传统经济学理论基于对完全竞争状态的追求，推断出与完全竞争对立的垄断就是不好的，垄断力量的增强促使市场向纯粹垄断的方向偏移，从而导致福利从中小企业和消费者向大企业的转移，因此垄断是对竞争的背离。④ 新古典经济学则认为，在现实市场状态下，福利的转移并不意味着社会福利的净损失，因此垄断未必是有害的。还有学者从现实市场中垄断因素的存在也有其促进经济效率的方面而认为垄断有其合理的一面。例如，有学者从规模经济与范围经济的角度论证企业规模的扩大能提高经济效率。⑤ 有学者则从技术创新的角度来为企业垄断力量进行辩护。⑥ 因此，有学者将明确反垄断法规制对象的困难性总结为：垄断本身就难以定义，相关市场很难作出可靠的认定，垄断对市场的影响也很难估计。这三个方面的问题直接影响到反垄断法对垄断的违法性确认。⑦

---

① ［美］波斯纳：《法理学问题》，苏力译，北京：中国政法大学出版社，1994年，第170-171页。

② 如亚当·斯密认为垄断者就是市场上的唯一销售者（［英］亚当·斯密：《国民财富的性质和原因的研究》（上卷），郭大力等译，北京：商务印书馆，1972年，第56页）。保罗·萨缪尔森等则强调的是垄断者对价格和数量供应的控制力（［美］保罗·萨缪尔森、威廉·诺德豪斯：《经济学》（第十六版），曹祖平等译，北京：华夏出版社，1999年，第127-148页）。波斯纳则将垄断者从"单一的销售者"拓展为众多供给者的联合组织及其价格制定者的身份和联合行为的特征（［美］理查德·A.波斯纳：《反托拉斯法》（第二版），孙秋宁译，北京：中国政法大学出版社，2003年，第9页）。

③ ［美］威廉·格·谢培德：《市场势力与经济福利导论》，易家祥译，北京：商务印书馆，1980年，第5-6页。

④ 王传辉：《反垄断的经济学分析》，北京：中国人民大学出版社，2004年，第73-74页。

⑤ 汤敏、茅于轼主编：《现代经济学前沿专题》（第二辑），北京：商务印书馆，1993年，第24-27页。

⑥ ［美］熊彼得：《资本主义、社会主义和民主主义》，吴良健译，北京：商务印书馆，1979年，第103页。

⑦ 侯利阳：《市场地位的反垄断剖析》，北京：中国书籍出版社，2019年，第7页。

（二）反垄断经济学的复杂性

在经济学上，垄断是好的还是恶的，或者什么样的垄断才是恶的，众说纷纭。除此之外，经济学家们还从另一个层面对反垄断规制对象进行分析：即使垄断是恶的，规制方式应如何选择呢？对于这一问题，经济学上的观点主要有两个倾向，一是靠政府的反垄断干预，一是靠市场的自愈能力。自由主义相信市场具有自我修补和完善的能力，认为市场有能力在企业个体利益与社会利益之间找到最为恰当的平衡点。政府对之实施过多干预，即使出于良好愿望也往往会适得其反。有学者提出了非常尖锐的看法：反垄断法律制度并不关心经济效益或消费者利益，而仅仅是出于对大企业无端的仇视。① 美联储前任主席格林斯潘也曾认为："反垄断领域充满了混乱、自相矛盾和司法上的吹毛求疵，我不得不说，这个国家的整套反垄断法是经济无知和冲动的大杂烩，需要予以彻底检讨。"② 有学者从过程竞争理论出发，认为市场竞争过程中内生的所谓垄断现象只是暂时的，市场的过程将使这些垄断无法持续维持。③ 还有学者指出，在长期的市场过程中，垄断行为或状态的竞争弊害将随着市场的自身发展而得以排除。尽管政府干预可能加速这种排除过程，但政府干预的成本往往是巨大的。④ 新制度经济学早已指出制度是有成本的，包括制度的形成、执行、监督和变迁的成本。⑤ 即使某些垄断行为的危害性在经济学上能获得统一的认识，我们也不能预设反垄断法的干预是合理的，因为还要考虑干预成本和干预方式。只有比较一种垄断行为的社会成本与对之进行政府管制的成本之后，才能明确反垄断规制的正当性。而这一点很难做到。

经济学上关于如何反垄断的争议直接影响到一国反垄断法的变化。在反垄断法实施时间最长的美国，反垄断法经济学一直处于变化当中，从而也

---

　① Robert Bork, *Antitrust Paradox: A Policy at War with Itself*, New York: Free Press, 1993, p. 50.

　② Dennis C. Mueller, "Lessons from the United States Antitrust History", *International Journal of Industrial Organization*, Vol. 14, 1996, p. 415.

　③ 王廷惠:《竞争与垄断:过程竞争理论视角的分析》,北京:经济科学出版社,2007 年,第 50 页。

　④ 陈志广:《反垄断的价值、要求与规制的对象——兼与王廷惠同志商榷》,《上海经济研究》2005年第 4 期。

　⑤ 张广利、陈丰:《制度成本的研究缘起、内涵及其影响因素》,《浙江大学学报（人文社会科学版）》2009 年第 5 期。

影响到美国反垄断法的确定性。① "对托拉斯的任何一个议题,两个经济学家就会有三个观点——这种夸张的说法反映了反托拉斯问题的复杂性和争议性。"②在美国,反垄断经济学的基本变迁轨迹是:在《谢尔曼法》颁布后的前四十年中,关于市场的经济学研究为自由主义者(liberals)支配,他们对市场不太信任,而信赖政府管制。然而在20世纪60年代之后,反垄断经济学又回归到自由经济学传统,开始信奉市场,而不信任政府管制或政府对市场进行的任何形式的干预。最终,垄断经济学引入博弈理论后,人们又重新认识到许多商业行为是无效率的,政府应进行更强的干预。③ 有学者对于自《谢尔曼法》颁布以来反垄断经济学的争议与变迁进行了总结:

> 这长达一个多世纪的争论令人痛苦的地方在于,反托拉斯经济学并不是朝着均衡方向前进的。被一劳永逸地解决了的重要问题很少。此外,争论的数学技术性越来越强,只有从事该学科的人才懂……越来越清楚的是,经济学的多数相关结论并不能在严格意义上得到验证。相反,许多经济学结论只能看作是解释某个行为并容易得到数据证实的故事。但由于没有终局,今天的故事到明天可能会被不同的故事取代。④

经济学理论的变迁对反垄断法的创立及执行标准影响巨大,加之各国反垄断法执行权的分散性,更使得不同的理论、不同的理解纷纷从不同的途径影响反垄断法律体系,从而导致法律评价的混乱。反垄断经济学的复杂性与多变性决定了反垄断法律制度的开放性,一篇见解深刻的文章、一次演讲或者政府的改革,甚至一次私人诉讼,都能让新的观念点滴渐进式地潜入反垄断制度。一位法官的见解,只要论证有力,就能树立新的理论或新的判

---

① 王建红:《权力的边疆美国发到制度体系确立路径研究(1890—1916)》,北京:经济管理出版社,2012年,第192页。

② Jack C. High, Wayne E. Gable, *A Century of The Sherman Act: American Economic Opinion*, 1890-1990, Fairfax: George Mason University Press,1992, Introduction, p. 10.

③ H. Hovenkamp,*Enterprise and American Law*, 1836-1837, Cambridge: Harvard University Press, 1991, pp. 22-25.

④ [美]赫伯特·霍温坎普:《联邦反托拉斯政策:竞争法律及其实践》(第3版),许光耀等译,北京:法律出版社,2009年,第79页。

决标准。① 反垄断法的这种开放性一直影响着反垄断理论和分析方法的发展,今天被认为正确的思想隔一段时间就会受到新理论的挑战,然后新的理论就占据主导地位。这使得现有理论和分析方法具有极度的不稳定性。②

(三)对现有反垄断法规制对象的经济学质疑

反垄断经济学的复杂与不确定,直接导致反垄断法规制对象的含糊性。在各国的反垄断法中,我们都无法找到垄断的定义。世界经济合作组织(OECD)也只对反垄断进行了界定:"一个有关垄断(monopoly)和垄断行为(monopolistic practice)的经济政策与法律领域。'反托拉斯法'或者'反托拉斯政策'主要是美国使用的术语,而在许多其他国家则使用'竞争法'或'竞争政策'。一些国家使用'公平交易'(fair trading)或者'反垄断法'(antimonoly law)。大多数反托拉斯法或者竞争法既有关于结构的规定,如合并、独占、市场独占地位和集中,也有包括行为的规定,诸如合谋、固定价格和掠夺性定价。"③从历史上来看,反垄断法的规制对象大致有三类:垄断状态(monopolistic situation)、垄断化(monopolization)和垄断力的滥用(abuse of monopoly power)。④ 随着现代反垄断法由结构主义走向行为主义,各国反垄断法的重点转向对垄断化和垄断力的滥用行为进行规制。

然而,经济学上竞争与垄断理论的新发展却又进一步对反垄断法中规制的垄断行为提出了各种各样的质疑,主要来自以下几个方面。

第一,某些垄断行为是否真的能获得成功? 例如,有学者对掠夺性定价行为的成功可能性提出了怀疑。⑤

---

① [美]欧内斯特·盖尔霍恩、威廉姆·科瓦契奇、斯蒂芬·卡尔金斯:《反垄断法与经济学》,任勇等译,北京:法律出版社,2009 年,第 39 页。

② [美]欧内斯特·盖尔霍恩、威廉姆·科瓦契奇、斯蒂芬·卡尔金斯:《反垄断法与经济学》,任勇等译,北京:法律出版社,2009 年,第 40 页。

③ OECD Center for Co-operation with the European Economies in Transition, "Glossary of Industrial Organization Economics and Competition Law", p. 15, https://www.oecd.org/regreform/sectors/2376087.pdf, 2021-08-20.

④ 赵杰:《垄断的观念》,北京:人民出版社,2007 年,第 22-23 页。

⑤ 芝加哥学派指出,如果 A 企业以低于边际成本的价格将 B 企业驱逐出市场,A 只有将价格提高到垄断定价并保持一段时间后才可能弥补先前的低价损失,然而,当 A 提高价格,垄断利润则会吸引新的竞争者进入市场,A 不得不再次将价格拉低。因此,除非 A 对于未来获得垄断利润的补偿有十足把握,否则掠夺性定价是非理性的或者说不可思议的(Harold Demsetz, "Barriers to Entry", *American Economic Review*, Vol. 72, 1982, pp.52-56)。

第二,对于某些垄断行为,能否提出符合法律证据规则的证据来予以证明?以卡特尔协议行为为例,我们通常把协议理解为当事人之间意思表示的一致,因此,要在法律上认定协议行为,必须有充分证据证明当事人之间的协商往来与合作,也就是要证明"有意雷同"(conscious parallelism)。为了逃避反垄断法的规制,企业倾向于更隐蔽的协同行为,执法者要取得合谋证据极其困难。尤其是在寡头垄断市场上,由于企业数目少,相互勾结更不容易被发现,甚至可以基于企业之间的依赖关系彼此发出信号形成协同性定价。因此,取证的技术困难往往导致大多数协同行为无法进行法律追究。再以价格歧视为例,尽管美国的《罗宾森-帕特曼法》禁止无正当理由在销售方面对有竞争关系的零售商采取价格歧视,并规定了受害者可依法获得三倍的赔偿救济,但是由于法律取证中的技术困难,几乎没有人根据《罗宾森-帕特曼法》获得过损害赔偿。[①]

第三,对于某些垄断行为,执法者是否有能力将复杂的经济事实变为法律事实,进而进行法律适用?执法者进行法律适用的前提在于,从复杂的个案事实中概括提炼出法律文本已给定的事实,从而启动权利、义务的确定,进而落实法律责任。拉伦茨将这一过程描述为:"将外延较窄的概念划归外延较宽的概念之下,易言之,将前者涵摄于后者之下……作为法律适用基础的涵摄推论……毋宁是将事实涵摄于法律描述的构成要件之下。"[②]在反垄断法中,垄断行为首先是一种经济事实,因此,在执法中必须先将这种经济事实"裁剪"为法律事实,这是法律适用的前提基础。然而,垄断行为中的经济事实要认定为法律事实极其复杂。首先,这种复杂性表现在相关市场的确定问题上,相关市场是所有垄断行为认定的前提条件。然而,相关市场却是个因事而异、因地而异、因时而异的概念。[③] 因此,法律无法事前将相关市场确认中的现实确认为确定性的法律事实,而相关市场确定的稍微偏移将会导致同一个案件截然不同的结果。其次,对于企业行为的具体认定也

---

① [美]威廉·L. 德威尔:《美国的陪审团》,王凯译,北京:华夏出版社,2009 年,第 145 页。

② [德]拉伦茨:《法学方法论》,陈爱娥译,北京:商务印书馆,2003 年,第 152 页。

③ 例如,同为水果,欧洲法院在 United Brands Continental BV v. Commission 案中将香蕉和其他新鲜水果划为两个不同的市场。而同为食品罐头,在 Continental Can v. Conmmission 案中则认为用于存储海产食品的罐头和存储肉食品的罐头属于同一市场(尚明:《对企业滥用支配地位的反垄断法规制》,北京:法律出版社,2007 年,第 31 页)。

存在困难。以掠夺性定价为例,各国都规定企业的掠夺性定价为反垄断法规制对象。掠夺性定价即企业以低于成本的低价格销售商品。从法定概念上看,行为认定似乎很简单。但是在企业的市场行为中,存在着多种不同的成本:固定成本、可变成本、平均可变成本、不变成本、边际成本等。在具体的反垄断案件中,执法者到底应采用哪个成本对掠夺性定价予以认定则不无疑问。在美国的司法实践中,曾经历了以边际成本、平均可变成本、平均可避免成本(average avoidable cost)来认定掠夺性定价行为的标准变迁过程。但这一过程一直伴随着争议,这一争议至今都未能解决。[①] 再以垄断高价或垄断低价行为为例,其认定是以市场上存在一个客观的合理价格为前提。然而,客观上说来市场上并不存在一个预先设定的合理价格,合理价格永远都是随着市场状况变化而不断变化的。要通过判断价格是否合理从而断定一个行为的竞争弊害,除非能监控每天的价格变化,这对于执法机构来说几乎是一个不可能完成的任务。

综上,由于经济学理论的多变性、经济事实的复杂性,反垄断法很难抽象出明确的规制对象,并给予确切的概念。即使勉强确立了概念,但是在认定过程中,执法者也很难有能力将复杂的经济事实转化为预设的法律事实,进而适用法律。这意味着,任何一个经济事实进入执法领域后,在得出执法结果之前,无人能预料会是何种结局。

三、从案件分析规则角度的分析

尽管法律具有一定的不确定性,但对于一个具体案件而言,法律的评价过程和分析规则却是统一的。通常来说,当一种行为涉嫌违反法律而被诉至法院并被法院受理时,表明该行为的表现形式满足了法律对违法行为表现形式的描述。法院要做的只是通过查找证据来证明被告确实实施了这种行为,一旦证据充分,被告的行为即可判定为违法,也会受到相应的惩罚。因此,法律案件的分析规则应该是一种二元式的评价体系,即只要符合法律规定就是合法的,一旦不符合法律规定或者违反了法律禁止性规定就被认定为违法。在这种法律框架下,无论是行为人还是法院对于违法行为及其

---

① 文学国:《滥用与规制:反垄断法对企业滥用市场优势地位行为之规制》,北京:法律出版社,2003年,第304页。

可能招致的惩罚都有一定预见。凯尔森指出,法律规范之可被适用,不仅在于它由机构所执行或由国民所服从,而且还在于它构成一个特定的价值判断的基础,这种判断使机构或国民的行为成为合法的、守法的、正当的或者非法的、违法的、错误的行为。[①] 因此,法律的执行往往是采取一种贴法律标签的方式以惩治、制止、预防非法行为或状态,以实现法律的目的。

　　然而,反垄断案件的分析则采用了自己独特的一套案件分析规则,即本身违法原则(per se rule)和合理原则(rule of reason)。本身违法原则与合理原则起源于美国,是美国联邦最高法院在案件审理判决中,对《谢尔曼法》进行解释的过程中发展出来的两个重要的反垄断案件的分析原则。这两个原则并非在《谢尔曼法》颁布之时就存在,至今美国也没有任何一个法律对这两个原则进行定义。但是通常认为,本身违法原则是一种明线标准(bright-line test),其适用方法很简单,只要考察某种行为是否发生。合理原则则要复杂得多,必须考量多种因素以衡量被指控行为的目的和效果,才能断定该行为是否违法。[②] 一般来说,法律解释是为了使法律规则的含义更加清晰明确,因此美国联邦最高法院总结出来的反垄断法分析原则其目的本应在于降低该法的不确定性,其结果至少能降低反垄断法的不确定性,使法院在审理时有统一的标准可以遵循,然而,这两个反垄断案件分析原则的产生历史不但印证了美国反垄断法具有难以避免的不确定性,更使该法的适用愈发扑朔迷离。本书将通过对固定价格卡特尔协议这一通常被认为应适用本身违法原则的垄断行为审判历史的考察,来分析本身违法原则与合理原则的确立和变迁史如何使反垄断法的适用更加呈现出不确定性。

　　卡特尔一般是指两个以上实际或潜在的竞争者之间关于价格、市场、消费者和(或)产品的具有削弱竞争的目的或效果的安排或者其他形式的协作。[③] 固定价格卡特尔协议历来是各国反垄断法规制的重点内容,通常被

---

① 〔奥〕凯尔森:《法与国家的一般理论》,沈宗灵译,北京:中国大百科全书出版社,1995 年,第 51 页。

② Robert H. Bork, "The Rule of Reason and the Per Se Concept: Price Fixing and Market Division", *Yale Law Journal*, Vol. 74, 1965, p. 775.

③ 金美蓉:《核心卡特尔规制制度研究》,北京:对外经济贸易大学出版社,2009 年,第 5 页。

认为是本身违法原则适用的固定区域。① 本身违法原则的产生源自美国最高法院早期对《谢尔曼法》第一条的解释，是在美国依据《谢尔曼法》第一条审理的第一个反垄断案件，即 United States v. Trans-Missouri Freight Ass'n 案中确立起来的原则。该案涉及的行为是典型的固定价格卡特尔行为：美国 18 家铁路公司组成协会，并订立了一项联合经营协议，依据该协议，各成员对各自的时刻表、货物运输和运费进行协调。该联营行为被美国司法部指控违反了《谢尔曼法》第一条。铁路公司认为，它们固定价格的目的在于避免毁灭性竞争，而且它们所固定的价格是十分合理的，而《谢尔曼法》第一条仅禁止对贸易的不合理限制（unreasonable restraints of trade）。但法院并没有接受这一理由。大法官佩卡姆认为，根据法律条文，《谢尔曼法》第一条禁止的是限制贸易的"每一个"（every）合同，不承认有"任何例外"。Trans-Missouri's 案被认为是对本身违法原则的确立。然而与此同时，法院也意识到这样的案件分析方法打击面将会太大。因此，在次年的另一个案件，United States v. Joint Traffic Ass'n 案中动摇了 Trans-Missouri's 案中的意见，法院认为：

> 虽然协议有可能间接地影响州际商业，如果协议的目的是促进个人或企业的合法商业发展，而无意于影响或限制州级商业，而且也没有产生直接限制州级商业的效果，不适用《谢尔曼法》。

在此后的固定价格案中，一直都显示出以合理原则来判断固定价格卡特尔行为是否合法的总体趋势。在 1911 年的 Standard Oil of New Jersey v. United States 案中，大法官怀特（White）认为，国会的立法意图应该被解释为只禁止对贸易的"不合理"或者"不正当"的限制。如果对一切限制贸易的行为予以禁止，既不符合现实情况，也不是国会立法者的合理意图。因此在分析限制贸易的做法时，应该分析行为的目的、行为人的市场力量以及行为的实际后果等因素。在 1918 年的 Board of Trade v. United States 案中，联邦法院进一步明确了合理原则的内容。大法官布兰代斯（Brandeis）指出：

---

① 有学者认为，美国法律事务部门和学术界比较一致地认为本身违法适用于价格固定、市场划分、联合抵制、搭售安排及转售价格维持等案件（郑鹏程：《美国反垄断法"本身违法"与"合理法则"适用范围探讨》，《河北法学》2005 年第 10 期）。还有学者指出，本身违法原则已成为目前认定核心卡特尔的重要原则（金美蓉：《核心卡特尔规制制度研究》，北京：对外经济贸易大学出版社，2009 年，第 38 页）。

　　　　协议是否限制了竞争不能仅靠一个简单的标准来确定。每一个贸易协议和商业管理规则都是有限制性的。约束和限制是它们的本质。判断一种限制是否合法,要看这种限制是否只是一个管理形式,甚至因此促进了竞争,还是纯粹地压制、破坏竞争。为了回答此问题,法院通常必须考量受限制产业的特殊情况、该产业受限制前后的情况对比、限制的性质以及限制产生的实际效果和可能产生的效果。限制的历史、限制的主观恶意、采取具体救济措施的理由以及限制所要达到的目的都是重要考虑因素。

　　布兰代斯法官对合理原则考量内容的论述至今仍然十分具有影响力,一直被广为援引。① 然而,该判决只是罗列了一系列模糊的标准,并没有告知法院或诉讼当事人应该如何对这些标准进行衡量。普通的市场主体要通过这些因素预测自身行为的合法性几乎是不可能的,这对于法院而言也将是一个代价高昂的任务。因此,从 20 世纪 30 年代末开始,法院被迫扩展本身违法行为的类型。1927 年的 United States v. Trenton Potteries Co. 案中,斯通(Stone)大法官指出:

　　　　任何一个固定价格行为,其目的和结果在竞争上的效果就是排除了一种形式的竞争。固定价格只要被使用了,无论是否合理,都涉及市场的控制和不合理价格的专断固定。……协议所造成的潜在势力不妨被认为本身就是一种非法的或不合理的限制,没有必要一一调查固定下来的价格在当时是否合理。

　　这一判决表明固定价格协议只要存在就表明其对竞争的限制,不需要进一步论证就可追究责任。然而,在 1933 年的 Appalachian Coals, Inc. v. United States 一案中,联邦最高法院又推翻了上述判决,要求法院必须"细致而客观地审查具体情况和行为目的",并认为:"判决必须尊重现实。协议仅仅限制了协议各方之间的竞争,这一事实不足以构成认定非法的理由。"②

---

① [美]欧内斯特·盖尔霍恩、威廉姆·科瓦契奇、斯蒂芬·卡尔金斯:《反垄断法与经济学》,任勇等译,北京:法律出版社,2009 年,第 170 页。
② 288 U.S. 344 (1933).

　　在经历了长期的司法实践后，法官们越来越认识到在本身违法原则所控制的绝对应该禁止的行为与适用合理原则的在竞争影响上模棱两可的行为之间划出一道明确界线是非常困难的。美国联邦最高法院在很长一段时间内关于固定价格的案件中到底适用的是本身违法原则还是合理原则越来越不清楚。在 1978 年的 National Society of Professional Engineers v. United States 案①中，法院认为被告的行为"表面上说来……限制了竞争"，但是又反复以合理原则的框架来衡量被告行为的社会价值。至今人们还在争论该案的司法分析标准到底是本身违法原则还是合理原则，因为法院的判决意见既可以被解读为把本身违法原则的适用范围限制在最能直接限制价格的协议上，也可理解为严格限制合理原则适用中所需要考虑的因素，然而，"任何一种理解都不完整"②。在 1984 年的 Nantional Collegiate Athletic Ass'n v. Board of Regents 案中，法院干脆承认："在本身违法和合理原则之间往往没有明显的界线。在没有证据可以确证被指控行为的反竞争性之前，本身违法原则的适用要求充分调查市场状况。"③

　　从固定价格卡特尔这一行为的司法审判历史，我们可以看出，法院对于固定价格卡特尔这一行为到底应适用何种案件分析原则一直摇摆不定。这一现象不仅发生在固定价格卡特尔的司法实践领域，在其他领域也同样存在，例如，市场分割卡特尔行为。④ 但是，从美国反垄断法司法裁判历史的整体发展来看，总体的趋势是本身违法原则适用的地盘逐渐被蚕食，合理原则则不断扩展其适用范围。在上述 National Collegiate Athletic Ass's 案中法官援引了阿里达（Areeda）教授的一句话："关键的一点是合理原则可能在转眼间就适用了。"⑤这一句话恰当地显示了合理原则在法官心目中的地位。因此，有学者指出：美国的百年反垄断法司法史，是一部本身违法原则

　　①　435 U. S. 679 (1978).

　　②　［美］欧内斯特·盖尔霍恩、威廉姆·科瓦契奇、斯蒂芬·卡尔金斯：《反垄断法与经济学》，任勇等译，北京：法律出版社，2009 年，第 183 页。

　　③　468 U. S. 85 (1984).

　　④　美国联邦最高法院在 1967 年的 United States v. Arnold Schwinn & Co. 一案中对卡特尔坚持了本身违法的立场，然而，在 1977 年的 Continental TV Inc. v GTE Sylvania Inc. 一案中，最高法院明确采取了与 Schwinn 案完全相反的立场，坚持用合理原则裁决卡特尔（［英］奥利弗·布莱克：《反垄断的哲学基础》，向国成等译，大连：东北财经大学出版社，2010 年，第 79 页）。

　　⑤　P. E. Areeda, *Antitrust Analysis: Problem, Text, Cases*, Boston: Little, Brown and Company, 1988, p. 402.

逐步被合理原则取代的司法史。① 到目前为止，合理原则已经被美国联邦最高法院视为被指控行为的"压倒性的"（prevailing）、"普遍和已接受的"（usual and accepted）评价标准。然而直到现在，反垄断法适用原则仍然遭到联邦最高法院大法官的普遍抱怨，有的法官认为合理原则使反垄断案件"不可避免地成本高昂而冗长"。与此同时，又有法官抱怨本身违法原则标准可能会鼓励"轻率"的诉讼，从而提高司法成本。

欧盟竞争法同样不存在对本身违法原则与合理原则的明确规定，但是从欧盟对于限制竞争协议的规定来看，适用的是合理原则。欧盟规制限制竞争协议的主要法律依据是《欧盟运行条约》第一百零一条。第一百零一条（一）规定："凡可能影响成员国间贸易，并以阻碍、限制或扭曲共同市场内的竞争为目的或者有此效果的企业间协议、企业联合组织的决定或一致行动，均被视为与共同市场不相容而被禁止，尤其是下列行为：（a）直接或间接固定购买、销售价格，或其他交易条件；（b）限制或控制生产、销售、技术进步和投资；（c）划分市场或供应来源；（d）对同等交易的其他贸易伙伴适用不同的条件，从而使其处于不利的竞争地位；（e）使合同的缔结取决于贸易伙伴对额外义务的接受。而无论是依其性质或按照商业惯例，该额外义务均与合同的标的无关。"但与此同时，第八十五条（三）规定："企业间的任何一项或一类协议、决定或一致行动，如果有利于优化产品的生产或销售，或有利于促进经济与技术进步，同时使消费者能公平分享由此产生的利益，并且（a）不对企业施加对这些目标之实现并非必不可少的限制；（b）不致使企业有可能在相关产品的重要部分消除竞争，则（一）的规定不适用。"第八十五条（三）之规定被视为欧盟竞争法的豁免规定，在功能上与合理原则相似。② 只不过，该款关于豁免因素的规定比美国合理原则的衡量标准更为清晰具体。然而，"促进经济与技术进步""使消费者公平分享利益"等仍然是极其不确定的概念，需要法官在适用法律时针对个案的具体情况加以分析。从这一角度而言，欧盟竞争法关于豁免的规定和美国的合理原则并无本质区别。

---

① Richard Schmalensee, "Thoughts on the Chicago Legacy in U. S. Antitrust", *eSapience Center for Competition Policy*, 2007, May, p. 36.

② 许光耀：《"合理原则"及其立法模式比较》，《法学评论》2005 年第 2 期。

　　我国《反垄断法》从字面来看，未对本身违法原则与合理原则进行明确区分。但是仔细考察其具体规定就会发现，我国《反垄断法》对于垄断协议与滥用市场支配地位行为的具体认定采用的是合理原则。《反垄断法》第十五条规定，经营者如果能证明其达成的垄断协议属于"为改进技术、研究开发新产品"等情形的，则不属于《反垄断法》第十三条与第十四条所禁止的垄断协议。这意味着我国《反垄断法》所禁止的垄断协议行为在认定时均必须进行合理性的分析。此外，《反垄断法》第十七条规定的滥用市场支配地位行为除第（一）项规定之外，其他滥用市场支配地位行为的规定全部以"没有正当理由"为行为的认定前提。从第（一）项的条文表述来看，要将一种"高价销售"或"低价购买"商品的行为认定滥用市场支配地位行为也必须以该价格是"不公平的"为前提。这意味着，对于我国《反垄断法》规定的任何一种滥用市场支配地位行为都必须以合理性分析为前提。因此，我国《反垄断法》尽管没有区分本身违法原则和合理原则的明确规定，但在实践中对于垄断行为的认定必将以合理原则为分析标准。

　　法律是行为规则的一种，其首要功能在于向社会成员明确某种行为的法律评价。在执法中，执法者只需查清涉案行为是否符合法律对行为的客观描述，即可作出判断。从这一角度而言，在普通法律中，案件分析原则都是一种本身违法原则。对于反垄断法，合理原则的适用要求法院对绝大部分涉嫌违反反垄断法的行为，不仅要考察行为人是否实施了反垄断法纳入规制范围的行为，还要考察该行为对竞争的影响。即使有证据证明当事人确实实施了违法行为，如果该行为具有竞争上的合理性，仍然为合法行为。合理原则的广泛适用导致反垄断法的功能只是将某些行为纳入法律调整的范围，至于对之如何评价则需要执法者在每一个具体个案中予以最终确定。反垄断法涉及市场主体经营行为的方方面面，反垄断案件中合理原则的广泛运用使市场主体很难对自身行为的法律评价有清晰的预见，使得反垄断法的不确定性进一步提高。因此，合理原则对于整个社会而言都是一个高成本的执法方法。尤其是对于那些可能被追究刑事责任的垄断行为，如果不明确罪与非罪的界限，则法律的公平与正义将遭到质疑。

四、从法律目的角度的分析

（一）法律目的对于法律确定性的意义

如果一部法律无法在语言表述、规制对象以及案件分析原则上实现法律的确定性，那么其只能退守法律目的这一最后屏障。法律目的在一个法律体系中的地位是毋庸置疑的，一个明确的法律目的是降低法律不确定性的基础。

第一，从立法的角度而言，一个确定的法律目的能明确何种社会关系应该纳入某一法律体系，从而形成一个整体协调的法律规范统一体。不确定性论者认为，法律规则的确定与社会现象的复杂多变之间存在必然矛盾，原因如下。一是立法者的预见能力具有一定的局限性。立法的历史表明，主要基于过去经验的立法者，是不可能全部预见法律颁布之后法官可能遇到的问题的。[①] 相对稳定性是法律规则的重要特征，也是一项规则之所以成为法律的基本要素。然而社会现象处于不断的发展变化之中，法律规则虽然也可以被设计得具有前瞻性，但由于立法者预见能力的局限，这种前瞻性往往无法跟上社会现实的易变性。萨维尼因此而指出："法律自制定公布之时起，即逐渐与时代脱节。"[②] 二是法律是具有普遍约束力的行为规则，必须指向一般的人和一般的行为，因此必须具有抽象性和概括性，对于制定法而言尤其如此。然而，法律所规范的社会现象和人们的行为却是复杂多样的。法律确定的表述往往无法和具体事件与行为一一对应，由此而产生漏洞。弗兰克认为，正是因为法律所应付的是人类关系中最为复杂的方面，在法律面前是混乱的、使人感到变幻莫测的整个人生，因此不可能创造出能预料到一切可能的争议并预先加以解决的永恒不变的规则。[③] "人类远见的局限、语言的模棱两可亦即立法研究的高成本，使得大部分法律只能以一种极度不完备的形式加以颁布，而许多不确定的领域则留给了法庭解决。"[④] 这

---

① 郑永流：《法学方法阶梯》，北京：北京大学出版社，2008 年，第 18 页。

② 徐国栋：《民法基本原则解释——成文法局限性之克服》，北京：中国政法大学出版社，1996 年，第 150 页。

③ 沈宗灵：《现代西方法律哲学》，北京：法律出版社，1983 年，第 99 页。

④ William M. Landes, Richard A. Posner, "The Independent Judiciary in an Interest-Group Perspective", *Journal of Law and Economy*, Vol. 18, 1975, p. 875.

一问题的解决途径之一就是明确法律的目的,一个具体法律体系的建立与后续法律规则的修正如果在一定的法律目的之下进行,就能更多地获得法律的确定性。

第二,从法律执行的角度而言,一个确定的法律目标能在一定程度上统一人们对法律规则的理解,统一执法者的价值判断,进而提高法律的确定性。价值取向或价值判断的相异性也是法律不确定性的一个重要根源。认为法律可以具有确定性事实上暗含一个前提假设:人们对法律规则所指涉的事物具有普遍价值认同,即立法者的价值观与不同的执法者及案件当事人的价值观是一致的。否则,字面的法律规则将形同虚设。然而,人类的价值判断源自人的内心世界,这本就不是一个客观存在的可捉摸、可确定的世界。霍姆斯指出:"逻辑的方法和形式迎合了人们对于确定性的渴望与存在于每个人心灵当中的宁静平和。但是,一般而言,确定性只是一种幻觉,而心灵的宁静也并非人之命运。"①制定法用普遍性的行为表现方式来统领人类在千差万别的内心状态下所作出的行为,在适用过程中出现漏洞或不公平的结果是难免的。从执法人员的角度来看,"涉及价值的选择是大部分判决制作过程中的重要特征。法官像其他人一样,无法使他们自己与他们所属的社会或团体中蕴含的价值形态隔离,而且很少有法官能用有意识的努力来保持公正或摒弃感情以消除这类因素的影响"②。在审理案件过程中,法律适用者不仅要运用事实判断,还要运用价值判断。而每个执法者各自的经历、学识、思维方式、文化背景等不同,价值观念自然也会不同甚至相互冲突。"在逻辑形式的背后,存在着对于相互竞争的立法理由的相对价值和重要意义的判断,通常是一种无以言表且毫无意识的判断,这是实际存在的,然而却是整个诉讼程序的根源和命脉之所在。"③当人们对于某一具体的法律规则存在不同理解时,一个明确的法律目的是对该法律规则形成统一认识的基础。从法律目的的角度阐释法律规则的内在含义,从而使法律适用获得一定的统一性,是降低法律不确定性的一个重要途径。

---

① [美]霍姆斯:《法律的道路》,《法律的生命在于经验——霍姆斯法学文集》,明辉译,北京:清华大学出版社,2006年,第217页。
② [英]丹尼斯·罗伊德:《法律的理念》,张茂柏译,北京:新星出版社,2005年,第212页。
③ [英]丹尼斯·罗伊德:《法律的理念》,张茂柏译,北京:新星出版社,2005年,第217页。

综上，无论从理论观念上来说，还是在法律的实践中，任何法律的制定和实施都必须以一定的共识，即明确的法律目的为前提，因为"规则不只是'应该如何如何'的随便声明，而是被指望具有一定的延续性，要适用于各个群体或各个阶层，并且基于这样那样的理由被大体上接受是具有拘束力的"①。这一共识对于一部法律而言无疑就是法律的目的，服务于特定目的是法律正当性的基础。"法律的目的——亦即有关社会控制的目的以及作为社会控制之一种形式的法律秩序的目的——以及从这种法律目的来看法律律令应当是什么的哲学观、政治观、经济观和伦理观，乃是法官、法学家和法律制定者工作中的一个具有头等重要意义的要素。"②由此，从理论上讲，立法者在立法之时就应该明确法律目的，法律目的决定了对为什么要制定法律、制定出来的法律要调整何种社会关系、具体的法律规范应怎样调整法律关系等问题的回答。

（二）反垄断法目的的多元化与冲突

像所有法律一样，在服务于社会所期望的目的方面，反垄断法才具有规范性，因此，要理解反垄断法，首先就要理解其立法目的。如前所述，反垄断法不仅在法律规则上体现出模糊性，其适用原则也存在不确定性，这也许是反垄断法作为经济法的一个不可避免的特点。因为规范市场经济的竞争秩序不但是一个法律问题，更是一个经济问题。有学者指出：经济运行的力量，本质上就有超出人为法律框架的潜能，故而以追求安定性的法律来规范不断变动的经济现象，本是一项极为困难的任务。正因为如此，立法者往往在制定经济法规时，使用的是目的程式（仅表示出立法者意欲追求的目标），而非一般传统法律的条件程式（法律预先制定构成要件及法律效果）。③如果能有明确的法律目的，就能指引法官或其他执法者在纷繁复杂的规则中找到一个可以依托的立足点。正如伯克（Bork）所说：除非能够明确回答反垄断法的核心即它的目的是什么，否则就不能合理理解反垄断政策。因为所有其他事情都取决于我们对此给出的答案。法官在适用反垄断法时应该

---

① ［美］朱迪斯·N. 施克莱：《守法主义：法、道德和政治审判》，彭亚楠译，北京：中国政法大学出版社，2005 年，第 76 页。

② ［美］罗斯科·庞德：《法理学》（第一卷），邓正来译，北京：中国政法大学出版社，2004 年，第 368 页。

③ 赖源河：《公平交易法新论》，北京：中国政法大学出版社、元照出版公司，2002 年，第 36 页。

受到一种还是多种价值的指导? 如果是多种,在这些价值冲突的情况下应该如何协调并判决? 只有在目的问题得到解决之后,才有可能形成一套真正连贯一致的规则。① 在这个意义上,法律目的的确定性是反垄断法维持其确定性和可预见性的最后一道防线。然而,无论是已有一百多年反垄断执法历史的美国,还是在其他后发的市场经济国家,反垄断法的目的仍然是一个众说纷纭的概念。

在美国,反托拉斯法"是一个特殊的认识论问题,因为它包含着各种各样相互联系的目标、价值和视角,因为在它的运用中至关重要的许多经济因果问题,经常既复杂又不确定"②。美国的反托拉斯法立法虽然已超过百年,但是彼邦学者对反托拉斯法的立法目的并没有完全一致的见解。③ 关于反托拉斯法的立法目的的争议大致可分为两个派别:芝加哥学派的目的观和平民主义的目的观。芝加哥学派认为经济效率是反托拉斯唯一追求的目的,因此,反托拉斯法将致力于使社会净福利最大化。在此目的指引下,芝加哥学派进一步认为,通常市场是具有竞争性的,总是仅有少数几家厂商。寡占与联合事实上很难阻断所有竞争的途径,产品差异对竞争的阻碍也远不如想象中严重。独占者所获得的利润恰好吸引新的竞争者参与市场,从而最终动摇其独占地位。因此,反托拉斯法及其实施最多仅能加速这个过程,政府应放手让市场进入与退出完全自由,利用厂商自己的谋利冲动来实现社会福利的最大化。

平民主义目的观的基本点是反对芝加哥学派所提出的反托拉斯法应该以经济效率作为唯一目标这一看法,而认为反托拉斯法应该追求公平,即经济力量的分散,保护小企业有合理参与市场的机会,保护消费者有获得公平交易的机会。④ 对于平民主义提出的各种非效率目标,芝加哥学派的学者一一进行了驳斥。第一,对于平民主义者提出的公平理念,芝加哥学者认为公平在不同人看来有不同的意义,难以形成真正确切的、有规律可以遵循的

---

① Robert Bork, *Antitrust Paradox*: *A Policy at War with Itself* (2nd edn.), New York: Free Press, 1993, p. 50.

② [美]戴维·J. 格伯尔:《二十世纪欧洲的法律与竞争》,冯克利、魏志梅译,北京:中国社会科学出版社,2004 年,第 12 页。

③ 赖源河:《公平交易法新论》,北京:中国政法大学出版社、元照出版公司,2002 年,第 6 页。

④ Eleanor Fox, Lawrence A. Sullivan , "Antitrust-Retrospective and Prospective: Where Are We Coming From? Where Are We Going?" *New York University Law Review*, Vol. 62, 1987, p. 936.

标准。第二,对于平民主义提出的经济力量的分散的目标,芝加哥学者认为在美国这个政治力量极端复杂的社会,并不必然有大企业左右政策的情形,相反,小厂商反而是最有利的游说者。第三,芝加哥学者认为平民主义提出所谓反托拉斯法应该避免生产者从消费者手中获取消费者剩余也不可取,因为人们无从决定生产者或消费者谁比较"应该"得到此一利益,纵使所得再分配的确是一个目标,反托拉斯法也不是一个有效的手段,政府课税后支付给穷人,才是更好的办法。第四,平民主义提倡的小厂商的保护,更是违反了规模经济的原理。[①] 总之,芝加哥学派认为美国反托拉斯法的唯一目的是提高经济效率,其他所谓的目的不过是"某些知识分子的胡说八道";而平民主义目的观论者则指责说,芝加哥学派目的观"是一小撮摇唇鼓舌者对反托拉斯法的误导,没有丝毫新鲜玩意,结果只能损害反托拉斯法的灵魂"。[②] 此外,还有一些学者属于中间派,例如,一些历史学家认为法学家将其现代的政策建议置于片面的历史记录研究之上,他们在研究历史时排除了重要的模糊性历史记录,而这种模棱两可充斥着反托拉斯法的形成时期。这样一来,法学家们忽略了一种可能性——国会制定《谢尔曼法》时所追求的不是单一目标,而是机会、效率、繁荣、公正、和谐及自由等价值目标,以及自然的、多数人共有的、以权利为基础的美好政治经济秩序。[③]

霍温坎普对美国反托拉斯法的目标进行了比较综合全面的分析后指出,经济效率是反托拉斯法的目标之一,但并非唯一目标。尤其是《联邦贸易委员会法》和《克莱顿法》是为了保护小厂商免受大企业不公平或排他性措施的侵害。《罗宾森-帕特曼法》也是为了保护小厂商,虽然此种保护的后果可能是总产出减少且消费者购买产品的价格上涨。由于现代经济学提出的帕累托最优是直到 20 世纪才发展出来的,那么《谢尔曼法》在确立之日不可能将芝加哥学派所认为的效率目标作为立法目标。在以上分析的基础上,霍温坎普认为反托拉斯法基本上是一种授权立法(enabling legislation),要求法院观察市场及厂商行为并发展出一套法则,使之有利于

① 赖源河:《公平交易法新论》,北京:中国政法大学出版社、元照出版公司,2002 年,第 9 页。

② Rudolph J. Peritz, "The Predicament of Antitrust Jurisprudence: Economic and the Monopolization of Price Discrimination Argument", *Duke Law Journal*, 1984, December, p. 1227.

③ James May, "Antitrust in the Formative Era: Political and Economic Theory in Constitutional and Antitrust Analysis, 1880-1918", *Ohio State Law Journal*, Vol. 50, 1989, p. 391.

社会。法则的标准因此将不可避免地随着意识形态、科技及美国的经济环境而改变。[1] 然而，美国联邦贸易委员会前主席科瓦契奇等人认为，立法者没有预见到同时追求多个政治、经济和社会价值目标可能遇到价值冲突，"现在已经很清楚，一些目标的达成须以牺牲其他目标为代价"[2]。但是学者们提出的以上多维目标组合总体上没有为法官提供诸目标的可靠排序方法，也没有给出价值冲突的解决途径。所有这些目标（保护小企业、保护消费者等）都可能与配置效率最大化、生产效率最大化的经济目标不一致。此外，它们彼此间也往往不一致。如果法院将大量目标组合在一起，则反托拉斯法就可能被一些相互冲突的政策所引导，然后又要对这些政策进行权衡。[3] 因此，无论是学者们的争论，还是法院的判决，都无法从中找到明确的反托拉斯法的目标。垄断成为法律所反对的行为，而对"为什么反垄断"这一问题的回答在美国却至今众说纷纭，莫衷一是。从另一角度来看，反托拉斯法是关于市场竞争的游戏规则，其实施涉及众多团体（大企业、小企业、消费者等）的不同利益，各类团体都从自身利益角度出发向反托拉斯立法施加压力，这更加重了反托拉斯法目的多元化的趋势。

　　在日本，反垄断法的目的何在也是一个众说纷纭的问题。在第二次世界大战后，盟军占领期间的经济民主化政策之下，日本制定了《禁止垄断法》，其后经历了三次修正。《禁止垄断法》第一条就设立了立法目的。其规定如下："《禁止垄断法》是通过禁止私人垄断、不正当的限制交易以及不公正的交易方法，防止事业支配力的过度集中，以结合、协定等方法导致的事业支配力的过度集中，排除通过结合、协定等方法对生产、销售、价格和技术等的不正当的限制以及其他一切对事业活动的不正当约束，来促进公正且自由的竞争，发挥事业者的创造性，繁荣事业活动，提高就业及国民实际收入的水平，并在确保一般消费者的利益的同时，促进国民经济的民主、健康发展。"关于这一条所规定的《禁止垄断法》的立法目的到底应该如何理解有

---

① ［美］赫伯特·霍温坎普：《联邦反托拉斯政策：竞争法律及其实践》（第 3 版），许光耀等译，北京：法律出版社，2009 年，第 77 页。

② ［美］欧内斯特·盖尔霍恩、威廉姆·科瓦契奇、斯蒂芬·卡尔金斯：《反垄断法与经济学》，任勇等译，北京：法律出版社，2009 年，第 36 页。

③ Eleanor Fox, Lawrence A. Sullivan , "Antitrust-Retrospective and Prospective: Where Are We Coming From? Where Are We Going?", *New York University Law Review*, Vol. 62, 1987, p. 962.

着各种不同甚至对立的意见。有的学者认为《禁止垄断法》的目的在于"促进公平且自由的竞争",因此,应将该法理解为实现竞争政策(维持竞争秩序)的法律。《禁止垄断法》第一条后部分中的"促进公正且自由的竞争"以下部分,阐明了其所要实现的竞争政策的含义及其存在的理由。而另一种比较有影响的见解认为,《禁止垄断法》的终极目的在于"促进国民经济民主、健康发展",竞争政策不过是实现终极目的的手段。对于这一见解,在具体内容上还存在着不同的观点。① 其中一种观点认为,这一规定意指增进包括消费者、生产者在内的整个国民经济的利益。在政府以强化国际竞争力的集中政策和为了防止过度竞争的垄断容忍政策为主导的历史时期,这一种解释曾经是影响力较大的观点。而另一种观点则认为,这一表述是要确保一般消费者、中小企业者等经济从属者的平等权。该观点将以《禁止垄断法》为核心的整个经济法作为一种具有社会法性质的法来统一把握。日本学者对《禁止垄断法》立法目的上的争论,正如同美国学者对他们的反托拉斯法的争论一样,不仅仅是学理质证,同时也影响他们对于《禁止垄断法》上许多条文中构成要件的解释。② 例如,对于反垄断法目的的不同理解影响到日本《禁止垄断法》第二条第六项规定的"公共利益"一词的解释。③ 有人认为如果存在对竞争的实质限制,则必然存在违反公共利益的情况。还有人认为大企业和中小企业之间、企业与消费者之间的交易地位存在着不平等,《禁止垄断法》的目的在于打破这种不平等,如果确保了企业与消费者、大企业和中小企业之间的平等地位,就是合乎公共利益的。还有人认为,公共利益不单意味着自由竞争,还包括广泛的国民经济利益,即国民经济的均衡发展。在司法判决中这一概念的含义也不明确,例如在昭和五十九年的石油业价格案件中,日本最高裁判所认为所谓违反公共利益,原则上是违反基于自由竞争的经济秩序,但也有例外,如比较衡量因自由竞争而维护的价值与因限制竞争而维护的价值,后者价值更大时,这种竞争限制并不

---

① 关于日本《禁止垄断法》的目的的学术争议内容具体可参见[日]根岸哲、舟田正之:《日本禁止垄断法概论》(第三版),王为农、陈杰译,北京:中国法制出版社,2007年,第26-28页。

② 关于日本学者对《禁止垄断法》目的的理解如何影响到法律条文的解释的内容具体可参见赖源河:《公平交易法新论》,北京:中国政法大学出版社,元照出版公司,2002年,第18-23页。

③ 日本《禁止垄断法》第二条第六项规定:本法称不当之交易限制者,是指事业人依契约、协定或其他名义,与其他事业人共同决定、维持或提高对价,或限制数量、技术、产品、设备或交易对象等,相互拘束或遂行其事业活动,违反公共利益,对于一定交易领域之竞争加以实质之限制。

违反公共利益。至于因限制竞争而维护的价值究竟所指为何,在最高裁判所的判决中并未言明。有学者甚至认为应包括环境保护、公害防止、产品安全、善良风俗及企业为了保护自身利益而采取的行为等。

　　由于日本《禁止垄断法》第一条规定的内容过于抽象,而且广泛,涉及多重目标,无论是日本的立法者对于法律的解释,还是学者的理论探讨,都没有确立较为统一的意见,在实践中的结果就是法官在判决案件时无所适从,最终只能按照自己的理解来判决反垄断案件,因此,目的多元化与不同的理解也是强化日本《禁止垄断法》不确定性特征的一个重要根源。

　　综上所述,反垄断法具有不同于一般法律的不确定性,或者说在反垄断法中,法律的不确定性基于各种因素而超出了正常法律不确定性的限度。反垄断法的高度不确定性,导致无论是行为人还是执法者,为了准确预见和判断一种行为的反垄断执法后果,不仅要熟悉现在的案件判决标准和分析方法,掌握市场运行规律与状态,判断一种行为在市场运行中的利弊,还需要了解那些可能改变判决结果的新理论的影响力。法律本该具有的可预见性和安定性的特征,在反垄断法律制度中表现得极其微弱。这使得不少学者开始质疑反垄断法的法律属性,甚至质疑反垄断法的正当性。[1] 科斯的一句名言对此进行了总结:"我被反垄断法烦透了:价格上涨,法官说这是垄断;价格下降,他们说这是掠夺性定价;价格不变,他们又说这是默示共谋……"[2] 然而,这种质疑并未阻止反垄断法的发展,后发的市场经济国家

---

　　[1]　哈利·菲斯特(Harry First)认为,从近年来美国反垄断法的实施状况来看,反垄断法更像一种政策而非法律(Harry First,"Is Antitrust 'Law'?", *Antitrust*, Vol. 10, 1995, pp. 9-12)。有学者认为美国反垄断法作为对市场的一种法律干预(legal intervention),保护的是无效率的企业,从而人为地提高了市场价格,这是一种反垄断悖论(antitrust paradox),因此,反垄断法的实施过程是一场"与自己的斗争"(Robert Bork, *Antitrust Paradox: A Policy at War with Itself*, New York: Free Press, 1993)。更有甚者针对反垄断法实施的混乱提出应当废除反垄断法(Edward W. Younkins, "Antitrust Law should be Abolished", http://www.quebecoislibre.org/000219-13.htm, 2021-08-20)。

　　[2]　Edmund W. Kitch, "The Fire of Truth: A Remembrance of Law and Economics at Chicago 1932-1970", *Journal of Law and Economic*, Vol. 26, 1983, p. 183.

的反垄断立法运动正进行得如火如荼。① 在既有的法律框架下，如果仍然依赖上令下行、依法裁判的强制执法方式来执行反垄断法显然是不合理的，而且也难以实现有效的执法。我们所能做的只能是改革传统的执法方法，设计符合反垄断法独特个性的执法措施，使反垄断法的执行既能符合法律的公平正义要求，又不至于对企业的正常经营活动形成干扰。在此意义上，反垄断法的不确定性是反垄断软性执法的正当性基础。反垄断软性执法有助于反垄断法正当性的实现，而反垄断法的特有不确定性使软性执法有了存在和发展的必要。

第四节　本章小结

法律的不确定性是指一个法律规则在实践中运用于同一类案件事实时无法获得统一的处理结果。尽管法律都或多或少体现出不确定性特点，但是这一问题在反垄断法中尤为突出。反垄断法的不确定性集中表现在反垄断诉讼判决中充斥着大量模糊不清，甚至自相矛盾的"反垄断双语"。反垄断法律规则特有的模糊性，反垄断经济学的复杂性、合理分析原则在反垄断案件中的广泛运用，以及反垄断法目的的多元化矛盾使反垄断法的不确定性超出了一般法律的不确定性，其法律属性甚至因此而遭到质疑。在一个充满不确定性的法律体系中，如果采取强制适用法条的执法方式，不仅难以实现反垄断法的任务与目的，其法律的正当性也无从体现。因此可以说，反垄断软性执法有利于促进反垄断法本身正当性的实现，而反垄断法的不确定性又为软性执法提供了正当性基础。

---

① 在多边贸易谈判乌拉圭回合以来，发展中国家身不由己地被卷入世界贸易体系，各国纷纷启动以建立市场经济体制和完善市场机制为目标的改革，其中包括创造市场经济发展所需要的法律环境。这一时期，发展中国家纷纷制定了本国的反垄断法，如泰国的《贸易竞争法》(1999)、蒙古的《禁止不公平竞争法》(1993)、印度尼西亚的《禁止垄断行为和不公平商业竞争法》(1999)、巴西的《保护竞争法》(1994)、印度的《垄断与限制性贸易行为法》(1969)、越南的《竞争法》(2004)、埃及的《保护竞争及禁止垄断行为法》(2005)等。有学者认为，这一时期是发展中国家反垄断法立法的繁荣阶段。而这种繁荣，很大程度是发达国家对发展中国家反垄断理念和法律输出的结果，因此，发展中国家反垄断法的条文与发达国家的非常相似，有些甚至相同(林燕萍等：《发展中国家十国竞争法研究》，北京：北京大学出版社，2010年，第2页)。

第五章　反垄断软性执法的优势分析

反垄断法特殊的不确定性要求独特的执法模式，软性执法因而有了正当性的基础。在反垄断法不确定性的前提下，软性执法如何凸显其优势则是本章要探讨的问题。在不同的执法方式划分模式中，反垄断软性执法处于不同的位置。在法律普遍存在的"司法-行政"二分式法律执行体系中，反垄断软性执法属于行政执法的一部分。在反垄断领域，反垄断执法是一种"私人执行-公共执行"二分模式，在此模式中，反垄断软性执法属于公共执行的一部分。在反垄断执法的整体层面，反垄断软性执法相对于私人诉讼和强制性行政执法而存在，形成"非软性执法-软性执法"二分模式。本章将从上述三个执法划分层次来逐一分析反垄断软性执法在反垄断法不确定性前提下所体现的正当性。

第一节　行政执法优势理论

从广义上而言，国家对法律的执行包括司法活动与行政活动。司法权与行政权具有天然的亲缘性："一般法律由行政权和司法权同样执行，区别仅仅在于：在一种情况下，一般规范的执行托付给法院；在另一种场合下，则托付给所谓'执行'或行政机构。"[①]但是二者作为法律执行的两种不同模式，其运行原理存在着明显的区别。实质意义上的司法执法是指无利害关系的国家机构按照专门程序适用现行客观法，认定案件事实并作出具有确定力的裁决的活动。行政执法是指行政机构通过专门的行政程序强制公民或者其他法律主体履行公法义务。行政执法行为是一种命令或禁令，或者

---

① ［奥］凯尔森：《法与国家的一般理论》，沈宗灵译，北京：中国大百科全书出版社，1996年，第284页。

其他的权利形成、确认或者驳回行为,其措施是多样化的,包括命令、处置、裁决、处理等。① 虽然同为法律实现方式的一种,司法与行政有诸多的不同。第一,执法机构在执法中地位不同。司法的一个实质特征是:在现行客观法的适用过程中,由无利害关系的国家机构依法判断案件事实。无利害关系是指除了通过确认正确的状态维护法律秩序之外,没有其他需要实现的利益。而行政机构本身就是其决定的一方当事人,尽管行政机构也是按照客观法,通过法律适用致力于法律秩序和法律正义的维护,但其首要任务是公共利益。有学者认为这是行政与司法的根本区别。② 因此,与行政执法相比,司法执法因其中立性、独立性而备受推崇,被视为法治社会用以维护正义与秩序的"最后一道屏障"。第二,司法权总是以一种被动的姿态行使,而行政权则可以主动出击。行政权和司法权都是将法律适用于具体事件的权力,但行政权是以一种主动、直接、连续、具体的方式对行政事务进行管理,而司法权则被动地解决社会争端。③ 第三,相对于行政执法,法院在司法裁判中拥有的自由裁量权是十分有限的。霍姆斯法官在 Prentis v. Atlantic Coast-Line Co. 一案的判决意见中指出:"司法调查对责任的审查、宣布和强制执行,乃是以当今或过去的事实为基础并根据被认为早已存在的法律而进行的。"④这句话意味着法官的司法裁判往往受到法律明文规定的制约。而行政执法具有灵活性特征。拥有广泛的行政自由裁量权是行政执法的必然要求,也是行政执法充分发挥其作用的基础与保障。有学者指出:"究竟在何处划定行政自由裁量权与法律限制之间的界线,显然不能用一个简单的公式加以确定,对于有效地实现某个重要社会目的来讲,为自由裁量权留出相当的余地也许是至关重要的。"⑤第四,相对于司法裁判,行政机构在某些特殊领域具有更强的专业性。行政机构的"官僚文化、职业培训以及机构体系对行政机构的管制决策具有决定性影响。从行政机构理性化

---

① [德]汉斯·J.沃尔夫、奥托·巴霍夫、罗尔夫·施托贝尔:《行政法》(第二卷),高家伟译,北京:商务印书馆,2002年,第290页。

② [德]汉斯·J.沃尔夫、奥托·巴霍夫、罗尔夫·施托贝尔:《行政法》(第一卷),北京:商务印书馆,2002年,第176页。

③ 应松年、薛刚凌:《论行政权》,《政法论坛》2001年第4期。

④ 211 U.S. 210(1908).

⑤ [美]E·博登海默:《法理学:法哲学与法律方法》,邓正来译,北京:中国政法大学出版社,1999年,第370页。

(bureaucratic rationality)的角度而言，其作出正确管制决策的机会比国会与司法机构更多。"①正因为司法与行政存在着诸多的不同，在法学理论的研究历史上，学者们纷纷从不同角度分析法律的司法执行与行政执行的优劣，提出法律实施模式的选择理论。其中与法律不确定性相关的司法、行政优劣比较理论主要有以下三种。

一、最优法律论

早在 19 世纪初，英国学者边沁就曾指出，最优的法律应当明确无误地定义犯法的程度及相应的最优惩罚方式与程度，当法庭严格执行此种最优法律时，就能达到对犯罪的最优阻吓作用。所谓最优法律，是指法律条文设计得完美无缺，包含了所有可能的有害行为的表现形式和制裁方法，即社会所有成员都清楚知道作出有害行为将受到如何的惩罚。如果每一项有害行为都能准确度量，并在法律中制定相应的处罚措施，法律就会起到阻止有害行为发生的作用。②

20 世纪 60 年代后期，芝加哥大学的经济学家加利·贝克用严格的经济学方式论述边沁的思想，将该思想变成了一个经济学模型推导出最优法律和最优阻吓作用的条件。其基本思想是对边沁上述思想的沿袭，即当预期效用超过将时间和其他资源用于其他活动所带来的效用时，一个人才会去实施犯罪行为。贝克的最终推论之一是，当法律设计到最优，由法庭来执法是最优的制度。即执法只需要法庭，而不需要任何其他的机构，如政府监管机构。③ 斯蒂格勒对贝克的理论进行了改进。④ 如今在这个领域里都将之称为贝克-斯蒂格勒(Becker-Stigler)模型。该模型所隐含的假设是，当法律制定得足够清晰时，每个市场主体、法官对法律都能有同样的认识，包括什么是非法行为，违法之后应对其实施何种惩罚。在此前提之下，每个理性人都会作出对其利益最大化的违法或不违法的选择，法庭也可以据此作出

① 董炯：《政府管制研究——美国行政法学发展新趋势评介》，《行政法学研究》1998 年第 4 期。

② ［德］卡特琳娜·皮斯托、许成钢：《不完备法律（上）：一种概念性分析框架及其在金融市场监管发展中的应用》，吴敬琏主编：《比较》（第三辑），北京：中信出版社，2002 年，第 114 页。

③ Gary S. Beaker, "Crime and Punishment: An Economic Approach", *Journal of Political Economy*, Vol. 76, 1968, pp.169-217.

④ George J. Stigler, "The Optional Enforcement of Laws", *Journal of Political Economics*, Vol.78, 1970, pp.126-136.

最优的裁决,这样一来,法律就能形成最优阻吓作用,因此政府监管是多余的。① 然而,人们越来越认识到所谓的"最优法律"是人类无法企及的虚幻世界。无论理论还是历史都证明,法律的设计无论如何都不可能是最优的,甚至连这种最优状态的理想蓝图到底是什么模样都众说纷纭,莫衷一是。最优法律论的结论是法律必须达到最优状态,法庭执法才是最优的。一旦法律无法明确,无法设计得完美无缺,无法包含所有可能的有害行为的表现形式和制裁方法,无法使社会所有成员都清楚知道作出有害行为将受到如何的惩罚时,司法执行就不是最优了。这说明最优法律论恰好从反面证明了政府管制的重要性。至少在法律无法达至最优的情况下,我们需要监管,需要政府的行政执法。虽然最优法律论并不能说明政府的行政执法优于司法执法,但是其表明在大多数情况下,即法律无法达到最优的状态时,我们需要行政执法。

如果说最优法律论是从法律的整体层面对法律执行模式选择的分析,那么在此后,更多的相关理论开始关注经济领域的法律实施模式的比较与选择。这些理论的基本倾向均在于认识到经济现象的复杂性与多变性的现实。面对日趋复杂的高度技术性的经济管理事项,面对日益加大的各种不确定性的风险,法院在大量的高度专业性案件的审查中显得力不从心。基于这一现实,学者们开始质疑具有被动性特征的、规则适用式的司法裁判执法方式,纷纷从各个角度来论证行政执法的优越性。

二、不完备法律理论

不完备法律理论由于伦敦经济学院任教的中国学者许成钢和德国法学家皮斯托教授共同提出,这一理论正是对最优法律论的质疑。② 他们认为,最优法律论暗含着一个假定条件:法律是完备的。完备的法律是指,法律条文极尽完善和详细,以至于面对任何一个案件,任何一个法官甚至是任何一个受过教育的人,都能够按照设计好的法律条文准确无误地、没有偏差地作出一致的判决,能够起到这样效果的法律就被称为完备的法律。但是现实

① 盛学军:《政府监管权的法律定位》,《社会科学研究》2006 年第 1 期。
② 〔德〕卡塔琳娜·皮斯托、许成钢:《不完备法律(上):一种概念性分析框架及其在金融市场监管发展中的应用》,吴敬琏主编:《比较》(第三辑),北京:中信出版社,2002 年,第 111 页。

中的法律都是不完备的。不完备的法律是指,法律不可能实现最优设计,也就是说立法者不可能将所有可能的行为都考虑到,并将所有可能的有害行为都用明确的量刑或惩罚标准加以限制。因为,在现实中,法律不论设计得多么精细,总有法律条文不能直接处理的案例存在,这就是法律的不完备性。

与此同时,不完备法律理论分析了在现代国家中法律实施的两大基本途径政府监管与司法裁判之间的机制差异,进而指出由于"违法事实发生"的前提限制、"不告不理"的诉讼启动机制以及法庭拥有的相对狭窄的自由裁量权等决定了司法裁判属于被动式执法,法院在执法时表现出滞后性与被动性特点。而政府监管则属于主动执法,其可通过标准设定、预防性检查等方式来预防违法行为的发生,还可主动对违法行为介入调查,其功能具有预防性,其手段具有灵活多样性与主动性。

在对司法执法与行政执法之间的区别进行理论分析的基础上,不完备法律理论还提出"剩余立法权"①这一概念。当法律能设计得最优时,由法庭来直接执行法律是最合理的选择。但正因为法律是不完备的,就应该考察什么条件下剩余立法权分配给法庭是最优的,何时应将这些权力分配给监管者,或者何时用法庭执法对监管执法进行补充会更好。从根本上说,不完备法律理论是从不同权力机构的设置方式、活动能力和激励机制的差异等层面来说明政府规制权的存在依据的。② 在不完备法律理论看来,当法律无法达到最优状态时,如果仅依赖法庭执法,即司法裁判的话,可能会产生阻吓不足或阻吓过度的现象。法律的不完备主要由于人类的有限理性而产生,因此有必要让有着充分相关知识的主体来实施相关法律,而法官尽管可以进行个人知识的完善,但"遵循先例"或"依法裁判"的原则却在很大程度上限制了法官对于不完备法律的弥补能力。③ 如果在法庭执法之外,引入政府规制机制,则可以优化执法效果。政府管制者因其专业分工与日常执法活动能获得比法官更多的相关专业知识,并能通过一系列能动的、有广

①　不完备法律理论认为,当法律不完备时,如果不阐明法律的含义,则无法用之断案。因此,使用法律时必须对现有法律进行解释,适应环境变化,并把它扩大适用于新案例,这种权力就是剩余立法权,剩余立法权可由立法者保留,也可授予法庭或监管者([德]卡塔琳娜・皮斯托、许成钢:《不完备法律(上):一种概念性分析框架及其在金融市场监管发展中的应用》,吴敬链主编:《比较》(第三辑),北京:中信出版社,2002 年,第 114 页)。

②　盛学军、陈开歧:《论市场规制权》,《现代法学》2007 年第 4 期。

③　周赟:《于不确定处寻确定:论司法的本质是自由裁断》,《苏州大学学报》2017 年第 1 期。

泛自由裁量权的、持续的执法活动来弥补不完备法律的缺陷。此外,法庭不能履行与监管者相同的职能,因为这会违背其作为中立裁判者的角色。如果法庭履行统一的主动式执法及事前立法的权力,这会将其变成监管者。综上所述,不完备法律理论的核心观点是:给定法律不完备,以及法庭面临法治原则的制度性约束的前提,依赖法庭执法的法律将会引致阻吓失灵,引入一个完全不同的机构作为主动式执法者即监管者,阻吓失灵的情况才能得以改变。

三、执法激励理论

执法激励理论由美国哈佛大学教授爱德华·格莱泽提出。该理论立足于这样一个逻辑起点:无论社会选择了什么样的执法策略,私人都将试图扭曲策略的实施以达到使自己受益的结果。因此,制度安排的最优选择在一定程度上取决于这些安排在面对此种破坏时的脆弱性。[①] 执法激励理论认为,由于法院执法需要证据,而搜寻证据是要付出代价的,当需要执法者付出相当代价的时候,就必须为之提供激励。但问题是,法庭必须保持中立,因此不能去激励法庭执法,这样一来,单纯依靠法庭执法并不能达到最优执法效果。为此,必须引入对法院执法的一种替代策略:行政执法,即行政监管。[②] 法院执法和行政监管最大的区别就是法院执法是被动的,而且是违法事实发生之后才开始程序,而行政监管则可以在事前、事中和事后主动执法。执法激励理论建立了一个事后诉讼和事前监管之间进行执法制度选择的模型,在该模型中,作为控制市场行为的两种可选体系,诉讼和监管之间的最大差别就在于它们在面对潜在违法者进行破坏时所表现的易受影响性。由于诉讼体制需要投入很多而有效概率较小,所以这类体制较监管更易受到事后破坏的攻击,尤其是那些缺少法律和秩序的国家。在此种形势下,引入监管比事后诉讼更为有效。

执法激励理论以效率为理由解释了为什么行政监管比私人诉讼更为适宜。首先,源于对职业生涯的考虑,监管者可能会因发现违法现象而得到奖

---

① [美]爱德华·格莱泽、安德烈·施莱弗:《监管型政府的崛起》,吴敬琏主编:《比较》(第二辑),北京:中信出版社,2002年,第52页。

② [美]爱德华·格莱泽等:《科斯对科斯定理——波兰与捷克证券市场规制的比较》,班颖杰译,《经济社会体制比较》2001年第2期。

励，抑或源于监管者所受到的更专业化的训练，监管者可能比法官有更强烈的动机去进行高代价的调查，以便证实是否出现违法现象。一个专业监管者可能比一个多面手的法官更容易证实企业出现了过失。其次，监管者能够代表原告们的共同利益，进而解决任何附带问题。监管者可以代表违法行为的实际和潜在受害者，较受害者们自己行动更为有效。从这个角度讲，监管的影响类似于共同起诉案件的效果。再次，诉讼和监管的一个重要区别就是，前者在危害已经形成之后进行损害赔偿，而后者则可进行事前预防。因此，监管可以被设计得更能以低成本来鉴别违法行为并且更为确定，毕竟，"确定是否已经安装了一个安全装置比确定企业是否忽略了此事更为容易"[①]。最后，进行监管时发现违法行为的较高可能性确保了以较低的罚金服从处罚。因此，监管比诉讼更易于被违法者所接受。

　　以上理论均从正面或反面证明了在法律无法制定得最优的情况下，行政执法相对于司法裁判更加具有优越性。最优法律论与不完备法律理论形成一个对比，是一枚硬币的两面。两种理论均表明，如果法律能够设计得最优，即法律能够明确、具体，有极强的可预见性，则只需要依赖司法裁判就能实现法律规定，而当法律无法设计得最优，则在司法裁判之外必须引进政府管制，即行政执法。执法激励理论则更进一步对司法裁判与行政执法进行了比较。当行政执法者需要为搜寻证据付出巨大代价时，行政执法比被动性的司法裁判更有优越性，因为行政执法不仅能对案件主动介入，在事前采取措施避免违法行为的发生，也能在事中、事后两个阶段分别采取措施。

　　尽管以上理论并非专门针对反垄断法进行论证，但是仍然能够为本书的研究所用。本书所研究的反垄断软性执法从本质上讲属于行政执法的范畴。前文对反垄断法不确定性的论证表明反垄断法远远达不到完备的程度，管制性的反垄断软性执法有其存在的理由。此外，复杂性、证据的难获得性是反垄断案件众所周知的显著特点，因此司法裁判方式往往耗时费力，这也为反垄断软性执法提供了合理性辩护。从前文对各国反垄断软性执法现象的介绍，我们可以清楚地看到，反垄断软性执法是非常强调事前预防的一种执法机制，无论是反垄断执法机构对市场经营行为的事前指导，还是对

---

① Glaeser Edward, Simon Johnson, Andrei Shleifer, "Coase Versus the Coasians", *Quarterly Journal of Economics*, Vol. 166, 2001, p. 853.

企业结合前的协商处理,不仅提高了反垄断法的可预见性,还能防患于未然,将垄断行为控制在萌芽状态,避免竞争弊害的发生。因此,虽然以上理论并非专门针对反垄断法而言,但是印证了各国反垄断软性执法蓬勃发展的缘由,也为反垄断软性执法的存在提供了正当性基础。

第二节　反垄断私人执行之不足

司法裁判与行政执法是对法律实施方法的一种普适性划分。但是在反垄断法中,人们习惯于将反垄断法的执行分为反垄断法的私人执行和公共执行。在反垄断法的私人执行与公共执行二分法的框架内,私人执行是借助国家的司法权力实现私人的法定利益,因此,反垄断法私人执行属于司法裁判的范畴。由于本书研究的对象是反垄断软性执法,与私人执行相比,反垄断软性执法属于由公共机构发起的公共执行范畴。在执法的威慑力及处罚力度强弱谱系上,二者在执法的威慑力、处罚性和执法刚性上形成鲜明对比。从上述司法与行政两种执法方式的比较,我们得出的结论是当法律不完备时,行政执法是法律执行的更优选择。这一结论落实到反垄断法的执法框架内,就是反垄断法的公共执行较之私人执行更为合理。当我们将研究焦点定位至反垄断软性执法这一反垄断法公共执行领域的特别执法方式时,得出的结论应该是反垄断软性执法相对于私人执行机制更具优越性。然而,关于私人执行与公共执行孰优孰劣的问题,历来有不同的观点。① 近

---

① 对于反垄断法的私人执行,支持者的观点往往集中在以下几点:第一,认为私人执行具有更强大的威慑力,因为市场主体更容易发现违法行为,比公共执法机构更有积极性等(Steven M. Shavell, "The Fundamental Divergence Between the Private and Social Motive to Use the Legal System", *Journal of Legal Studies*, Vol. 26, 1997, p. 575)。第二,私人诉讼不会出现公共执法中那种因为渎职或贪污而出现的懈怠现象(Lawrence J. White, *Private Antitrust Litigation: New Evidence, New Learning*, Cambridge: MIT Press, 1988)。第三,私人诉讼有利于反垄断法多元目标的实现和竞争文化的形成(李俊峰:《反垄断法的私人实施》,北京:中国法制出版社,2009年,第100-101页)。对于反垄断法私人执行的不利因素分析主要在于两方面:第一,反垄断私人执行可能产生大量琐碎案件,对有效率行为的过分威慑可能会像对反竞争行为威慑不够那样对社会造成伤害(Edward D. Cavanaugh, "Detrebling Antitrust Damages: An Idea Whose Time Has Come", *Tulane Law Review*, Vol. 6, 1987, p. 357)。第二,反垄断诉讼往往被市场竞争者作为一种市场策略行为,即市场主体利用司法程序来阻止竞争对手、纵向市场上的供应商或客户的有效率的行为(Edward A. Snder, Thomas E. Kauper, "Misuse of the Antitrust Laws: The Competitor Plaintiff", *Michter Law Review*, Vol. 90, 1991)。

年来,越来越多的学者开始热衷于反垄断法私人执行的研究,并指出反垄断法的私人执行在许多国家受到越来越多的重视。① 在美国的反垄断法实施实践中,似乎私人执行备受推崇。② 但笔者认为,对反垄断私人诉讼予以支持的观点绝大部分有其不足之处,而且大部分理由仅在美国这种诉讼文化发达的国家才成立。

第一,从诉讼文化的角度来看,美国人由于历来就有极强的权利观念和对法律的强烈依赖,因此几乎可以将所有的问题以各种不同的形式转化为司法问题。③ 因此,在美国反垄断私人诉讼极其发达,这一现象就不足为奇了。事实上,在诉讼文化不发达的国家中,反垄断私人诉讼并不多见。以日本为例,川岛武宜教授指出:"在我国,一般对于用诉讼来解决私人之间的纠纷,有踌躇或反感的倾向。"④在这种传统诉讼文化的现代影响之下,日本在20 世纪 80 年代以前,私人提起的垄断损害赔偿案件极少。近年来,虽然日本反垄断损害赔偿私人诉讼的数量有所增长,但基本集中在涉及政府招标的串通投标案件领域,且这种私人诉讼都是在敦促地方政府提起诉讼而政府怠于提起诉讼的情况下提起的。在其他一些领域,反垄断私人诉讼仍不多见。⑤

第二,美国反垄断私人诉讼之所以发达,并非仅仅源于存在诉讼文化的基础,美国反垄断法三倍损害赔偿也是激励反垄断私人诉讼的最重要因素。然而在其他没有规定惩罚性赔偿的国家,反垄断私人诉讼仍然数量甚少。

---

① 王健:《反垄断法的私人执行——基本原理与外国法制》,北京:法律出版社,2008 年,第 8 页。

② 美国《谢尔曼法》第七条和《克莱顿法》第四条均规定,任何因反垄断法所禁止的事项而遭受营业或财产损失的人,可在被告居住地、被发现地或有代理机构地区向法院提起诉讼,不论损害大小,一律给予其损害额三倍的赔偿、诉讼费和合理的律师费。可以说,美国的三倍损害赔偿最为典型地体现了立法者对私力的依赖,寻求三倍损害赔偿的原告被称为"私人总检察长"(private attorney general)。在三倍赔偿的激励之下,美国反垄断私人诉讼极度发达。从 1941 年到 20 世纪 60 年代中期,私人诉讼和政府诉讼案件比大概为 6：1。从 60 年代中期到 70 年代末期,私人案件大幅超过了政府案件,案件比达到了 20：1。在 80 年代,政府诉讼案件数量保持了大致的稳定,但私人诉讼案件的数量则从超过 1500 件急剧下降到 500 件,之后稳定在 700 件左右,在世纪之交还有所增长([美]欧内斯特·盖尔霍恩、威廉姆·科瓦契奇、斯蒂芬·卡尔金斯:《反垄断法与经济学》,任勇等译,北京:法律出版社,2008 年,第 447 页)。

③ 黄勇、江山:《反垄断法实施的文化维度论纲——以竞争文化、诉讼文化与权利文化为中心》,《江西社会科学》2008 年第 7 期。

④ [日]川岛武宜:《现代化与法》,王志安等译,北京:中国政法大学出版社,2004 年,第 160 页。

⑤ 刘宁元主编:《中外反垄断法实施体制研究》,北京:北京大学出版社,2005 年,第 175 页。

以加拿大为例,在 1976 年之前,私人没有提起反垄断诉讼的权利。加拿大 1976 年修改的《竞争法》第三十六条第一次将反垄断私人执行写入法律。2002 年,《竞争法》经过修改产生了第一百零三条第一款,其中规定了对于拒绝交易、搭售、排他交易和市场限制这四种行为,私人可以提起反垄断民事诉讼,但对于其他垄断行为,私人并不具有起诉的权利,且未对惩罚性赔偿予以规定。迄今为止,加拿大的反垄断私人诉讼仍然非常少。据统计,私人当事人提起的民事诉讼迄今只有 11 件,而法庭仅受理了其中 5 件,而且受理的案件全部都是针对拒绝交易行为提起的。同样,在欧洲,欧盟委员会并不鼓励反垄断法私人执行,而更重视反垄断法的公共执行。这表明,私人并非具有天然的反垄断积极性,除非有额外的利益刺激。在加拿大以及欧洲的一些国家,诉讼文化并非不发达,市场经营者、消费者在自身利益受到损害时往往倾向于通过诉讼来解决问题,但是反垄断法赋予了他们通过诉讼来处理垄断行为造成的损害时,他们却踌躇不前。这本身就是个值得人深思的问题。

第三,支持者们所提出的市场私人主体更容易发现垄断行为,也更容易获得相关信息的理由也值得商榷。市场私人主体身处市场,因此更容易感知垄断行为,这毫无疑问,但这并不是反垄断私人诉讼的充分理由,因为在发现之后其可以向有关机构举报,并不一定要通过私人诉讼来解决问题。至于私人比公共机构更容易获得相关信息则并不尽然,因为一个国家的反垄断执法机构由于其行政机构的性质,往往拥有私人所不能拥有的调查权、询问权等强制权力,这些权力使执法机构更有能力获取违法行为的具体信息。如果说市场上的私人主体对于垄断行为具有一种模糊的感知,那么执法机构才更能真正了解该行为的整个过程、操作方法等细节。

此外,我们还应看到,推崇反垄断法私人执行的大部分理由都是通过对普遍的私人执行优势与公共执行劣势的比较得出的,这些理由既适用于反垄断法,也适用于其他法律领域。因此笔者认为,这些理由存在的前提是将反垄断法视作普通法律的一种,而并没有关注到反垄断法的特殊性。如前所述,反垄断法相对于其他法律而言,有其特殊的不确定性,这种特殊的不确定性使私人执行在反垄断法执行中的优势明显减弱。

一、私人诉讼与反垄断法目标的冲突

反垄断法合理原则的案件分析标准之所以产生,就是因为大部分市场经营行为都是利弊参半的。合理原则的根本含义在于如果效率分析认为,该行为的利大于弊,则其属于合理,否则属于不合理的违法行为。因此,合理分析原则并非立足于某个市场主体的立场来分辨一个涉案行为是否合理,而是立足于社会整体福利。因此,尽管关于反垄断法的目的与任务众说纷纭,但其中一个已达成基本共识的观点就是反垄断法"保护竞争,而非竞争者"。[①] 反垄断私人诉讼虽然也会对实现公共利益、维持竞争秩序有所贡献,但是其毕竟基于自身利益最大化的考虑,对反垄断私人诉讼的过分激励违反垄断法"保护竞争,而非竞争者"这一基本宗旨。私人起诉者只研讨他们自身的诉讼成本,而反垄断法的目标是使社会福利最大化,这一目标要求在计算潜在的司法费用时不仅要考虑起诉者,也要考虑(被起诉)经营者。实际上,现代社会的复杂性越来越频繁地导致这样的情形,即一项单独的人类行动可能对许多人有益或有害,这导致仅仅作为双方当事人之事的传统诉讼体制完全不适当。[②] 在市场领域中,某些情况下企业的经营行为在提高市场整体效率的同时,将会使各个不同主体之间的福利发生转移。因此,这种行为在形式上可能表现为使某些其他市场主体的利益由于该效率行为而受到一定的损害。在反垄断私人诉讼中,由于反垄断法律规则的不确定性与模糊性,案件的判决标准极不明确,在原告能证明其有损害发生的情况下,法官们往往可能倾向于将判决天平向受损害的一方倾斜。这样一来,市场主体的效率行为就遭到抑制。反垄断法的基本任务,即"保护竞争,而非竞争者",就难以实现了。

二、反垄断私人诉讼中私益与公益的冲突

反垄断法的不确定性使反垄断私人诉讼常被用来作为市场主体的策略行为,导致社会整体福利的损失。反垄断私人诉讼的支持者认为私人作为

---

① 在 Brown Shoe Co. v. United States 与 Brunswick Corp. V. Pueblo Bowl-O-Mat 案中均表达了此种观点,该两案基于该理由而对反垄断私人诉讼的原告资格进行限制。

② 陈承堂:《反垄断法中的间接购买者规则研究》,《政治与法律》2008 年第 3 期。

垄断行为的直接受害者,是最容易发现垄断行为的主体,因此赋予其起诉权利。在美国甚至以三倍赔偿来鼓励私人提起反托拉斯诉讼。但是如果市场主体确实因托拉斯行为而受到损害,何须以三倍赔偿来激励其提起诉讼?一般来说,惩罚性赔偿的产生本来是为了改变违法行为实施者与违法行为受害者之间实力不均的状况,这个原因在反托拉斯私人诉讼中大部分情况下并不成立。① 然而,三倍赔偿的规定的负面效果却足以令人警惕。在美国,反托拉斯法所涉及的行为类型广泛,且内容又含糊不清,使得众多的企业经营行为都可能被指控违反反托拉斯法。在三倍赔偿的诱惑之下,律师在起诉时,无论合适与否都倾向于将普通的商业侵权案件纳入"反托拉斯盒子"(antitrust box)中。这也是美国反托拉斯私人诉讼的总数量超过反托拉斯执法机构提起的诉讼量的重要原因。② 有学者指出了美国反托拉斯私人诉讼一个有趣的现象:反托拉斯私人诉讼在1960年前一直都是罕见的,直到20世纪60年代早期起因于电气设备制造商共谋固定价格的私人赔偿诉讼表明,在这种案件中有机会获得高额赔偿(该案中大约赔偿了4亿美元)。而在美国反托拉斯私人诉讼最多的一年是1962年,当年提起了2005起诉讼,其中1739起都是针对电气设备共谋者的。③ 这一现象表明,私人诉讼追求的是自身利益,因此无法很好地服务于反垄断法的公益目标。

如果说三倍赔偿是美国反托拉斯私人滥诉的导火线,那么反托拉斯法的不确定性则是反托拉斯私人滥诉的最本质原因。如果反托拉斯法与其他大多数法律一样具有较高的稳定性和基本的可预见性,三倍赔偿就难以被滥用。正是由于反托拉斯法的不确定性,市场主体在作出行为时其法律后果往往是不明确的,加上三倍赔偿的激励,私人起诉者才会铤而走险,即使案件无法获得胜诉,起诉者也只是损失一些诉讼费用而已,况且这些诉讼费用很可能通过诉讼对竞争对手的干扰而获得市场利润的弥补。加之反托拉斯案件因为其疑难性,审理时间一般会比普通的民事诉讼要长得多。被告

---

① 在反垄断私人诉讼最发达的美国,间接购买者规则(indirect purchaser rule)剥夺了间接购买者的反垄断私人诉讼的原告资格,因此消费者无法成为美国反垄断私人诉讼的原告,反垄断私人诉讼的原告都是经营者。

② Donald I. Baker, "Revisiting History: What Have We Learned About Private Antitrust Enforcement That We Would Recommend To Others?", *Consumer Law Review*, Vol.16, 2004, p.385.

③ [美]理查德·A.波斯纳:《反托拉斯法》(第二版),孙秋宁译,北京:中国政法大学出版社2003年,第53页。

的正常经营会因此而遭到干扰,反托拉斯诉讼也就顺理成章地成为企业的一种竞争策略行为,他们不仅仅对市场非效率行为提起诉讼,也对效率行为提起诉讼,这也是美国反托拉斯私人诉讼数量如此庞大的根本原因。[①] 有学者通过考察 1973 年至 1983 年的统计数据指出,大约有 1/4 的私人诉讼紧随司法部或联邦贸易委会所提起的诉讼,其中大多数是针对横向垄断协议行为,主要是固定价格。在独立提起的诉讼中,只有 29% 是针对横向垄断协议行为。[②] 从这一数据中我们可以看出,公共执法机构的指向较为明确,它们更关注竞争弊害较严重的垄断行为,而这种弊害明显的垄断行为在私人诉讼中却较少成为起诉的对象。这足以表明,私人在反托拉斯诉讼中更多的是追求自身利益,而并非从市场竞争全局来考虑问题。

三、司法裁判运作原理与反垄断法不确定性的冲突

第一,司法执行的被动性容易导致反垄断私人滥诉。各国反垄断法的目标无论在理论界还是在司法界,都仍然是一个备受争议的命题。这意味着在相当长一段时间内,反垄断法的执行都面临着对多重目标的斟酌、衡量和妥协。而这种多重目标和多变的执法价值取向往往是一个受自身利益驱动的市场,私人主体无法掌控,加之反垄断法规范的领域涉及面极其广泛,很多经营行为都可能被纳入反垄断法,成为反垄断私人诉讼的攻击目标。因此,只要原告提起诉讼的行为在表面上符合了反垄断法的规定,法院就无理由拒绝受理。因此,司法执法的被动性也是反垄断法私人执行发生滥诉的重要原因。有研究表明,在美国,反托拉斯私人诉讼数量巨大,但从案件结果来看,反托拉斯私人诉讼大多通过庭外和解的方式解决。据统计,在 1964 年至 1970 年期间,671 起反托拉斯私人诉讼中有将近 82% 的案件通过和解方式解决,在 1973 年至 1983 年期间的 2350 件案件中,有 73% 的案件通过和解方式解决。与其他普通民事案件相比,反托拉斯私人案件的和解率高出 15%。那些进入最后审判程序的反托拉斯私人案件,1964 年至

---

① McAfee, R. Preston, Nicholas Vakkur, "The Strategic Abuse of Antitrust Laws", *Journal of Strategic Management Education*, Vol. 1, 2004, pp. 1-18.

② Thomas E. Kauper, Edward A. Snyder, "An Inquiry into the Efficient of Private Antitrust Enforcement: Follow-on and Independently Cases Compared", *Georgetown Law Journal*, Vol. 74, 1986, p. 1221.

1970 年期间胜诉率只有 15％,1973 年至 1983 年期间胜诉率是 28％,而普通民事诉讼案件的胜诉率是 52％。[①] 上述数据表明,以和解方式结案是美国反托拉斯私人诉讼的显著特点。从经验常识来判断,如果案件事实确凿,证据充分,法律适用不存在疑问,双方当事人往往不会接受和解方式结案。美国反托拉斯私人诉讼以和解结案的比例如此之高,事实上也从侧面表明反托拉斯私人案件的疑难性。从另一个角度来看,以判决方式结案的案件胜诉率要远远低于普通民事诉讼案件。胜诉率如此之低的反垄断案件,无疑是对司法资源的巨大浪费。这也从另一个角度说明反托拉斯诉讼中的私人原告在起诉时是非理性的,他们起诉的大部分行为并不存在竞争弊害。

第二,司法的非专业性难以应付反垄断案件的复杂性。反垄断执法取向往往受一国经济政策的影响极大,在不同的时期和不同的产业领域,往往会存在不同的执法立场。而司法机构作为非专业性的裁判机构,往往难以应付反垄断执法中复杂的情况。"不可否认的是,司法过程受累于一些基本的,但或多或少无法改变的特性。其中之一就是它无法对一个范围相对狭小的并被仔细界定的经济和社会行为的领域保持一种长时间的、不间断的兴趣。"[②]在美国,早在 1897 年的 United States v. Trans-Missouri Freight Ass'n 案中,当被告要求法院在考察其固定的价格是否合理再作判决时,法官们就提出了法院在适用《谢尔曼法》时的困境:法院不能实际决定费用的合理性,因为这需要太多的信息,并且需要法官的相关能力。法院不得不查阅商业记录以便作出一个决定,不得不进行持续监督以便确认实践保持了合理性。法院认为,《谢尔曼法》的制定者并没有预想到法院需要如此高水平的监督和干预。[③] 从世界范围来看,绝大多数国家都没有设立专门的反垄断法庭,而是以普通法院来审理反垄断案件,缺乏专业知识的法官很可能无法驾驭颇具疑难性的反垄断案件。

第三,司法裁判的评价二元性导致过度威慑。多数反垄断案件的事实往往模棱两可,而法律规则有众多值得质疑之处,加之经济学理论的不断变

---

① 王健:《反垄断法的私人执行——基本原理与外国法制》,北京:法律出版社,2008 年,第 44 页。

② [美]詹姆斯·兰迪斯:《行政过程》,[美]彼得·H.舒克编著:《行政法基础》,王诚等译,北京:法律出版社,2009 年,第 11 页。

③ [美]基斯·N.希尔顿:《反垄断法——经济学原理和普通法演进》,赵玲译,刘凯校,北京:北京大学出版社,2009 年,第 74 页。

化,使得案件胜负之间的界限极其微妙,并非那么泾渭分明。在这种情况下,胜者一旦胜出就能获得巨额赔偿,而负者败诉后就会受到严厉惩罚,这似乎并不是反垄断法追求的目标。尤其是在那些适用合理原则的案件中,过度威慑和不可预见的问题时常出现,利用三倍赔偿来激励私人诉讼以惩罚违法行为,无疑只会导致模棱两可的法律和胜负分明的案件结果之间的矛盾进一步扩大。[①] 从美国的情况看,通常重大反托拉斯诉讼,从起诉至最后判决所需时间不少于三年,且经常超过五年。[②] 在某一具体案件中,私人原告的败诉只需要承担其个人诉讼费用的损失,但是对于无辜的被告而言,其正常经营会受到干扰。正如1914年1月20日威尔逊总统向国会提交的一份有关反托拉斯立法的咨文里说的:"没有什么像不确定性一样阻碍企业,没有什么像不确定性一样使企业畏缩和泄气……"[③]从整个市场来看,庞大的反垄断私人诉讼数量对于企业的正常经营是极大的压力,使市场处于一片混战之中,所谓的私人诉讼能优化竞争秩序也就无从谈起了。

第四,司法裁判的事后性无法实现反垄断法的多元化任务。反垄断法具有极大的不确定性,因此让市场主体了解反垄断法是执法任务中极其重要的环节。反垄断执法任务不仅仅要将违法者绳之以法,执法者还可能负有法律宣传教育、解释执法标准、引导与监督企业经营过程等任务。前者是可以量化的任务,而后者则无法量化。有研究表明,对于可量化的执法任务可通过设立一定的激励机制来促进其完成,如美国反托拉斯法的三倍损害赔偿的目的就在于激励私人将反托拉斯法违法者绳之以法。然而,对于不可量化的任务则无法采取这种个案激励方法,因此无法让私人来执行这些

---

① Donald I. Baker, "Revisiting History—What Have We Learned About Private Antitrust Enforcement That We Would Recommend To Others?", *Consumer Law Review*, Vol. 16, 2004, p. 384.

② A. D. Neale, D. G. Goyder, *The Antitrust Laws of the United States of America*, Cambridge: Cambridge University Press, 1980, p. 391.

③ Martin J. Sklar, *The Corporate Reconstruction of American Capitalism*, 1890-1916, *The Market, the Law, and Politics*, Cambridge: Cambridge University Press, 1988, p. 325.

任务。① 当然,可能有人会认为不同的任务可以分开,将诉讼交给私人来执行,而其他不可量化的任务交给公共执法机构。但是如果能将不同的任务交给同一个机构来完成,将有助于提高效率,节省社会经济资源。公共执法机构长期进行反垄断执法工作,积累了大量的经验,拥有比私人更多的反垄断知识。既然有些任务不能交由私人来执行,将其与不可量化的任务一并交给公共执法机构来执行更合适,既节省资源,又能发挥公共执法机构的专业性优势。

近年来,欧盟及不少国家都有加强反垄断私人诉讼力度的趋势。然而,在反垄断法私人执行最为发达的美国,联邦最高法院近年来在一些案件中却表达出对反托拉斯私人诉讼的不满和忧虑。② 私人提起反托拉斯诉讼是基于个体利益的考虑,而司法裁判因其固有的被动性、非专业性、依法判决等特性,无法适应反垄断法的不确定性特征。比较而言,反垄断公共执行具有私人执行不可比拟的优势。第一,反垄断公共执行作为一种行政执法,在执法时可以主动出击,对垄断行为进行利弊甄别,选择弊害最大的行为进行执法。第二,反垄断公共执行由专门负责反垄断执法的公共机构实施,这种专门执法机构相对于司法机构拥有更多的专业知识,无疑更适合执行高难度的反垄断案件。基于上述分析,我们暂时可以得出一个结论,在反垄断法特殊的不确定性考量之下,私人执行存在其固有的弊端,而无法适应反垄断法的不确定性特征,实现执法的正当性。相比之下,行政执法,即公共执行的方式更具有正当性。

---

① 有学者以环境执法为例,从法律多项任务委托代理的角度分析了私人执行与公共执行的利弊,认为当法律执行面临多重任务时,某些任务(例如让公众了解环境法)不能量化,导致在私人执法体系中,执法者会忽视或者扭曲结果不可量化的执法任务,从而导致社会福利损失。公共执法体系通过向执法者支付固定工资来解决这个问题,从而避免了对执法者激励的扭曲。另外,通过引入效率工资和执法者监督机制,公共执法体制可以改善执法结果(李波:《公共执法与私人执法的比较经济研究》,北京:北京大学出版社,2008 年,第 115-116 页)。

② 在 2004 年的 Verizon Communications, Inc. v. Law Offices of Curtis V. Trinko 案和 2007 年的 Bell Atlantic Corp. v. Twombly 案中,美国联邦最高法院均提出了反垄断私人诉讼存在的三个问题:(1)有出现反垄断伪а. 之虞(fear of false positives);(2)法官与陪审团都无法自信能作出正确的判断;(3)联邦法院对反垄断案件的审理成本高昂。此外,在这两个案件中,美国联邦最高法院均指出,对于反垄断案件,政府管制优于司法干预(Edward D. Cavanagh, "the Private Antitrust Remedy: Lessons from the American Experience", *Loyola University Chicago Law Journal*, Vol. 41, 2010, p. 636)。

第三节　反垄断软性执法的比较优势

在反垄断法不确定性的前提之下,私人执行有其固有弊端,这表明反垄断执法不能过多依赖私人执行,因此,反垄断法公共执行的优势得以凸显。反垄断软性执法只是反垄断公共执行中的一部分,因此,有必要进一步将反垄断软性执法独立出来,在反垄断"非软性执法-软性执法"二分法的框架内对反垄断软性执法的优势进行进一步分析。反垄断软性执法本质上是一种回应型执法,其外部特点表现为在执法过程中不直接利用国家强制力。在反垄断法执行的整体层面,软性执法相对于非软性执法更能适应反垄断法不确定性特征,使反垄断法得到合理、恰当、有效的执行。

一、非裁判性优势

司法裁判的终极目的在于明确涉案当事人的权利与义务,从而解决纠纷。司法程序的设计也是为了最终能达到这一目的。首先,确定提起公诉之主体(刑事诉讼)或限定原告资格(民事诉讼和行政诉讼)。在诉讼发生之后,要求公诉人、原告与被告进行指控和抗辩,双方提供证据并相互质证,使案件事实逐渐清楚并在双方之间达成共识。最后,法院居中裁判,明确权利与义务以确定被告的责任。这样的过程一般都在公开的状态下进行。当事人双方相互制衡,法院居中裁判,过程公开公正。这些特点正是司法裁判在现代法治社会备受推崇的根本原因。"很典型地,法院是在源自人们已接受之法律规范的原则性正当理由和特性的基础之上裁决当事人的权利与义务……"[①]这正是司法裁判的意义所在。

与司法裁判机制相比,行政执法并无居中裁判的特征,而是严格按照法律的直接授权,依法确定某一特定的行政相对人的义务,并以强制力要求其实施。行政执法是单向度的,即行政机构依据法律之规定,查处违法行为,并依法处理,往往仅涉及行政机构与行政相对人的执法和被执法的关系,不存在司法程序中利益相对方的控辩与质证过程。尽管这一点与司法过程并

① ［美］彼得·H.舒克编著:《行政法基础》,王诚等译,北京:法律出版社,2009年,第110页。

不相同,但是行政执法也是以判断相对人行为是否违法为前提的,只有经过违法确认之后行政机构才能采取执法活动。

因此,无论是司法执法还是强制性行政执法,其前提都是对行为的违法性进行判断。比较而言,软性执法并不以确认和裁判违法行为为前提。反垄断软性执法的目的并不在于分辨被告行为是否违法、是否损害了法律所保护的利益、应受何种处罚,而在于利用各种事前与事后的灵活手段预防和修正企业的行为,将之纳入正确轨道。反垄断软性执法无须对违法事实予以确认,因此体现出非裁判性优势。

第一,司法裁判是被动受案后才启动程序,而反垄断软性执法往往是由反垄断执法机构主动开启和介入。因此,司法裁判是事后裁判,而反垄断软性执法更强调事前预防。反垄断任务的复杂性与不断变化性要求执法者主动适时出击,而不是等待违法行为已成定局,再依申请介入。以前述美国的HSR 程序为例,法律并未禁止联邦政府发起诉讼,但是联邦执法机构仍然更多地采用事前协商的方式避免正式程序的启动。有数据表明,1975 年以来,美国联邦最高法院在企业结合规则方面未作出任何判决,大多数企业结合在事前就经历了审查,而政府实质上扮演了管制机构(regulatory body)的角色。[①] 这种事前措施避免了判断垄断行为的高难度的取证和案件分析过程。

第二,在运作过程中,反垄断软性执法仍然保有传统行政执法方式的典型特征,一般不涉及违法当事人与受损害者双方之间的关系,软性执法中的反垄断执法机构并非被动的居中裁判者,因此也无须进行双方控辩和居中裁判,这不仅提高了执法效率,也节省了执法成本。

第三,司法决定建立在对原则的考虑基础之上,而不是在对政策的考虑基础之上,法院的功能是保护诉讼当事人的权利,对公共利益的广泛考虑恰好是政府与立法的关心所在。司法裁判往往依照法律的严格规定,其自由裁量权有限,作为一国行政执法体系的一部分,软性执法的执法者往往不仅考虑法律之规定,还要考虑一国经济运行的阶段、特点和需求,有较大的自由裁量权。这种自由裁量权正是反垄断现象复杂性的需求。也正因为如

---

① ［美］欧内斯特·盖尔霍恩、威廉姆·科瓦契奇、斯蒂芬·卡尔金斯:《反垄断法与经济学》,任勇等译,北京:法律出版社,2009 年,第 389-390 页。

此,软性执法往往大量出现在像反垄断法这种不确定性突出的法律的实施中。

第四,反垄断法的不确定性使得执法者在大多数情况下都很难判断某一企业经营行为是否真的会产生垄断弊害,很多被指控的垄断行为是利弊共存的,在这种情况下采用"丁是丁,铆是铆"的裁判方法来明确涉嫌垄断的经营者责任,本身就有不合理之处。与其针对其弊害进行裁判,不如采取一定措施对行为进行修正,以发挥涉案行为有利的一面而阻止其向不利方向发展。因此,几乎所有反垄断软性执法方式都是非裁判性的。反垄断软性执法的非裁判性颠覆了自治型法下以分清对错与责任为前提的执法模式,在反垄断法不确定性的特征之下凸显其比较优势,从而使反垄断执法减少了对司法的依赖。

二、非制裁性优势

无论是司法执法,还是强制性行政执法,其执法的目的和最终结果都是分清责任,依法处罚,因此都是制裁性的。制裁是强制力的具体实现。在法理学思想发展的早期,受近代分析法学的法律命令说的影响,人们习惯于从被粗糙理解的法律义务视角观察、分析法律现象。对法律义务实现的期待,使人们寄希望于制裁,也因此,人们深信没有强制力的法律便是无源之水、无本之木。[①] 在后来的各种法理学理论中,强制力的观念大致成为分析法律本质特征的基本出发点,强制因素成为法律的规范性特点的第一个方面。[②] 通过司法裁判来实施法律是法律强制力的最重要表现方式。司法机构通过判定责任以及后续的强制执行,使法律禁止性规定及其法律责任落实到位,因此,司法是法律强制力实现的最终环节与保障。这种思潮影响下的行政执行也同样是法律强制力的体现。行政机构作为国家权力的代表,依照法律之规定,通过许可、裁定或处罚等方式将法律规定的义务落实到位,以此使从事违法行为的主体承担高昂的成本以期阻止违法行为。在反垄断法中,法律制裁方式有人身罚、财产罚、结构性救济、禁令等。这一救济

[①] 刘星:《法律"强制力"观念的弱化——当代西方法理学的本体论》,《外国法译评》1995 年第 3 期。

[②] 李旭东:《法律规范理论之重述——司法阐释的角度》,济南:山东人民出版社,2007 年,第 257 页。

体系的基本目标是对违法行为的实施者进行处罚,而另一个目标则是威慑人们,使之不敢违反法律。

然而,在理论上,"法律是强制力的体现"这种观念最终未能对复杂纷然的法律现象作出令人信服的说明。法律活动的多样性和复杂性表明,有很多法律行为并不总是依靠强制力而获得实施。在 20 世纪 50 年代末 60 年代初,法律强制力的观念终于遭到质疑。有学者指出,以威吓为基础的强制力不是法律的本质要素。将制裁视为法律唯一的刺激力是对法律的极大误解,法律的主要作用是指引和协调,其主要手段不是强制而是促进。① 同样地,在反垄断法的实施中,基于反垄断法的不确定性,如果过分强调"法律即制裁"也并非合理。反垄断软性执法就是不以制裁为终极目标的执法方式。

第一,反垄断法的一个鲜明的特点就是:法律条文的抽象性和法律责任的明确性、严厉性。基于反垄断法条文的抽象性、概括性,在反垄断法的执行中,"考虑到被禁止行为在定义上的不确定性,以及对具体行为适用该定义的不确定性,严厉的惩罚也许会阻止处于禁止边缘的合法行为。它们也许会导致潜在的被告过于回避他意图进入的区域。这是反垄断法领域中一个特别严重的问题,因为有效率行为跟无效率行为之间的界线常常是模糊的"②。然而,从另一个角度来看,各国反垄断法为了达到法律的威慑效果,都规定了严厉的处罚,强化制裁已是世界各国反垄断执法的趋势,且有重罚之倾向。③ 尤其是对于垄断协议等垄断弊害较为明显而严重的行为,处罚尤其严厉(见表 5-1)。在一个违法与合法界限并不泾渭分明的法律中,严格使用制裁方式将导致不公平的结果,而且也无法达到惩罚与威慑的效果。

---

① 刘星:《法律"强制力"观念的弱化——当代西方法理学的本体论》,《外国法译评》1995 年第 3 期。

② [美]理查德·A. 波斯纳:《反托拉斯法》(第二版),孙秋宁译,北京:中国政法大学出版社,2003 年,第 314-315 页。

③ 许永钦:《违反公平交易法行为制裁制度之研究》,台北大学博士学位论文,2004 年,第 34 页。

表 5-1 各国对于企业协议行为的制裁措施[①]

违反的条款	刑事责任	行政责任	备注
美国《谢尔曼法》第一条	法人：1 亿美元以下的罚金；个人：十年以下有期徒刑或 100 万美元以下的罚金	未规定	罚金不得超过违法行为所得利益或造成损害数额的二倍
英国《竞争法》第二条	五年以下有期徒刑或罚金	最近年度全球总营业额 10％以下的罚款	
德国《限制竞争防止法》第一条	五年以下有期徒刑或 180 万欧元以下的罚金	100 万欧元或最近年度全球总营业额 10％以下的罚款	对于个人，可处以 100 万欧元以下的罚款
日本《限制竞争法》第三条	法人：5 亿日元以下罚金；个人：三年以下有期徒刑或 500 万日元以下的罚金	违法期间营业额一定比例的罚款	对于个人未设立行政责任
韩国《公平交易法》第十九条	法人：2 亿韩元以下罚金；个人：三年以下有期徒刑或 2 亿韩元以下罚金	最近三年平均年度营业额的 10％或 20 亿韩元以下罚款	对于个人未设立行政处罚

第二，"很难找到证据证明，惩罚会超过违法受益，此外，并不是所有的案件都会被起诉"，这些特点是以制裁性的方式来实施反垄断法所固有的弊端。[②]"反垄断法领域的违法行为比其他领域的违法行为具有更高的隐蔽性，公共实施机构获得违法行为的证据十分不容易。"[③]这使得执法机构要证明企业存在违法行为的成本巨大，大多数的垄断行为或得不到有效追究，或其惩治以昂贵支出为代价。在这种情况下，禁止与惩罚相结合的执法方式极易造成企业与政府之间的对抗，或者执法成本超出执法收益，致使社会总体福利遭受损失。因此，反垄断软性执法将执法重点转向事前预防和过程监控，而不再注重惩罚企业。这不仅仅是为了节约执法成本，也是反垄断

① 有关各国反垄断法对于企业协议行为制裁措施之比较，可参见日本内阁府的《独占禁止法基本问题恳谈会报告书》(2007 年 6 月 26 日)(许永钦：《违反公平交易法行为制裁制度之研究》，台北大学博士学位论文，2004 年，第 35-36 页)。

② Christine Parker, "The 'Compliance' Trap: The Moral Message in Responsive Regulatory Enforcement", *Law and Society Review*, Vol. 40, 2006, pp. 591-622.

③ 李国海：《论反垄断法中的慎刑原则——兼论我国反垄断立法的非刑事化》，《法商研究》2006 年第 1 期。

执法的现实需要,非制裁性的软性执法更能体现合理性,避免"误伤"。

第三,制裁属于事后救济,而"反垄断领域的一分预防胜过十分救济"。[①] 在反垄断领域,对违法者处以民事赔偿金、罚金、自由刑等方式形成的威慑,常常并不足以完全消除反竞争行为及其后果。[②] 在美国,曾经担任反托拉斯局助理检察长一职的瑟曼·阿诺德[③]在其任职的后期曾指出,刑事惩罚固然可以发挥阻吓效果,但是冗长的诉讼过程最后使被告获得惩罚这种方式对于市场本身而言并非最有利的。他同时指出,协议裁决是相当有效的反垄断措施,至少反垄断不能仅仅依赖司法判决,而应双管齐下,以协议裁决方式来处理反垄断案件能大大减少执法成本,所需时间较短,结果也更容易预测。[④] 正如有学者指出的,反垄断"基本上追求的是一个最佳的市场结构,而不是惩罚市场上的成功者"[⑤]。

严格说来,反垄断软性执法的非制裁性是其非裁判性的副产品。分清责任之后对违法行为进行制裁是裁判的最终结果,然而,作为执法方式之一种,制裁违法者却并非反垄断软性执法的目的。"法律的主要作用并不是惩罚或压制,而是为了人类共处和为满足某些基本需要提供规范性安排。适用强制性制裁的需要愈少,法律也就更好地实现了其巩固社会和平与和谐的目的。"[⑥]这句话虽非针对反垄断软性执法而言,但比较好地反映出软性执法的非制裁性特质。非裁判性与非制裁性是反垄断软性执法两个息息相关的特点,这两个特点决定了反垄断软性执法与非软性执法的本质区别。在美国,软性执法的大量运用决定了反垄断执法的整体特征,促使反垄断执法从一种执法模式(law enforcement model)走向管制模式(regulatory

---

① John H. Shenefield, Irwin M. Stelzer, *The Antitrust Laws: A Primer*, Washington: American Eterprise Institute Press, 2001, p. 137.

② 张占江:《竞争倡导研究》,《法学研究》2010 年第 5 期。

③ 反托拉斯局成立后,阿诺德担任了小罗斯福(Franklin Roosevelt)时代的反托拉斯局领导者,他一直抱着积极改革的态度,促使反托拉斯局执法地位的提高与相关预算的增加。他认为过去的惩罚太轻微,提倡加大刑事打击垄断行为的力度,但在其任期后期则改变了这种态度(Suzanne W., *Decision to Prosecute: Organization and Public Policy in the Antitrust Division*, Cambrdge: MIT Press, 1980, pp. 31-34)。

④ T. Arnold, "Antitrust Law Enforcement, Past, and Future", *Law and Comtemporary Problems*, Vol. 7, 1940, p. 10.

⑤ 苏永钦:《经济法的挑战》,北京:清华大学出版社,2005 年,第 65 页。

⑥ [美]博登海默:《法理学法律哲学与法律方法》,邓正来译,北京:中国政法大学出版社,1999 年,第 345 页。

model)。执法模式即通过司法裁判追究垄断违法行为责任,在这种模式中,行政机构只是消极的执法者,而最终决策必须交由法院定夺。与之相对的是以软性执法为主导的现代反垄断执法模式,即管制模式。

美国有学者指出,在反垄断法的实施中,执法模式与管制模式的主要区别在于前者依赖法院救济方式来实施反垄断法,法院关心的是已经发生的被指控行为是否违法而使个人受到损害;而由美国司法部反托拉斯局与联邦贸易委员会主导的管制模式,其执行反垄断法的核心目标在于使企业的行为提升消费者福利水平。[①] 还有学者将两种不同模式分别称为诉讼管制(legalistic regulation)和行政管制(bureaucratic regulation),并比较了二者的具体差异,如表 5-2 所示。

表 5-2　诉讼管制与行政管制[②]

项目	诉讼管制	行政管制
关注点	受害者的法律利益	经济福利
执法特点	禁止性法律规定、个案导向、注重事实、回溯性(backward looking)	以指导为主、团体导向、以理论为基础、前瞻性(forward looking)
决定方式	审判(trial)	共识决(consensual)

表 5-2 反映了司法裁判与行政管制的重要不同之处,其中对行政管制的特点描述事实上也反映出反垄断软性执法的非裁判性和非制裁性特征。

三、协商性优势

传统的行政是以美国政治家威尔逊的政治与行政二分法和韦伯的官僚制为理论基础的。从法治主义的基本要求来看,行政机构的活动必须遵守法律。依法行政意味着行政过程应当是一个规则统治的过程。行政过程中似乎不存在行政机构与私方当事人"讨价还价"的余地。[③] 因此,在传统的行政执法中,权威是单向性的。在这样的行政中,在政府与公民的法律关系

---

① A. Douglas Melamed, "Antitrust: The New Regulation", *Antitrust*, Vol. 10, 1995, pp. 13-15.

② 根据以下文献整理而来:Harry First, "Is Antitrust 'Law'?" *Antitrust*, Vol. 10, 1995, p. 9。

③ 王锡锌:《规则、合意与治理——行政过程中 ADR 适用的可能性与妥当性研究》,《法商研究》2003 年第 5 期。

中,行政权力始终占据主导地位。然而,反垄断案件的复杂性深刻地暴露出传统行政程序的正式化、旷日持久、成本高昂以及行政机构与相对人之间容易形成对抗的弊端。协商对话性的反垄断执法方式是对现实需求的回应。在反垄断软性执法中,行政主体不再具有不证自成的权威,行政主体的权威及其行为的正当性需要证成。尤其是在市场经济发展的复杂性和人类理性的有限性之间的冲突越来越突出的情况下,人们发现,单向性的发号施令式的制定法律和实施法律的社会治理模式无法满足现实需要。以通过合作、协商、确立共同的目标等方式实施对公共事务的互动式管理才能获得广泛认同和实现治理目标。因此,在反垄断软性执法中,权力的向度往往是多元的、相互的,而不是单一的、自上而下的。从这一角度而言,反垄断软性执法是一种民主性的执法机制,无论是规则与行动指南的制定,还是对垄断行为发生之后的控制,反垄断执法机构都会尽可能通过协商方式来获知利益相关主体的利益要求,从而在执法中考虑市场各利益集团的利益与需求。

第一,在反垄断行为规则和指南的制定过程中,软性执法保障了市场主体的广泛和直接的参与。这是一种以多数的正当性实现政策正当性的方式。(一种规范的)正当性的相对力量只能依据产生于理性人们的认可的广度和强度来衡量。通过协商方式来制定有关指导规则,使指导规则的内容不再是主权者的"一言堂",指导规则也因此获得了正当性基础。在裁量基准确立过程中为公民提供尽可能多的参与机会,其目的还在于透过行政机构与一般大众实际的沟通互动过程,建立双方的互信基础,降低未来政策的执行成本与遵行成本。

第二,在垄断行为的事后控制方面,各国反垄断执法机构多采取协商和解的方式来裁决案件。若能通过协商,"共同找出兼顾企业发展与市场竞争结构的平衡点,当然比'全有或全无'的僵硬方式要'合目的'得多,以这种不撕破脸的方式解决问题,同时保住执法权威与商誉,也可以说是两全其美"①。在市场这一特定领域,反垄断执法者与企业之间"朝夕相对",不断地重复博弈,二者实际上是一种相互依存的共生关系,任何一方不合作必然导致另一方无可避免的"无谓损失"。因此,一旦执法过分强调刚性,期望一

① 苏永钦:《经济法的挑战》,北京:清华大学出版社,2005年,第98页。

次最大限度的惩戒突收"奇效",非但效果难会理想,还可能大伤法律权威。[①] 协商不仅是企业的要求,也是管制机构自身的需求。与受管制企业所拥有的资源相比,管制机构占有的金钱、人力和政治影响等资源都非常有限,如果始终坚持一种对立的姿态,行政机构的资源会很快消耗殆尽。因此,如果行政机构意欲完成任何一件重要任务,都必须与受管制企业达成妥协。[②]

反垄断软性执法体现了执法对摆脱机械性规则约束和非对抗性的追求,也表现出在行政过程中寻求合意的渴望。反垄断法作为市场经济最基本的法律,在追求公平、秩序等传统法律价值的同时,效率价值也是极其重要的目标,成本收益的经济分析在反垄断执法中随处可见。执法机构与当事人之间的有效对话和交涉更能体现反垄断执法对效率价值的追求。

四、过程性优势

在经济研究领域主要存在两种竞争概念,一种是将竞争视为静止状态,另一种则将竞争理解为一个过程。越来越多的经济学家开始关注市场经济运行的实际状态,试图在动态性和开放性的经济系统中理解市场的实际运行情况,过程竞争思想逐渐深入人心。有学者指出,将市场经济看作一个没有真实时间、静态和不存在知识问题的均衡状态,或仅仅理解为机械运动,无助于认识市场经济实际运行的过程性特征。[③] 真实世界中的竞争,首先必然表现出动态性质,是一个探索和发现的过程。"市场不是一个地方、一件物品,也不是集体组织,市场是一个过程。"[④]因此,市场过程是一个不存在确定概率的、结局开放的、没有终点的(endless)、未来不可预知(unknown future)的发现过程。我们永远都不可能知道什么是尚待发现的真正可能性,同样也不可能知道资源约束的真正所在。[⑤] 也正是基于此,反垄断法无法明确自身要规制的对象,表现出法律规则的含糊性和法律实施的不确定

---

① 王健:《威慑理念下的反垄断法刑事制裁制度》,《法商研究》2006 年第 1 期。

② [美]理查德·B. 斯图尔特:《美国行政法的重构》,沈岿译,北京:商务印书馆,2002 年,第 25 页。

③ 王廷惠:《竞争与垄断:过程竞争理论视角的分析》,北京:经济科学出版社,2007 年,第 50 页。

④ L. von Mises, *Human Action*: *A Treatise on Economics*, New Haven: Yale University Press, 1966, p. 257.

⑤ 王廷惠:《竞争与垄断:过程竞争理论视角的分析》,北京:经济科学出版社,2007 年,第 61 页。

性。在这样的理论前提之下,一劳永逸式的司法裁判机制与以处罚、禁止为特征的行政执法方式,是无法照顾到市场竞争的过程性和动态性要求的。作为一种具有回应性特征的执法机制,反垄断软性执法更能体现市场的过程性。

第一,政府对垄断行为的干预必须以有关信息的知悉为前提。遗憾的是,政府作为市场过程的外部力量,很难对市场过程的动态竞争进行判断并采取措施加以限制。政府同样受到知识限制,不可能事先获取市场过程尚未显现的有关将来之知识,不可能比受规制对象更为清楚地把握有关活动的具体知识和分散知识。[①] 以价格垄断行为为例,客观上来说,市场上并不存在一个预先设定的合理价格,任何产品与服务的价格都是在竞争过程中形成的。合理价格永远都是随着市场状况变化而不断变化的概念。[②] 因此在控制垄断高价或垄断低价行为时,要通过判断价格是否合理从而断定一个行为的竞争弊害,必须能监控每天的价格变化,这对于执法机构来说是一个不可能的任务。以明确权利、义务为己任的司法裁判,无法顾全市场经营行为的动态性和过程性,只能对企业策略行为作出一种"断章取义"式的判断。而禁令加处罚的行政执法方式,更多的是对垄断行为静态的、各个击破式的割裂处置。"传统行政学对行政行为的研究忽略了每一个现代行政过程都是由一连串节点组成的,都是为了实现某一特定政策目标所进行的、环环相扣的不同行政活动形式的链接与耦合。要将其作为一个动态的行政过程,全面地把握整个事件和其间的法律现象。"[③]因此,只有从事日常反垄断执法事务的反垄断行政机构才能长期关注市场动态,主动出击,调整执法方式与重点,实现与时俱进的合理执法。以企业结合行为为例,企业结合行为是否应得到批准,与参与结合的企业所在的相关市场状况息息相关。市场状况与环境是随着时间的变化而不断变化的,因此在美国,反垄断执法机构不停地调整其执法政策,以期跟上市场变化的步伐。美国联邦贸易委员会于 1968 年制定了企业结合指南,该指南在 1969 年、1972 年、1982 年、1984 年、1992 年、1997 年都进行了修改。这样密集的修改在美国立法史上是罕

---

① 王廷惠:《反垄断法政策批评:知识约束及对过程竞争的威胁》,《经济评论》2008 年第 2 期。
② 刘志铭:《动态竞争与产业组织:从熊彼得到现代奥地利学派》,《当代经济研究》2005 年第 7 期。
③ [日]盐野宏:《行政法》,杨建顺译,北京:法律出版社,1999 年,第 63 页。

见的。^①

　　第二，无论是司法裁判还是强制性行政执法，都属于事后控制模式，即违法行为被发现后才会启动调查，进而通过一定程序确定责任。而垄断行为的隐蔽性使得证据的事后收集十分困难，况且垄断行为损害的往往并非某一个特定主体的利益，而是对市场竞争秩序的破坏，在垄断行为发生之后进行责任追究，很可能该行为已经对市场造成无法逆转的损害。因此，反垄断的事前控制尤为重要，通过事前控制可以实现对企业经营行为的整体过程控制。以目前国际社会普遍采用的企业开展前申报制度为例，该制度规定符合一定条件的企业结合行为，必须在结合前向反垄断执法机构进行申报。在申报时，结合尚未真正发生，这使企业结合的整个过程都可以置于反垄断执法机构的控制之中。事前申报制度使执法者在企业结合前就充分掌握相关信息，掌握越多的信息，就越可能占据主动地位，从而保证在这场博弈中"先下手为强"。

　　第三，反垄断软性执法作为一种行政执法程序，可以充分利用行政机构执法的灵活性和自由裁量权。例如：作出行政决定的程序可以基于方便、效率的原则加以中断；负责某一行政事项的官员可以中途退出该行政活动，新替换上来的官员则可以继续进行行政活动；由于缺乏一种集中进行的行政过程，行政决定完全可以缓缓产生。^②这种动态性的执法体制可以充分照顾到市场的过程性。在整个执法过程中，企业必然适时调整其行为，垄断形态也会随之变更，执法方式也可以"亦步亦趋"紧跟其变。反垄断软性执法根植于市场，其协商对话的特质和回应性特征使得执法者与企业保持了充分的接近性，实现在市场过程中对企业行为的修正。

　　五、参与性优势

　　在理想的民主传统中，公众参与一直居于核心地位。^③在现代管制理论中，加强公众参与的主要理由是保证将影响被管制市场的个人利益的法

---

　　① Spencer Weber Waller, "Prosecution by Regulation: The Changing Nature of Antitrust Enforcement", *Oregon Law Review*, Vol. 77, 1998, pp. 1401-1402.

　　② 陈瑞华：《司法权的性质——以刑事司法为范例的分析》，《法学研究》2000 年第 5 期。

　　③ 张方华：《协商民主语境下的公民参与》，《南京社会科学》2007 年第 7 期。

规或政策有一种稳定的形式。① 随着行政过程的两种概念化模式——"传送带"模式和"专家知识"模式——的解体,将行政机构仅仅视为立法指令执行者的行政法理论已逐渐淡出人们的视野。人们深刻认识到,立法者实际上没有能力对行政机构发布精确的指令,因此,行政机构的高度自由裁量权是无法避免的。然而,具有单向度特征的行政执法一旦存在高度自由裁量权,则很可能导致执法的"黑箱",因此在必须给予行政机构高度自由裁量权的无奈选择下,提高行政决策的参与性成为控制行政裁量权的一种重要手段。"如果将立法程序复制到行政过程中,为所有受行政决定影响之私人利益提供论坛,当事人就可以通过协商达成普遍接受的妥协。在充分考虑所有受影响的利益之后,行政决定便在微观意义上基于和立法同样的原理而获得合法性。"②作为一种回应型执法机制,反垄断软性执法必然给予执法机构高度自由裁量权,以回应市场发展的需要。因此,为了制约和监督反垄断执法机构,公众参与成为反垄断软性执法的一个必然特征。

　　第一,反垄断法是国家对市场的一种外部管制与干预。前述反垄断经济学成果已经表明,我们不能假定这种干预必然是正当的。因为"为何干预"与"干预什么"以及"如何干预",这些基本问题在经济学上都难以达成统一认识。因此,在反垄断立法中很难明确违法行为的表现形式,往往只能进行抽象性的描述。在具体的执法中也很难把握"如何才能很好地规制垄断行为"这一问题。因此,在反垄断规则制定过程中,各国都非常注重公众参与,使反垄断管制过程吸收市场主体对法规议案和已有规则的意见。公众的参与使得反垄断规则或者反垄断法执行结果不再是一种命令,而是一种在"追求同一目的的人群中创造一种秩序"③的过程。对公众参与的重视使得反垄断软性执法一改传统行政执法的模式,其目的是试图在法规制定和行为控制的过程中,通过全程的协商和听取意见,使得反垄断法对市场的管制形成一种动态过程,最终达成一种多方经过利益博弈而最终妥协的秩序。

---

　　① ［美］丹尼尔·F.史普博:《管制与市场》,余晖等译,上海:上海三联书店、上海人民出版社,1999年,第102页。

　　② ［美］理查德·B.斯图尔特:《美国行政法的重构》,沈岿译,北京:商务印书馆,2002年,第64页。

　　③ ［英］哈耶克:《法律、立法与自由》(第一卷),邓正来等译,北京:中国大百科全书出版社,2000年,第158页。

此外,反垄断软性执法中,执法机构的权力往往不是自上而下的运用,更多的是听取相对人的意见,尊重企业对自身行为的自愿修正,这也是涉案企业对执法行为的参与。这种参与不仅降低了对抗性,也使最终的执法决定更容易被遵循。

第二,在经济管制过程中,只有掌握了充分的信息才能作出执法决定,这对任何管制机构来说都是重要的。① 尤其是在反垄断领域,反垄断法无法在事前给予执法机构以明确指引,执法机构的执法决定往往要靠在执法过程中收集的大量信息来确定。在反垄断软性执法中,收集信息是各类软性执法活动的基础,也是反垄断机构与市场主体协商对话的基础。几乎每一种反垄断软性执法都包含了信息收集程序。一般来说,反垄断执法机构往往通过正式调查程序收集信息,但在反垄断软性执法中,执法机构更多通过程序设计督促或诱使企业自愿报告相关信息。市场主体向反垄断机构提供的信息往往包含了自身的利益与要求,尤其是在自愿提供的情况下。这正是市场主体参与反垄断执法的一种途径。任何一个公共政策都可以通过对参与者知识的恰当运用而实现其正当化和理性化。② 反垄断法对于市场、市场主体利益的影响至关重要。在反垄断法无法事前确定一个稳定秩序的情况下,反垄断执法过程就应该是一种利益表达、竞争和选择的过程。在这一过程中,每个利益主体都是一个认识主体,也都是拥有特定知识的主体,只有为其提供一个程序平台进行意见交换与利益整合,反垄断法律政策与反垄断执法活动才能获得相应的正当性。

第三,虽然法律天生具有不确定性,但任何法律的创设和修改过程都是一个提高确定性与可预见性的过程。然而,在反垄断法中,立法者不但无法在立法时预测市场主体的所有垄断行为,而且往往无法通过预先设定垄断行为的表现形式来直接确认违法行为。在此情况下,通过公众介入执法过程,在使立法与执法工作受到即时限制的同时,公众的参与还能大大降低对抗性,也能使反垄断法律规则的制定和执法工作以合意的形式获得合法性

---

① 在1976年,美国政府为收集信息散发了将近4418种不同的格式文件,为处理和加工格式文件所支出的费用超过180亿美元(F. A. Heffron, *The Administrative Regulatory Process*, New York: Longman, 1983, p. 173)。

② 王锡锌:《公众参与、专业知识与政府绩效评估的模式——探寻政府绩效评估模式的一个分析框架》,《法制与社会发展》2008年第6期。

基础。在美国,反垄断机构往往通过听证的方式来制定指南、建议书等文件。这种听证程序可以是正式的,即类似法院审判的有记录的听证会,也可以是非正式的,即没有听证记录,但有对规则制定和公众评论的公告。现在美国较为流行的是两种方式的混合。[①] 这种听证程序的功能就是加强公众参与,其目的不仅仅在于给予各类市场主体表达利益诉求的机会,让反垄断机构获得相关信息,同时,通过这种方式制定出来的指导性规范更能获得市场主体的遵循。

以上内容不仅是反垄断软性执法的优势所在,同时也是反垄断软性执法相对于非软性执法而言所体现出来的特征。对于反垄断软性执法上述优势与特点的总结,有助于凸显软性执法在反垄断法实施机制整体板块中的地位。非裁判性有助于我们划清反垄断软性执法与司法诉讼机制以及传统的规则之治下的行政执法机制的界限。非制裁性是反垄断软性执法的本质特征,非制裁的制度设计是众多具体软性执法制度得以实现的基础。大部分具体的软性执法制度事实上是经营者与执法者之间达成的一种妥协。执法者的妥协源于反垄断执法的复杂性和强制性执法固有的局限性,执法者力图通过事前的指导,以及事后放弃对违法行为的认定和责任追究来吸引经营者的主动合作。从经营者的角度来看,按照执法者的指引从事经营行为以避免违法,在垄断行为受到执法机构关注之后,通过合作来避免最终的处罚是最优选择。因此,非制裁性是反垄断软性执法得以存在并顺利运作的基础。协商性、过程性以及参与性既是反垄断软性执法所表现出的外部特征,也是为实现软性执法的执法效果而必须拥有的特征。尽管不同的国家所采用的反垄断软性执法方式不尽一致,但是它们一般都具有上述特征与优势中的多个或全部。

第四节　本章小结

最优法律论、不完备法律理论、执法激励理论等理论早已证明,在法律

---

① Williams S. Hybrid, "Rulemaking under the Administrative Procedure Act: A Legal and Empirical Analysis", *University of Chicago Law Review*, Vol. 42, 1975, p. 401.

不确定的状态下,行政执法相对于司法执法更具合理性。这意味着作为一种特殊的行政执法模式,反垄断软性执法比反垄断法私人执行更具优势。尤其是在反垄断法特有的不确定性考量之下,私人执行无法实现反垄断法"保护竞争,而非竞争者"的目标,也无法完成多元化的反垄断任务。反垄断法的不确定性使反垄断私人诉讼常被市场主体用作对付竞争者的策略行为,导致社会整体福利的损失。此外,反垄断法的不确定性与司法裁判的中立性、被动性、非专业性特征存在冲突。而反垄断法的公共执行具有的主动性与专业性,更适应反垄断执法任务。与非软性执法相比,反垄断软性执法体现出非裁判性、非制裁性、协商性、过程性、参与性的优势,能使具有特殊不确定性的反垄断法得到更为合理的适用,从而体现出相对于非软性执法的比较优势。如果说公域之治转型与行政执法行为方式的转变为反垄断软性执法的产生和发展提供了契机,那么反垄断法特殊的不确定性才是软性执法产生并发挥巨大效用的真正原因。也就是说反垄断依赖软性执法,不仅仅是执法理念转变的结果,更是反垄断法基于其个性特征而产生的制度需求。

第六章　反垄断软性执法运行与监督：
以美国反垄断协议裁决为例

反垄断软性执法是各国具体软性执法制度的上位概念，在不同的国家有不同的表现形式。每一种具体的软性执法都存在着启动、作成、履行、监督等几个重要环节，对反垄断软性执法的理论分析不足以让我们对某一具体软性执法制度的运作有细致入微的了解。此外，由于软性执法是一种非正式的执法方式，且不直接运用国家强制力，但其执法结果却会影响到相关主体的利益与社会公共利益，因此，对于反垄断软性执法中行政自由裁量权的控制与监督是反垄断软性执法的一个重要环节，也是对反垄断软性执法正当性的保障。在本章中，笔者将选取一个反垄断法律制度最为成熟的国家（美国）最为典型的一种反垄断软性执法方式——协议裁决（consent decree，或称同意判决），以此为例分析反垄断软性执法的运行机制，并进一步探讨反垄断软性执法的监督如何实现的问题。

第一节　为何选择美国反垄断协议裁决

一、协议在反垄断软性执法中的地位

软性执法是反垄断众多特别执法方式的一个总称，各国的反垄断软性执法方式多种多样，其中，协议是最为典型的一种，是各国反垄断软性执法中常用的手段，几乎贯穿从垄断行为的事前标准设定到事后控制的全部过程。无论是通过协议制成反垄断指导规则，通过协议对垄断行为进行事中控制，还是通过协议对垄断行为进行事后修正，几乎所有的反垄断软性执法都涉及协议方式的采用。因此，协议最能反映软性执法的特质。从另一个

角度来讲,协议从根本上而言难以避免双方的相互妥协,协议方式排除了执法机构强制力的直接适用,而协议的达成最终又会影响到无法进入协议过程的相关利益主体(如竞争者、消费者、交易方等)的利益,这正是软性执法遭到质疑、为人诟病的最根本问题。因此,以协议为例来分析反垄断软性执法的运行原理能管窥反垄断软性执法的整体运行原理。

二、协议裁决在美国反垄断软性执法中的地位

在美国的反垄断执法实践中,协议裁决是最具代表性的一种反垄断软性执法方式。第一,协议裁决是运用最为普遍的反垄断软性执法手段。有学者指出,协议裁决的广泛运用决定了美国司法部反托拉斯局的反垄断执法的管制特征。[①] 从目前的情况来看,在美国,无论是司法部反托拉斯局,还是联邦贸易委员会,都广泛依靠协议裁决与协议命令(consent order)来纠正违反反垄断法的行为。有数据表明,美国司法部提起的反垄断民事诉讼案件中有70%以上是通过协议裁决结案的。美国的许多大案,如1975年的施乐案、1982年的AT&T案、1994年的Microsoft案等,都通过和解方式结案。多年来的反垄断执法实践已表明,协议裁决是美国反垄断执法机构解决垄断纠纷、实现反垄断法目标的常用手段和有效工具。[②] 美国国会反垄断小组在一份报告声称:"在已有的行政法规则和司法程序之间的过渡区,协议裁决的实践已建立起一个新的活动范围。"[③]第二,美国的反垄断协议裁决适用对象最广泛,对于所有反垄断法所规制的对象都可以以协议裁决来执法。第三,它既可以在企业结合事前审查过程中适用,形成对涉案行为的事前控制,也可以用来对某一已发生的具体垄断行为进行约束,形成对已发生的涉案行为的事后处理和过程控制。因此,在美国,协议裁决是适用范围最广的、最具有代表性的反垄断软性执法方式之一。

---

① A. Douglas Melamed, "Antitrust: The New Regulation", *Antitrust*, Vol. 10, 1995, p. 103.

② John J. Flynn, "Consent Decrees in Antitrust Enforcement: Some Thoughts and Proposals", *Iowa Law Review*, Vol. 53, 1968, p. 985.

③ [美]丹尼尔·F. 史普博:《管制与市场》,余晖等译,上海:上海三联书店、上海人民出版社,1999年,第805-806页。

三、美国反垄断协议裁决在反垄断执法和解制度中的地位

一般情况下,按照通常的行政执法程序,反垄断案件在被正式受理后,就要进入调查程序,确认垄断行为是否存在之后再作出裁决才能结束。但是各国在反垄断执法中很少采取这种正式结案程序,而更多地适用执法和解制度。简而言之,执法和解就是执法机构与相对人就涉案行为的处理通过协商达成一致意见,从而结束案件。尽管不同的国家在执法和解制度的具体设计和操作程序上存在细微差别,但其基本精神都是一致的。从世界范围来看,各国越来越倾向于以这种较为平和的方式来解决反垄断问题,在美国、欧盟、德国、日本、中国都能看到此类执法方式,只是基于体制差异,其名称、内容或制度化的程度不一致而已。

在欧盟,《欧盟第1/2003号条例》第九条规定:如欧盟委员会拟作出要求相关企业终止违法行为的决定,并且相关企业向欧盟委员会提出停止其在初步评估中欧盟委员会所关注的某些对竞争进行扭曲或阻止的行为的承诺,则欧盟委员会可作出决定使该承诺对企业具有约束力。该决定可在一定期间内适用,在此期间欧盟委员会不再有理由采取进一步的调查措施。欧盟委员会采取承诺决定时,不必先得出这些企业曾经发生或仍然存在违法行为的结论,就可以停止采取进一步的调查措施。承诺决定不影响成员国反垄断机构和法院对此进行调查,并且就案件作出处理决定的权力。

在日本,根据《禁止垄断法》的规定,日本公平交易委员会有权对违反《禁止垄断法》的企业采取劝告、控告、责令缴纳课征金、命令撤销或停止违法行为等措施。其中的控告、责令缴纳课征金、命令撤销或停止违法行为属于典型的传统行政执法措施,因此属于非软性执法的范畴。然而,正如第一章中提到的,在执法实践中,公平交易委员会很少对涉案公司采取控告、禁令等正式措施,而常采用劝告、磋商、媒体曝光等非正式方式。通过劝告、磋商的方式来作出对案件的裁决是日本公平交易委员会常用的执法方式。尤其是对于外国公司的投诉,公平交易委员会一般不太愿意对被指控的日本公司启动正式调查程序,而往往选择通过告知被告以自愿合作的方式对投诉行为进行修正。此外,日本的《禁止垄断法》规定了企业结合的事先申报义务,作为法定程序,公平交易委员会在收到申报后应立即对相关交易展开调查,必要时采取行动。但实践中的做法,往往是企业结合当事人与公平交

易委员会在申报前进行秘密磋商，如果发现结合方案违反了《禁止垄断法》，企业或者修正结合方案，或者放弃结合计划。① 这也是执法和解的一种方式。

在我国，商务部在经营者集中事前申报程序中广泛采用经营者集中商谈制度，通过协商来最终确定是否批准或附何种条件批准该经营者集中。此外，我国《反垄断法》还规定了企业承诺制度，即在执法机构开始调查之后，涉案企业自愿承诺结束涉案行为，执法机构则中止调查程序的制度。这两种制度都属于反垄断执法和解制度。

与其他国家或地区的反垄断执法和解制度相比，美国的协议裁决是最具代表性的执法和解制度。第一，美国的反托拉斯协议裁决是最早用来处理反托拉斯案件的执法和解方式，在此后，这一执法和解方式被世界各国广泛效仿。美国作为最早颁布反垄断法的国家，其反垄断实践时间是最长的。早在 1906 年的 United States v. Otis Eevator Co. 案中，美国司法部就开始以协议裁决的方式来解决反托拉斯案件。② 在美国 1906 年开始反托拉斯协议裁决的实践之后，这一制度被其他国家或地区纷纷借鉴引进，目前欧盟、德国、法国、英国、丹麦、澳大利亚、日本等都有相关规定。③ 有学者指出，欧盟及其成员国并没有执法和解的传统，欧盟及其成员国在反垄断法执行中采用执法和解制度是对美国相关制度的移植，而且这种移植是没有经过充分裁剪（sufficient tailoring）的。④ 第二，美国的协议裁决作为一种反垄断执法和解制度，其适用范围最广。协议裁决程序既可以在美国司法部反托拉斯局对托拉斯案件开始正式调查之前进行，也可以在正式程序开始之后；既可以适用于企业结合这一反托拉斯法规制对象，也可以适用于其他反垄断法规制对象。因此，这一制度对于反垄断软性执法整体而言最具概括性。第三，在美国，对于反垄断协议裁决有专门的监督程序，即司法审查。反垄

---

① 郑鹏程：《论现代反垄断法实施中的协商和解趋势——兼论行政垄断的规制方法》，《法学家》2004 年第 4 期。

② Kramer, "Modification of Consent Decrees: A Proposal to the Antitrust Division", *Michigan Law Review*, Vol. 56, 1958, p. 1051.

③ 王炳：《论反垄断接受承诺程序之使用范围限制——兼论我国〈反垄断法〉第 45 条之适用》，《理论界》2009 年第 4 期。

④ George Stephanov Georgiev, "Contagious Efficiency: the Growing Reliance on U. S. -Style Antitrust Settlements in EU Law", *Utah Law Review*, Vol. 4, 2007, p. 971.

断软性执法因其软性而遭到质疑,有必要为之设置监督机制。从世界范围来看,美国对于反垄断执法和解制度的监督是最为严密的。基于美国特殊的行政-司法制衡架构,每一个反垄断协议裁决都必须经过司法审查之后才能生效,因此,美国协议裁决的监督机制能为反垄断软性执法监督机制的研究提供经验与教训。

第二节　美国反垄断协议裁决制度的运作

一、产生背景

(一)产生契机:行政契约在现代行政法中的崛起

从本质上而言,协议裁决是反垄断执法机构与涉案当事人达成的一种协议。在历史上,政府作为私法上的当事人签订的私法合同的现象由来已久。在普通法系国家,政府签订的私法合同原则上适用合同法的一般规则,但也受一些特殊法律规则的约束。在大陆法系国家,政府签订的私法合同完全受私法规范。在早期以权力-服从为特征的行政管理模式中,人们对以契约来实现行政执法目的的做法是持根本否定态度的。但是,随着民主思潮的兴起,福利国家、给付行政等国家目的观的出现使得行政的作用不再局限于确保国家安全、维持社会秩序等消极功能,而转向积极地促进经济安全、健康发展,并承担环境保护、社会保障等方面的积极职能。此外,为实现社会与经济的发展过程中的国家目的,行政的内涵也由传统的追求合法性转向追求合目的性。在这种背景下,行政契约(administration contract)作为一种更加柔和、富有弹性的行政手段便应运而生了。① 在美国,政府签订合同来推进各种经济政策的现象越来越普遍。第二次世界大战后,法国将行政契约广泛应用到经济发展和资源开发等各个方面,以改进传统的命令式的执行计划方式,被称为政府的合同政策。② 在德国,尽管出现众多反对意见,但在拟制《符腾堡行政法典》和《行政手续法》时,还是对行政契约进行

---

① 余凌云:《行政契约论》,北京:中国人民大学出版社,2000 年,第 2 页。
② 王名扬:《法国行政法》,北京:中国政法大学出版社,1989 年,第 179 页。

了专门规定。在日本，合同方式已成为行政机构在行政活动上，尤其是在管理、处分和取得财产，利用公共设施，财政补助和公害防止等方面的必要手段。

　　为此，很多国家专门制定了有关协议裁决的法律规定，或者在行政程序法中进行了专门的规定。美国的《行政程序法》、《刑法》和大量部门法律都规定了行政合同是行政行为的替代活动方式，并依据此原则确立了行政合同的适法性。根据美国《行政程序法》的规定，一个公共行政主体与另一个公共行政主体或者行政相对人可以签订行政合同。在这种合同中，公共行政主体的强制性权力并不起作用，行政相对人也不是行政客体，行政机构的优越地位变成了平等的合作伙伴身份。行政合同是单方性行政措施的替代与补充，在单方性措施不适合时，即可采用合同方式，因此在美国，行政合同是处理具体事件的、稳定性和灵活性兼备的替代性活动方式。① 在德国，《行政法院法》第一百零六条确立了行政诉讼中达成协议的一般根据。该条规定："关系人限于可以处分诉讼对象的情况下，为解决与主张有关的请求之全部或者部分，可以通过让法院或者受命或受委托法官在调查笔录上记载的方法进行和解。"根据该规定，行政机构和行政相对人在行政诉讼中可自行达成协议以结束案件，每年在德国都有大量的行政案件是以和解方式结束的。② 各国行政契约的法律规定为反垄断执法机构在执法时适用协议裁决方式提供了发展契机并确立了法律依据，协议裁决作为各国所广泛适用的反垄断法实施机制蓬勃发展起来。

　　（二）地位凸显：反垄断法私人执行的限制

　　私人实施与公共实施是反垄断法实施体制的两大支柱，它们之间存在着分工与竞争的关系。③ 从理论上而言，对私人实施与公共实施二者之一的限制必然导致反垄断法实施依赖力量的转移。尤其是作为主动执法者的反垄断法公共实施机构，如果私人执行的力量受到限制，其执法压力就会增大。有学者指出，美国协议裁决正是反垄断法私人执行受到限制的情况下，

---

　　① Heffron，F. A.，*The Administrative Regulatory Process*，New York：Longman，1983，p. 233.

　　② ［日］南博方：《行政诉讼中和解的法理》，杨建顺译，《环球法律评论》2001 年第 1 期。

　　③ 王健：《反垄断法的私人执行——基本原理与外国法制》，北京：法律出版社，2008 年，第 2 页。

执法机构为节约预算、提高执法效率的一种执法选择。① 从世界范围来看，反垄断法的私人执行以美国最为发达，美国的反垄断法私人执行机制源远流长，而且在实践中，反垄断私人诉讼的数量也超过了执法机构提起的反垄断诉讼量。然而，近年来，随着反垄断私人诉讼的蓬勃发展，美国逐渐认识到反垄断私人诉讼存在的弊端。由于受自身利益驱动，在高额赔偿的激励下，私人诉讼容易导致滥诉，甚至成为经营者利用来打压竞争对手的策略诉讼（strategic suit）。这样的诉讼对于司法资源而言是一种过度占用。为此，美国联邦最高法院不断地在一系列判例中为反垄断私人诉讼设置了限制标准。

1. Brunswick Corp. v. Pueblo Bowl-O-Mat. 案：反垄断损害（antitrust injury）标准的确立

在 Brunswick 案中，美国联邦最高法院确立了反垄断损害标准，即反垄断诉讼原告必须证明其损害是一种反垄断损害，才有可能在反垄断诉讼中胜诉，获得三倍赔偿。Brunswick 是一个保龄球相关设施的制造商，与此同时销售保龄球设施。在当时，经营一个保龄球中心需要大量资金，设立一个球道大概需要 12600 美元。Brunswick 采取了赊购方式进行经营，即保龄球中心向 Brunswick 公司借钱购买保龄球设施，同时以购买的设备作为债务的担保。保龄球运动在 18 世纪 50 年代的美国曾风靡一时，但到了 60 年代开始衰败。因此，保龄球中心拖欠借款的情况时有发生，Brunswick 的25% 以上的借款者还款期超过了 90 天，这对 Brunswick 的流动资金形成巨大压力。因此 Brunswick 决定通过收购保龄球中心的方式来节约现金。Treadway 公司及其 10 家全资子公司将 Brunswick 起诉至法院，指控 Brunswick 在 3 个城市（New York、New Jersey、Colorado）的收购行为是垄断或试图垄断市场的行为。美国联邦最高法院在该案的判决中表明：一个反垄断案件的原告要想胜诉，其必须证明：(1)被告行为对竞争造成损害；(2)存在由被告的违法行为所造成的损失。此外，联邦最高法院还指出：原告不能仅仅对垄断行为造成的损失进行大致描述，要想对所诉之损失进行救济，原告必须证明该损害是"反垄断法损害（antitrust injury），也就是说损

---

① 谢佩芬：《管制走向下反托拉斯法规范手段之研究——以"协议裁决"为中心》，《公平交易季刊》2005 年第 1 期。

害正是反垄断法所要预防的,并导致被告行为违法的那类损害"。而在该案当中,联邦最高法院审理该案的法官一致认为,虽然原告存在损失,但是该损失主要源自竞争的增强,而并非反垄断法所要预防的。在今天,除横向价格固定纠纷之外,在包括企业结合、纵向限制等在内的所有反垄断私人诉讼中,Brunswick 一案中所确立的反垄断损害标准都成为原被告斗争的焦点。[①] 反垄断损害标准给原告的起诉制造了一个巨大的障碍,也表明了美国联邦最高法院对反垄断法的基本定位:反垄断法所要保护的是竞争,而非竞争者。

2. Illinois Brick Co. v. Illinois 案:间接购买者规则(indirect purchaser rule)

间接购买者规则又称 Illinois Brick 规则,表明该规则是在 Illinois Brick Co. v. Illinois 案中确立的,但是这一规则实际上在 1968 年的 Hanover Shoe Inc. v. United Shoe Machinery Corp. 案中就已初露端倪。在该案中,原告起诉被告销售价格过高,但被告却认为原告已将成本转嫁(pass-on)至消费者,因此有资格起诉的应该是间接购买者(消费者),而非中间商。最终,法院将全部的损害赔偿授予了直接购买者而没有考虑该损害是否转嫁给了下游的购买者。该案事实上是对间接购买者原告资格的一个间接否认。在九年后的 Illinois Brick Co. v. Illinois 案中,法官怀特延续了这一思路。与 Hanover Shoe 案不同的是,在该案中,对混凝土(concrete block)制造商 Illinois Brick 公司的联合定价行为进行起诉的是间接购买者(尽管其混凝土是从其他销售商处购买的),并要求三倍赔偿。在 Illinois Brick Co. v. Illinois 案中,怀特法官完成了他对称性的两步分析法:"无论反垄断损害'转嫁'问题将采取何种原则,该原则必须平等地适用于原告与被告。"也就是说,既然 Hanover Shoe 案中的"转嫁"抗辩不能用来对抗直接购买者,那么"转嫁"的理由当然也不能用来保护 Illinois Brick Co. v. Illinois 案的间接购买者。此外,若支持间接购买者的赔偿要求,法院必须确切地分清楚在整个销售环节中每个中间商以及最终的消费者分别受到的确切损害,这对法院而言,无疑是一项极其艰巨的任务。在这样的规则中,被告很可能重复

① Jonathan M. Jacobson, "Tracy Green, Twenty-one Years of Antitrust Injury: Down the Alley With Brunswick v. Pueblo Bowl-O-Mat", *Antitrust Law Journal*, Vol. 66, 1998, p. 273.

赔偿,对经营者施加了过度的义务。

美国联邦最高法院对于私人诉讼的限制使得私人成功提出诉讼以及胜诉的概率都大为降低,因而也削弱了私人诉讼的意愿。仅赋予一部分垄断损害的受害人以原告资格,是以牺牲一部分实体正义为代价来提高反垄断诉讼效率的有效手段。[①] 在反垄断执法中,私人执行与公共执行是一种此消彼长的关系,美国法院与立法机构采取了一系列措施来控制反垄断私人诉讼,这无疑凸显了执行机制在反垄断法实施中的地位。[②] 也正因如此,美国反托拉斯执法机构的执法压力大大增加。在这一背景之下,美国反托拉斯法执法机构开始致力于变革旧的执法方式,同时创设新的执法方式以应对这种压力。[③] 协议裁决无须判断被告是否违法,避免了取证的困难。此外,协议裁决往往在被告提出的行为修正草案基础上达成,这种非对抗性的协议结果很容易在企业经营实践中得到遵循。因此,协议裁决作为一种经济且便捷的执法方式获得了更为广泛的适用。

二、运作程序

最早使用协议裁决来处理反垄断案件的国家是美国,美国的反垄断公共执法机构有司法部反托拉斯局与联邦贸易委员会。司法部反托拉斯局执行《谢尔曼法》和《克莱顿法》,主要通过刑事与民事诉讼行使其执法权力。联邦贸易委员会与司法部共同承担《克莱顿法》民事执行的职责。联邦贸易委员会主要通过调查和行政裁决履行其反垄断职责,但同时也利用《联邦贸易委员会法》第十三(b)条提起民事诉讼,寻求禁令救济及没收违法所得。为避免在调查和检诉方面的重复,反托拉斯局与联邦贸易委员会采用一种准许程序进行沟通,在开始案件调查之前告知对方,并决定由谁来负责具体事项。[④] 反托拉斯局与联邦贸易委员会均大量使用协议裁决来处理反垄断

---

① 李俊峰:《反垄断法的私人实施》,北京:中国法制出版社,2009 年,第 120 页。

② 谢佩芬:《管制走向下反托拉斯法规范手段之研究——以"协议裁决"为中心》,《公平交易季刊》2005 年第 1 期。

③ Lawrence M. Frankel, "Rethinking the Tunney Act: A Model for Judicial Review of Antitrust Consent Decrees", *Antitrust Law Journal*, Vol. 75, 2008, p. 564.

④ [美]欧内斯特·盖尔霍恩、威廉姆·科瓦契奇、斯蒂芬·卡尔金斯:《反垄断法与经济学》,任勇等译,北京:法律出版社,2009 年,第 433-437 页。

违法案件。^① 从表 6-1 中我们可以看出,在美国《谢尔曼法》实施的早期,协议裁决就已经是反托拉斯局处理反垄断案件的常用手段了。

表 6-1 1890—1969 年的反垄断案件数[②]

年份	确定起诉的民事案件数	以协议裁决方式结案的案件数	占比/%
1890—1894	4	0	0
1895—1899	4	0	0
1900—1904	4	0	0
1905—1909	10	3	30.0
1910—1914	40	19	47.5
1915—1919	17	15	88.2
1920—1924	27	20	74.1
1925—1929	39	33	84.6
1930—1934	15	12	80.0
1935—1939	26	17	65.4
1940—1944	50	36	72.0
1945—1949	81	67	82.7
1950—1954	70	58	82.9
1955—1959	90	71	78.9
1060—1964	115	93	80.9
1965—1969	48	43	89.6
1890—1969	640	486	75.9

不仅在《谢尔曼法》实施的早期,到现在协议裁决也一直被美国司法部广泛适用。有数据表明,司法部提起的民事诉讼案件中有 70% 以上是通过协议裁决结案的。例如,司法部于 1993 年、1994 年、1995 年分别达成了 8、

---

① Richard M. Steuer, "Counseling Without Case Law", *Antitrust Law Journal*, Vol. 63, 1995, p. 823.

② Richard A. Posner, "A Statistical Study of Antitrust Enforcement", *Journal of Law and Economics*, Vol. 13, 1970, p. 375.

19、12 个协议裁决,而在这三年中仅有 5 个案件不是以协议裁决结案的。[①] 美国反垄断法仅仅只是在《克莱顿法》第五(a)条中提到了协议裁决,对于协议裁决并没有进行严格的立法定义。关于协议裁决较为权威的定义是:在司法部检察长对某一行为提出指控后,未经《谢尔曼法》《克莱顿法》等法律所规定的程序对之进行审理,而由检察长与被告协商作出经法院许可的一种命令。在美国,由于协议裁决属于非正式执法程序的一种,其运作程序并没有正式的法律文件予以规定,而是由司法部内部文件予以规定。

(一)协议的达成

根据美国司法部协议裁决的实践,协议往往是由当事人的律师主动提出,再由反托拉斯局进行考虑衡量,最终达成。[②] 当司法部反托拉斯局提起民事诉讼之前,不会主动考虑协议裁决。但是如果在调查过程中当事人的律师向司法部提出协议申请,主管该案件的司法部工作人员就可以制作协议裁决草案,在某些案件中当事人的律师在提出协议申请的同时也会提出自己的协议草案。关于协议裁决的具体协商过程,学者汉密尔顿与蒂尔的有关描述被广泛认同:"案件中存在的问题不必依据立法语言进行衡量,不必考虑法律要求所必须遵循的程序。双方召开非正式会议,没有特定意图与损害确认的重担压头,无须按照常规的证据规则来讨论案件事实与价值,这一群围绕着一个桌子的人在经济现实与公共政策要求的基础上对案件予以解决。"[③]

在协商之后,被指定负责该案件的司法部工作人员制作出最终的协议草案,以书面形式提交给该案件的助理检察官进行审核。

(二)司法审查

在美国,司法部与涉案企业达成的协议裁决必须经过法院的审查、许可之后,才能获得正式的法律效力。因此,司法审查是协议裁决正式生效的一个必经程序。司法部向法院提出协议裁决的时间并不固定,在实践中,司法

---

① A. Douglas Melamed, "Antitrust: The New Regulation", *Antitrust*, Vol. 10, 1995, pp. 13-15.

② 美国司法部在多起案件的起诉书以及协议裁决中都提到:只有在被告提出协商建议的情况下才会考虑协议裁决。

③ John J. Flynn, "Consent Decrees in Antitrust Enforcement: Some Thoughts and Proposals", *Iowa Law Review*, Vol. 53, 1968, p. 989.

部反托拉斯局可能在向法院提起民事诉讼之前就已达成协议,在起诉的同时递交已作出的协议裁决,如后文中将提及的 1995 年 United States v. Microsoft Corp. 案。也有在诉讼审判程序之中,甚至在审理判决作出之后达成协议裁决的。[①] 无论在何时点作出协议裁决,都必须经过联邦地方法院的司法审查之后才能许可通过。美国国会于 1974 年通过了《塔尼法》,为联邦地方法院审查司法部提起的协议裁决设置了一个明确的实体性标准,即协议裁决的司法审查必须符合公共利益(public interest)。在实体层面,《塔尼法》为法院审查一个协议裁决是否符合公共利益规定了一系列考量的因素:裁决对竞争的影响;对被指控的违法行为的修正程度;协议作出后如何执行,以及如何进行后期的修正;协议裁决效力终止的时间;替代性救济的预期效果;其他对该协议正当性的考察。此外,法院还应考察该协议对公众的普遍影响以及对某些受被指控垄断行为损害者的特殊影响。在程序层面,《塔尼法》规定得比较明确。该法要求一个协议的具体内容必须至少在生效前的 60 日被公布于联邦公报(federal register)。执法机构必须制作竞争影响说明书(competitive impact statement,CIS)以说明达成协议的决定性因素,并将该说明书提交给法院,同时在联邦公报上予以公布。在这 60天中,任何人都有权向法院提交书面的意见,所有书面意见也都将被公布于联邦公报。此外,协议中的决定性资料、竞争影响说明书以及公众的书面评论都必须在有关报刊上进行刊登,执法机构必须对书面评论进行回应。法院的司法审查措施可以多样化:举行听证,要求政府官员或专家提供证据;指定特定的咨询人员或其他专家发表意见;允许第三方利益主体参与整个审查过程,指定临时法律顾问;查看书面评论,采取任何法院认为可以保障公共利益的其他行动。此外,被告也可以向法院提交任何与协议有关的书面说明。

在司法审查之后,联邦地方法院可以批准通过司法部的协议裁决,也可以否决该协议裁决,要求司法部重新制作协议裁决。对于法院否定的判决意见,司法部与被告可以向上一级法院提起上诉。

---

① 谢佩芬:《管制走向下反托拉斯法规范手段之研究——以"协议裁决"为中心》,《公平交易季刊》2005 年第 1 期。

（三）协议裁决的履行

协议裁决经司法审查通过后，并不代表执行程序已经结束。协议裁决所约定的期限往往很长。司法部内部的协议裁决标准格式中规定，任何一个协议裁决的期限不得超过十年。[①] 从 1995 年之后，大部分协议裁决的履行期限都长达十年。[②] 在法院通过协议裁决之后，司法部反托拉斯局对于当事人履行情况的掌握与监控，才是协议裁决制度最重要的内容。如果认为被告未履行协议裁决，司法部将提起民事诉讼指控被告蔑视法庭，被告将因此而被处罚金或承担其他法律责任，直到被告继续履行协议裁决。如果认为被告故意违反协议裁决，司法部则会指控被告蔑视法庭而启动刑事诉讼程序，在这样的案件中，不仅被告可能受到刑事处罚，相关个人还可能被追究刑事责任。

由于协议裁决的执行要经历一段时间，在此过程中，总会出现一些情况使得司法部、当事人或者双方都要求对协议进行修正的情况。当事人往往提出出于技术革新、市场状况改变、竞争增强等原因，协议裁决已成为他们沉重的负担。[③] 而对于司法部来说，一个协议裁决可能因为市场环境的变化而不再符合反垄断法的目的，所禁止经营者继续从事的、可能破坏竞争的行为，可能不再成为竞争的障碍。司法部的反垄断政策也可能随着市场环境、国家经济政策、国际竞争环境的变化而发生变化，这时，当事人与司法部均可提议修改协议裁决或终止其履行。这也是以协议裁决进行反垄断执法的最大的优点之一，即可以根据相关事项的变迁来修正执法内容。在一般情况下，协议裁决的修改或终止大多是由被告在司法部反托拉斯局的认可之下提出的。如果反托拉斯局不认可被告提出的申请，被告必须证明协议裁决所涉及的事实或法律已经发生了不可预料的实质性改变，只有修改或终止该协议裁决才能适应该变化。尽管修改或终止一个协议裁决对于司法部反托拉斯局而言是一项重大负担，因为在一个协议裁决被通过之后，负责

---

① 关于协议裁决达成的具体内部程序，可参考 http://www. justice. gov/atr/public/divisionmanual/chapter4. pdf。

② John M. Nannes, "Termination, Modification, and Enforcement of Antitrust Consent Decrees", *Antitrust*, Vol. 15, 2000, p. 55.

③ David S. Konczal, "Ruing Rufo: Ramifications of a Lenient Standard for Modifying Antitrust Consent Decrees and an Alternative", *George Washington Law Review*, Vol. 65, 1996, p. 132.

该案件的工作人员可能已经被指定负责别的案件,政府当时所聘请的技术与经济学专家也已解聘。然而,实践表明,司法部所同意被告提出的修改或终止申请的案件数仍然多于驳回的案件数。^① 协议裁决的修改与终止同样要通过法院的审查,大部分协议裁决中都包含司法保留条款(retention-of-jurisdiction clause),明确批准该协议裁决的法院拥有应当事人或司法部之要求而修改或者终止该协议裁决的权力。当被告所提出的修改或终止申请被司法部批准之后,被告将向法院提出申请。如果司法部不同意被告提出的修改或终止方案,被告同样可以向法院提出申请,但是在这种情况下,法院的司法审查将非常严格,而被告也将承担严格的证明责任。修改或终止一个协议裁决的标准与批准一个协议裁决的标准是相同的,即是否符合公共利益。^② 从这一角度而言,协议裁决的履行过程一直伴随着企业与司法部之间的不断协商,协议裁决的履行过程也是一种协商过程(见图 7-1)。

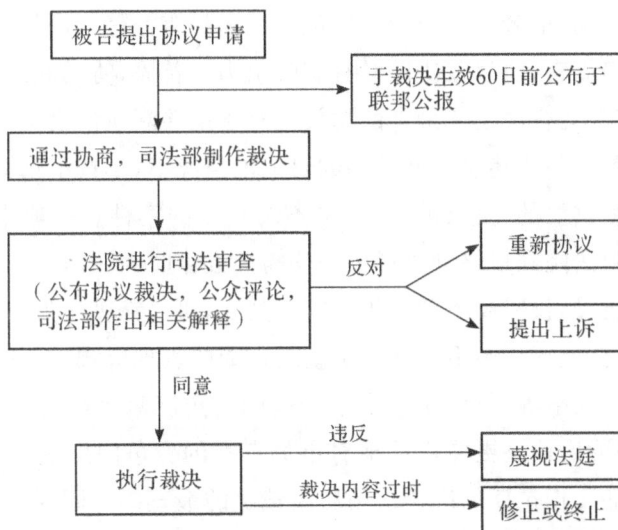

图 7-1　司法部提起反垄断民事诉讼协议裁决的过程

---

① John M. Nannes, "Termination, Modification, and Enforcement of Antitrust Consent Decrees", *Antitrust*, Vol. 15, 2000, p. 56.

② John M. Nannes, "Termination, Modification, and Enforcement of Antitrust Consent Decrees", *Antitrust*, Vol. 15, 2000, p. 55.

三、制度价值

协议裁决的经济、便捷等优势使司法部与被告都愿意以协议裁决的方式来了结反垄断民事诉讼案件。从被告的角度来看，一个反垄断诉讼往往旷日持久[①]，这对于被告是一个极沉重的负担，包括高昂的诉讼费用、公开审判中不利的信息披露、判决结果不确定性对经营策略的影响等。通过协议裁决的非正式程序结束反垄断案件的调查，对于被调查者来说，可以避免漫长的调查和诉讼程序对自己经营活动的影响，还可以避免正式程序可能让其承担的严重后果，只需承诺自己现在及将来不再实施某种行为即可。当被指控的行为对被告而言并不至关重要时，或者被告感觉自己胜算不大的时候，当然会希望通过协商方式来尽快了结案件。正如一位司法部前任检察官金金森曾指出的：反垄断案件中，政府的地位非常稳固，在大部分经过完全审理的案件中，被告的抗辩都是无效的。[②] 更何况，协议裁决与正式的司法判决不同，前者不能作为后续私人三倍损害赔偿诉讼的证据。

对于政府而言，协议裁决同样具有吸引力。首先，协议裁决能迅速结束案件，能以有限的资源发挥最大的功效。对于反垄断执法机构来说，可以在达到让被调查者停止违法垄断行为的目的的情况下，尽快了结案件，以便集中精力于那些重要的、复杂的、被告又不愿让步的案件。一般来说，从一个诉讼被提交到法院到最终判决形成平均需要五年时间。而一个协议裁决从提起到最终通过，仅需要不到三年时间。其次，协议裁决作为一种非正式程序，使得政府在该程序中不必拘泥于垄断行为的表现形式，而可以集中力量打击垄断行为的根源，可以从整个市场范围的角度对垄断行为进行直接打击，这比司法诉讼裁决更能广泛地对市场存在的竞争问题进行清理。这正是美国司法部反托拉斯局广泛适用协议裁决的最直接的原因。

对于整个反垄断法律制度而言，协议裁决作为反垄断执法的一种特别方式，在长期的执法实践中，体现出以下价值与功能。

---

① 在美国，处理一桩反垄断案件一般至少需要三年的时间，一般是五到七年（[美]威廉·L. 德威尔：《美国的陪审团》，王凯译，北京：华夏出版社，2009 年，第 148 页）。

② Jinkinson，"Negotiation of Consent Decrees"，*Antitrust Bull*，Vol. 9，1964，p. 673.

（一）解释核心法律规则

一旦用来分析垄断行为的标准被国会立法或法院判例建立起来之后，就难以适应市场状况的变化，因此，协议裁决的首要制度功能就是对核心法律规则进行解释，以适应新的、不同的经济环境。从另一角度而言，在法律规定较为明确的情形下，企业的行为只要不违反法律的禁止性规定就是合法的。但是反垄断法的不确定性往往使企业无法明确到底什么行为才是合法的。因此，协议裁决可通过对法律规则的解释，确立正确的市场行为方式，为企业的经营提供指引。以《谢尔曼法》第二条规定的共谋行为为例，企业之间的合作是一种常见的市场行为，但《谢尔曼法》对于共谋行为规定得非常简单，到底何种共谋才为合法行为并不明确。因此，美国司法部在执法实践中通过协议裁决方式对某些共谋行为进行修正，为共谋行为设立合法标准，从而使抽象的法律原则越来越清晰。

固定价格行为属于典型的共谋行为，一般来说这种行为对于市场竞争的损害是很大的。但是固定价格的方式多种多样，立法往往无法穷尽一切现实经济生活中市场主体可能采取的固定价格的任何方式，因此何种方式的固定价格行为才是非法的，有待执法机构在执法实践中进行明确。在 United States v. Container Corp. 案中，法院建立了一种固定价格行为的认定标准："在一个高度集中的市场上，企业之间针对相关可替代产品的价格信息进行交换的行为，可能会构成非法的价格固定行为。"在此案之后，这一标准被法院广泛适用。在这一法定标准确立后，司法部不仅通过协议裁决的方式进一步解释该标准，还为企业在此方面应具体如何行动才合法进行指引。在 United States v. Utah Society for Healthcare Human Resources Administration 案中，司法部反托拉斯局通过非正式接触与正式调查程序，了解到几个盐湖城的公立医院就护士的目前与将来的薪金以及相关预算进行了信息交换。最终，通过协商，司法部与这几家医院达成了协议裁决，建立起信息交换的合理化标准。该协议裁决建议企业在信息交换时，必须做到：(1)确保信息的交换与传播采取书面形式；(2)对信息的调查通过独立第三方进行；(3)仅交换历史信息；(4)调查结果中的信息不能显示信息的来源企业身份。这样的协议裁决不仅解释了 Container 案中建立的执法原则，而且将抽象的原则具体化，为企业如何进行合理的信息交换提供了实际具体的行动指南。

合资经营也是常见的企业共谋行为。在 Arizona v. Maricopa County Medical Society 一案中,法院确立了"企业之间的合资经营行为只有在风险共担且进行了资本整合的情况下,才能被认定为合法的合资经营"的原则。在 United States v. Health Choice of Northwest Missouri 案的协议裁决中,司法部援引了 Arizona v. Maricopa County Medical Society 案中的标准,并将其适用于卫生保健领域。在 United States v. Health Choice of Northwest Missouri 案中,内科医生们企图联合推行医疗营销计划,但是不愿共同承担风险,也不愿进行资本的整合。为了对这一被指控违法的行为进行修正,司法部在协议裁决中给予了参与健康选择计划的内科医生们两种选择,一种是将健康选择计划组织进行重新组织,加入风险分担的要求,使之成为一个合格的医疗计划。另一种是信使模式①这一合法的可替代性计划。在该模式下,医疗费用的信息通过信使传递给健康计划组织,健康计划组织分别传达给内科医生,这样,内科医生们就不必进行涉嫌违法的联合行为了。这一案件表明,协议裁决能够将普遍的反垄断法律规则落实到具体的行业领域,并告知相关方如何行事,从而避免反垄断法的追究。

除对共谋行为予以解释之外,司法部同样以协议裁决方式对其他行为的合法标准进行解释,如联合行为、独占、搭售等行为。

(二)扩大或改变对法律规则的解释

除了解释法律标准之外,司法部还采取更为积极的立场,通过协议裁决将过去已建立的法律标准加以扩展与延伸,或是重新建立反垄断法的衡量标准。

一直以来,出于对契约自由的尊重,法院认为合同一方当事人给予另一方当事人最优惠价格的合同条款是合法的。但是在 United States v. Vision Service Plan 案中,司法部对最惠国待遇(most-favored-nation clauses)条款进行了重新解释。在此案中,非营利公司"视力服务计划"(Vision Service Plan, VSP)与供应商(主要是验光师)签订合同,然后将视力健康治疗计划提供给企业或其他组织。VSP 与验光师的合同中规定验

---

① 所谓信使模式即通过"信使"在医生和支付方之间传递与医疗服务有关的价格或非价格信息。

光师给予其他视力治疗组织或保险计划的价格，不得比给予 VSP 计划的价格更低。司法部认为这种"最惠国待遇"条款导致验光师不愿为 VSP 的竞争者提供折扣，使 VSP 的竞争者在相关市场上处于竞争劣势。因此，要求"视力服务计划"进行修改。这一案件的协议裁决否定了一贯的法律原则，在反垄断领域确立了新的法律判断标准。

（三）通过协议裁决管制竞争行为

随着协议裁决的广泛运用，司法部越来越注重依据自身的反垄断政策目标，借由协议裁决监控和重构企业的行为。波斯纳曾通过对司法部协议裁决实践的统计，将协议裁决分成三种类型，第一种是依立法语言式裁决（statutory language decree），即根据法律之规定直接作出协议裁决。例如，在处理联合定价（price fixing）案件时，常常仅利用协议裁决来禁止被告的行为，波斯纳认为这种协议裁决在法律有明确规定下并无多大意义，除非法律规定本身并不明确，这种协议裁决才能实现这种执法方式本身的目的。第二种是一次性解决式裁决（once-for-all decree），即通过改变企业的结构以消除垄断行为的协议裁决，反托拉斯局和法院试图通过这种类型的协议裁决彻底消除垄断，一劳永逸，不用再在该案件上耗时费力。然而，企业机构的改变，例如剥离（divestiture）往往会导致执行的拖延。第三种类型是管制裁决（regulatory decree），该类协议裁决的目的在于在司法部反托拉斯局与被告之间建立一种长期的监控关系。最早采取类型的协议裁决的典型案件是 United States v. Terminal Railroad Association of St. Louis. 一案。在该案中，最终的协议裁决要求被告必须以合理且相同的价格为所有交易对象提供服务。这一类协议裁决的内容被后来的大量案件广为模仿。例如：要求被告以非歧视、合理的价格许可他人使用专利权；禁止企业从事进一步的合并；禁止企业进入特定市场领域；禁止市场份额超过一定限度。在这样的协议裁决中，司法部拥有非常广泛且长期的自由裁量权。波斯纳认为管制裁决在司法部民事诉讼案件中数量极其庞大，而且由于大量的协议裁决通过非正式程序进行，整个过程未进行记录，因此已报道的数字尽管已经很庞大，但是仍未完全反映以管制裁决这类协议裁决方式结案的案件数。因此，他得出结论，从整体来看，通过管制裁决来对被告经营行为进行长期

监控这一执法方式是反垄断民事案件的基本特征。^①

在 United States v. American Bar Association 案中,司法部指控美国律师协会的法学院排名评审程序具有反竞争效果,因为该评审程序使得申请评审的法学院迫于竞争而必须给予评审机构越来越多的报酬和利益。司法部指出利益集团已经"捕获"该评审程序以实现自身的利益,甚至已经将评审委员会当成自己利益代表的"协会"(guild)。为了消除评审程序中的反竞争因素,该案的协议裁决改变了原有的评审程序,规定了详细的运作方式,并为评审委员会成员资格设立了标准,规定如果法学院在评审过程中认为评审结果对己不利,可提起诉讼。在这一案件中,司法部通过协议裁决形成了对美国律师协会的法学院排名评审程序的一种长期管制,以健全该程序中的竞争机制。

综上所述,协议裁决的功能不仅在于适用法律或解释法律,并设置一些新的法律标准,以避免反垄断法的不确定性带来的弊端,甚至还能通过协议形成对企业日常商业行为的长期管制,将市场主体的经营行为纳入合法轨道。因此,协议裁决的广泛运用,被认为是美国司法部与联邦贸易委员会从执法者走向管制者的重要标志。

第三节 美国反垄断协议裁决的监督

一、需要监督:美国协议裁决制度的正当性质疑

作为一种反垄断软性执法方式,美国反垄断协议裁决的价值与效用是有目共睹的,然而,与此同时,该制度也遭到了广泛的质疑。有学者曾经指出:"没有哪个执法方式像协议裁决那样遭到如此尖锐的质疑和如此热烈的拥护。"^②从理论上来讲,协议裁决主要存在两方面的弊端:一方面,协议裁决作为行政执法方式的一种,是一种行政机构与行政相对人之间的执法,其

---

① Richard A. Posner, "A Statistic Study of Antitrust Enforcement", *Journal of Law and Economics*, Vol. 13, 1970, pp. 385-388.

② Milto Katz, "The Consent Decree in Antitrust Administration", *Harvard Law Review*, Vol. 53, 1940, p. 415.

主要目的是要对行政相对人的违法行为及其产生的危害进行控制，不涉及对第三方利益的救济。因此，协议裁决可能造成对第三方利益或公共利益的损害。另一方面，协议裁决作为一种非正式执法方式，其协商过程缺乏透明度，存在"暗箱操作"的弊端。

（一）第三方利益或公共利益的损害

反垄断执法机构和当事人之间达成协议裁决是否会波及其他人的利益，甚至损害公共利益呢？这是协议裁决最受争议的地方。如前所述，协议裁决是一种弹性非常大，且经由司法部内部程序达成的协议。在司法部与被告协商的过程中，尽管被告的竞争者或者交易对象也有机会向司法部提出意见与建议，但是由于协议裁决的过程并不对外公开，当法院对该协议裁决进行司法审查时，也并没有要求司法部将这些意见与建议公之于众，司法部也没有对协议裁决是否已经考量了这些意见与建议进行说明的义务。此外，协议裁决的内容不能作为受该垄断行为损害的当事人提起民事诉讼的表面证据（prima facie effect）。因此，协议裁决因其特有的程序，本身就无法确保第三人利益必定在协议过程中获得考量，又因其不能作为表面证据，无法为第三方保护其利益提供依据。

（二）暗箱操作

一旦协议裁决获得普遍运用，其运作问题主要来自协商过程中的"透明度有限"（limited transparency）问题。① 协议裁决依执法机构内部规定进行，且不做记录，外人无法获知有关协议裁决的重要信息。协议过程的隐秘性从理论上来说，很容易导致政府被企业"捕获"（capture），使协议内容实际有利于被告，而不足以实现反垄断法的目的。然而，即使面对质疑，司法部仍然拒绝公开协议过程与相关信息，其所给出的理由是：如果对协议过程进行公开，一方面，被告将不愿提供一些机密性的信息，另一方面，对于反垄断执法机构工作人员讨论过程的公布，将削弱他们自由、开放地进行讨论的

---

① William E. Kovacic, "Evaluating Antitrust Experiments: Using Ex Post Assessments of Government Enforcement Decisions to Inform Competition Policy", *George Mason Law Review*, Vol. 9, 2001，p. 848.

意愿。①

对于协议裁决的协商过程,国会并没有进行专门的立法,1913 年出台的《证据提取公示法》(Publicity in Taking Evidence Act)专门针对 United States v. United Shoe Machinery Co. 案中法院不进行公开听证的问题而制定,该法规定:对于垄断行为在诉至法院之前所举行的任何听证以及所有证据的提取,都必须在司法审查的过程中予以公示。这一规定的目的在于通过程序公开的方式来激励第三方将相关信息提交给反垄断执法机构。然而,在 1962 年,国会又通过了《反垄断民事程序法》(Antitrust Civil Process Act),该法规定司法部在起诉之前可以通过民事调查令(civil investigative demands, CID)来对垄断行为进行调查,在调查中所获得的文件在提交到法院之前不必对第三方公示。这一规定常常被协议裁决程序保密性拥护者所援引。这条规定成为司法部对协议裁决过程进行保密的立法依据。依据《证据提取公示法》的规定,第三方有权要求对政府的询问及其获得的资料予以公开。而对于同一资料,如果是政府通过民事调查令而获得的,那么依据《反垄断民事程序法》的规定不必进行公开。上述两个关于证据的矛盾性的规定不但没有对争议予以澄清,反倒更令人无所适从。正如美国众议院在其报告中指出的:"司法的功能已经被行政程序所取代,这种行政程序缺乏行政规则以确保那些与政府所处理的案件相冲突的公众以及其他利益团体的利益。协议裁决的实践在已有的行政法与司法程序之间形成了一个灰色地带(twilight zone)。"②

然而,追根究底,协议裁决结案方式所可能带来的最大问题就是第三方利益或公共利益的缺位。对"暗箱操作"的指责实际上也是在担心公共利益与第三方利益可能无法实现,事实上,这不仅仅是协议裁决制度遭受质疑的重点,从理论上而言,可能造成公众利益与第三方利益损害也是所有软性执法存在的共同问题。无论是反垄断软性执法中的事前指导还是事中、事后控制,都是反垄断执法机构与涉案当事人之间的单方面对话和交易。这与司法执法不同,在司法执法中,由于双方当事人的存在,法官的审理与裁决

---

① Notes: "The ITT Dividend: Reform of Department of Justice Consent Decree Procedures", *Columbia Law Review*, Vol. 73, 1973, p. 601.

② Notes: "The ITT Dividend: Reform of Department of Justice Consent Decree Procedures", *Columbia Law Review*, Vol. 73, 1973, p. 603.

工作受到即时监督,也就是说,司法执法本身就内含了一种监督机制,而行政执法却并无这种监督机制。相对于司法执行而言,反垄断软性执法容易造成对第三方与公共利益的损害。因此,对反垄断软性执法予以适当的监督,是反垄断软性执法正当性的保障。

二、监督的选择:反垄断协议裁决应选择何种监督方式?

反垄断软性执法是反垄断行政机构行使行政裁量权的结果。由于法律不可能事无巨细地规定行政主体的每一个执法活动,因此行政主体享有在划定范围内进行自由裁量的权力。[①] 对于行政裁量权的法律控制一直都是行政法上的难题。从世界范围来看,对于行政裁量权的法律监督有三种观念与模式:立法约束、程序控制与司法审查。[②] 对于反垄断软性执法的监督同样可以采取三种监督方式。

(一)立法约束模式

立法约束论强调以法律规定的明确性来控制行政裁量权。行政官员运用裁量权的程度应受到立法的严格约束,只有在法律有特别授权的情况下才有裁量权力,而且只能以法律确定的方式来实施。[③] 这种立法约束的理念在国内行政法理论和实务中较为普遍。然而,这种强调法律的事先确定性约束的观念早已遭到批判,在这里,显然存在着依法行政与随机应变的决断、规范确定性与事实认知性之间的张力以及统筹安排上的行为性悖论。[④] 因此,在现代国家中,立法往往只设立一般原则。立法机构并无强烈愿望去预见所有情况和对每一个情节提供细节,执法机构被留有很大的裁量权。[⑤] 在反垄断法中,法律确定性与现实复杂易变性的冲突更加明显。从前文的论述中可以看到,反垄断领域的复杂性使立法者根本无力在事先明确执法目标和执法方式,只能依赖执法机构因时因地对案件予以裁量,因此,立法

① 施建辉:《行政救济中的和解与调解》,《法学论坛》2008 年第 3 期。

② 徐晨:《权力竞争:控制行政裁量权的制度选择》,北京:中国人民大学出版社,2007 年,第 2 页。

③ Gary Blair Huish, *Association Between Administrator Perceptions of Judicial Influence and the Structuring of Administrative Discretion*, Phoenix: Arizona State University Press, 1999, p. 47.

④ 季卫东:《从法治到民主的里程碑——解读〈全面推进依法行政实施纲要〉的内涵和体制改革的契机》,《财经》2004 年第 3 期。

⑤ William Bishop, "A Theory of Administrative Law", *Journal of Legal Studies*, Vol. 19, 1990, p. 509.

约束模式不适宜作为反垄断软性执法的监督模式。

（二）程序控制模式

行政裁量权的程序控制观念是一种行为过程控制思想，即对政府的行政立法、裁决行为所应当遵循的方式、步骤、时限和顺序进行限制。程序控制观念强调行政程序作为认识的客体所具有的客观性。行政方式、步骤构成了行政行为的空间表现形式；行为的时限、顺序构成了行政行为的时间表现形式。[①] 从世界范围来看，我国的行政程序观念和西方的行政程序观念存在一定的区别。有学者将我国的程序观念称为指令性程序，而西方的称为回应性程序。在指令性程序中，行政程序成为权力指令下的办事程序。而回应性程序则强调决策权的分化，使公民参与到程序中，并使公民的意见真正影响行政行为的结果。[②] 美国的《行政程序法》要求行政裁决必须适用准司法的法律程序，例如行政听证程序。这种听证程序一般由相对独立的行政法官（administrative law judge）来主持，通过正式的交叉质证和对抗式的听证，形成作为实质性证据的完整记录，这些听证记录继而成为行政决定的理由。不过，明确的行政法律程序是针对正式行政行为而言的，反垄断软性执法在美国的行政行为体系中属于非正式行政行为，如果以严格的法定程序来控制软性执法中的行政裁量，则会加大执法成本，软性执法也失去了应有的意义。因此，程序控制模式也不适宜用来作为对软性执法的监督。事实上，在《行政程序法》建立起的程序控制框架中，对政府的行政立法和裁决行为进行了程序控制，但是对于非正式行为的裁量滥用则是交由司法审查来监督的。[③]

（三）司法审查模式

司法审查是法院两大职能中的第二类职能，即对行政机构实施司法控制。[④] 相对于前两种行政裁量权控制方式，司法审查模式是一种事后控制模式，即在行政机构作出决定之后审查该决定的法律效力。由于行政裁量

[①] 姜明安：《行政法与行政诉讼法》，北京：北京大学出版社、高等教育出版社，1999年，第260页。

[②] 徐晨：《权力竞争：控制行政裁量权的制度选择》，北京：中国人民大学出版社，2007年，第75页。

[③] 徐晨：《权力竞争：控制行政裁量权的制度选择》，北京：中国人民大学出版社，2007年，第51页。

[④] 第一类职能为执法职能，即普通的民事与刑事审判职能（［英］詹宁斯：《法与宪法》，龚祥瑞等译，北京：生活·读书·新知三联书店，1997年，第172页）。

的复杂性,法院通过司法审查控制行政事务的强度、方式也并不统一:第一,基于审查限度的考虑,将某些有关行政裁量权的特定问题排除在司法审查范围之外,也就是适用不可诉原则;第二,禁止授予立法权原则,法院将行政裁量权的控制压力转向国会;第三,对于具体案件的司法审查,法院根据行政裁量权的特点,以不同的审查标准来予以司法控制;第四,法院对设计专家知识或者事实认定的行政决定给予不同程度的司法尊重,即不以司法裁判替代行政决定。一般认为,司法的中立性、稳定性、权力专属性、终极性、运行方式的交涉性等特征,正好弥补了行政裁量的缺陷,因此,司法审查成为现代社会对于行政裁量权控制的有力工具。[①] 在美国,根据《行政程序法》的规定,行政机构作出的裁决必须经过法院的司法审查许可之后才能获得强制性法律效力。因此,美国国会与协议裁决质疑者都寄希望于司法审查这一机制来约束协议裁决,以实现行政裁量的正当性。在反垄断法中,法律条文的模糊性与软性执法行为的非正式性,使得反垄断软性执法无法依靠立法约束和法定程序控制来监督,其正当性只能依赖司法审查这一最后屏障。

三、如何监督:美国反垄断协议裁决司法审查机制的立法与实践

在美国,为加强司法审查对于反垄断法协议裁决的约束,美国国会于1974 年通过了《塔尼法》。《塔尼法》是美国国会不满法院对司法部反托拉斯协议裁决的司法审查过于草率简单而制定的。[②] 因此,Tunney 的主要目的之一在于加大对司法部和被告所达成的协议进行司法审查的强度,然而,《塔尼法》的出台不但没有真正解决问题,反倒引起了更多的争议。下面将对协议裁决司法审查的历史进行考察,探究美国如何利用司法审查对协议裁决进行监督以实现公共利益。

(一)前《塔尼法》时代的司法审查:橡皮图章

在《塔尼法》出台之前,法院对司法部提交的反垄断协议裁决的审查较

---

① 孙笑侠:《法律对行政的控制——现代行政法的法理解释》,济南:山东人民出版社,1999 年,第248-255 页。

② Notes:"The Scope of Judicial Review of Consent Decrees Under the Antitrust Procedures and Penalties Act of 1974", *Michigan Law Review*, Vol. 82, 1984, p. 153.

为宽松且简单。国会在制定《塔尼法》时指出："本法的出台是为了抵御不断升级的所谓'司法橡皮图章'(judicial rubber stamping)的滥用行为。"尽管国会对于"司法橡皮图章"没有进行明确定义，但是反映了前《塔尼法》时代法院并不愿意通过司法审查对于司法部行政权予以过多的干预，这一点在以下几个案件中得到体现。

1. 1956 年的 Western Electric 案

1949 年，在杜鲁门总统任职期间，美国司法部就开始对 AT&T(American Telephone & Telegraph Inc.)进行调查，宣称 AT&T 垄断电子通信设备市场，要求 AT&T 剥离其子公司 Western Electric，该案在起诉后就陷入了漫长的审前调查程序。最终美国司法部和 AT&T 达成协议，放弃了起诉状中所提出的剥离子公司和其他请求，司法部仅仅要求 AT&T 不得将其业务扩展至电子通信服务市场之外。联邦最高法院经过一个简短的听证之后，批准了该协议。然而此案的最终结果遭到了公众的批判。有人指出，司法部在与 AT&T 进行协议时受到了政治影响。[①] 而法院的审查过于简单草率，基本没发挥司法审查应有的作用。

2. 1969 年的 IT&T 案

1969 年，美国司法部分别对 IT&T 兼并 Grinnell、Canteen 和 Hartford Fire Insurance 三个公司的行为进行起诉，认为该行为违反了《克莱顿法》。Grinnell 和 Canteen 兼并案通过审理后，司法部败诉。一审结束后，1971 年 8 月，司法部与 IT&T 针对 Hartford 的兼并达成协议，协议准许 IT&T 兼并 Hartford，但是必须放弃 Hartford 的几个子公司，因为这几个子公司的兼并将使得 IT&T 在兼并后的竞争实力显著增强。当时的法律并没有公示要求，因此司法部未公布达成该协议的理由。法院在进行简单的听证会之后批准了该协议裁决。[②] 尽管该案中司法部的协议裁决有一定的现实考虑，尤其是在前两个兼并案都败诉的情况下，通过协议裁决方式来控制 IT&T 的行为可能是最现实的选择。但该案也遭到了质疑，被指责为政治

---

① 在该案的审理过程中，1952 年艾森豪尔击败杜鲁门成为总统。司法部反托拉斯局的人员全面更换，AT&T 趁此机会劝说新的反垄断执法机构结束起诉，并宣称子公司的剥离将破坏国家防御，最终 AT&T 游说成功，获得了想要的协议结果。

② Notes："The ITT Dividend: Reform of Department of Justice Consent Decree Procedures"，*Columbia Law Review*，Vol. 73，1973，p. 594.

影响的产物。①

在以上两个案件中，联邦最高法院对司法部所提出的协议裁决的审查既不深入也不彻底，成为前《塔尼法》时代法院在对司法部反托拉斯协议裁决的审查过程中成为"橡皮图章"角色的典型案例。② 这两个案件中，法院明确地表示出对司法部协议裁决的尊重（deference），但是并未对其原因予以说明，也未明确协议裁决司法审查的标准。在另一起案件中，联邦最高法院对此进行了解释：除非所提交的协议裁决显示出政府在协商和达成协议裁决的过程中存在明显的欺骗意图（bad faith）或滥用职权（malfeasance）现象，否则法院将不会对协议裁决进行干预。这一论断被视为联邦最高法院对"橡皮图章哲学"（rubber stamp philosophy）最为详细、深刻的阐释。③ 这一宣言表明在"橡皮图章"时代，法院对于司法部协议裁决的审查重点并不在于内容本身是否合理，而更关注协议裁决过程有无违法现象。这意味着，协议裁决的内容并非司法审查的关注重点。

（二）《塔尼法》的司法审查标准：公共利益

在《塔尼法》制定的说明中，国会表达了一种明确意图，即力图改变法院未经审慎审查就批准司法部提出的协议裁决这一现象。为了改变法院在审查反托拉斯协议裁决中的"橡皮图章"角色，国会在《塔尼法》案中设置了一个明确标准，即协议裁决的司法审查必须符合公共利益（public interest）。为实现这一目标，《塔尼法》提供了一系列实体与程序的规定。

在实体层面，《塔尼法》为法院审查某一协议裁决是否符合公共利益规定了一系列考量的因素：对竞争的影响；对被指控的违法行为的修正程度；如何执行以及如何进行后期的修正；效力终止的时间；替代性救济的预期效果；其他对该协议正当性的考察。此外，法院还应考察该协议对公众的普遍影响，以及对某些受被指控垄断行为损害者的特殊影响。

---

① IT&T 曾为 1972 年的共和党全国代表大会提供经济资助，因此有人认为，司法部的协议以及法院的草率审查是当时执政的共和党人对 IT&T 经济资助的回馈（"The ITT Dividend：Reform of Department of Justice Consent Decree Procedures"，*Columbia Law Review*，Vol. 73，1973，p. 605）。

② Lloyd C. Anderson，"United States v. Microsoft, Antitrust Consent Decrees, and the Need for a Proper Scope of Judicial Review"，*Antitrust Law Journal*，Vol. 65，1996，p. 8.

③ Notes："The Scope of Judicial Review of Consent Decrees Under the Antitrust Procedures and Penalties Act of 1974"，*Michigan Law Review*，Vol. 82，1984，p. 165.

对于程序而言,《塔尼法》规定得比较明确:首先,一项协议的具体内容必须在生效前 60 天在联邦公报上予以公布。执法机构必须制作竞争影响说明书以说明达成协议的决定性因素,并将该说明书提交给法院,同时公布于联邦公报。在这 60 天中,任何人都有权向法院提交书面的意见,所有书面意见也都将公布于联邦公报。其次,协议中的关键性资料、竞争影响说明书以及公众的书面评论都必须在有关报刊上进行刊登,执法机构必须对书面评论作出回应。法院的司法审查措施可以多样化:举行听证会,要求政府官员或专家提供证据;指定特定的咨询人员或其他专家发表意见;允许第三方利益主体参与整个审查过程,指定临时法律顾问;查看书面评论;采取任何法院认为可以保障公共利益的其他行动。最后,被告也可以向法院提交任何与协议有关的书面说明。

从理论上而言,《塔尼法》的上述规定预期在以下方面能起到一定的效果:第一,有关揭露和审查的规定,有助于防止政府的渎职或其他滥用职权行为。第二,《塔尼法》所建立的"公示—评论"程序,迫使司法部解释协议裁决的理由,并对反对意见作出解释,这样能使整个过程更加透明。第三,《塔尼法》给予第三方介入机会,使得在协议中某些公众关注的事项获得揭露机会。第四,公共利益审查标准的设定为法院的司法审查指明了方向。

尽管《塔尼法》为法院审查反托拉斯协议裁决提供了一系列实体与程序规定,但公共利益的标准本身含糊不清,其能否给予法院以明确指引和约束遭到了众多质疑,有学者指出,《塔尼法》对于法院究竟应如何来确认一个协议裁决是否符合公共利益,并没有提供真正有意义的指导。尤其是在法官对于案件事实了解不多,且对有关事项并无实践经验的情况下,"橡皮图章"角色几乎是注定的。[①] 还有学者指出,从立法文本和历史来看,国会并不愿给协议裁决这种有效执法工具施加太多约束。[②]

---

① Lloyd C. Anderson, "United States v. Microsoft, Antitrust Consent Decrees, and the Need for a Proper Scope of Judicial Review", *Antitrust Law Journal*, Vol. 65, 1996, p. 9.

② Lawrence M. Frankel, "Rethinking the Tunney Act: A Model for Judicial Review of Antitrust Consent Decrees", *Antitrust Law Journal*, Vol. 75, 2008, p. 555.

（三）后《塔尼法》时代司法审查：判例与立法

1."橡皮图章"角色的延续：Gillette 案和 Bechtel 案

1975 年的 Gillette 案是《塔尼法》颁布后第一个被报道出来的案件，该案中的法院判决意见被后来的大量案件所援引。在该案中，司法部指控 Gillette 公司利用其在德国的分公司 Braun 在电动剃须刀市场上实施限制竞争行为，并提出将 Braun 公司从 Gillette 公司剥离的救济方式。但是最终司法部和 Gillette 公司达成协议，放弃了对 Braun 公司的剥离，但是要求 Braun 公司不得在美国国内销售电动剃须刀。Gillette 公司的主要竞争者对此提出了反对意见，要求按照司法部最初提出的救济方式将 Braun 公司进行剥离。

在该案中，法院适用了新的公共利益标准。然而其得出的结论是："从字面上看，公共利益标准的适用将产生无法实现的悖论。一方面，国会希望法院一改'橡皮图章'的角色，进而作为一个独立的审查者来介入拥有相关专家与经验，以及在协议裁决执法方式上有着良好信誉的行政机构的执法实践。过度严格的审查将损害协议裁决作为一种反托拉斯执法方式的功能，消减反托拉斯执法效率。另一方面，国会希望法院作出一个全面综合的审查，而又要求该审查必须尽可能地简易且迅速。"

为了消除以上矛盾，法院设立了一个妥协性标准以平衡《塔尼法》自相矛盾的多个目标："判断一个协议所达成的内容是不是最优选择并不是法院的任务。既然这一协议是司法部通过艰难的谈判而达成的，法院并不需要处理案件，而仅仅应该审查协议裁决是否处于'公共利益许可范围内'（within the reaches of the public interest）。"

依据"公共利益许可范围内"的标准，法院最终认为司法部提出的协议是合理的。在本案中，法院的审查过程并非针对是否应该对 Braun 公司进行完全剥离的争论而进行，仅仅考察了剥离 Braun 公司在美国境内的业务是否合适。因此，有学者认为，尽管《塔尼法》已经开始实施，但从 Gillette 案来看，法院的司法审查并没有脱离"橡皮图章"的角色。[①]

在 Gillette 案之后，有两个具有影响力的案件，United States v.

---

① James C. Noonan, "Judicial Review of Antitrust Consent Decrees：Reconciling Judicial Responsibility With Executive Discretion", *Hastings Law Journal*, Vol. 35, September, 1983, p. 150.

National Broadcasting Co. 案①和 United States v. Agri-Mark, Inc. 案②, 更加显示出法院对司法部协议裁决的尊重, 在这两起案件中, 法院均再次声明了 Gillette 案中的观点。NBC 案中法院指出: "除非有明显的不当行为或是恶意出现, 否则不需要评判政府在达成协议时是否明智。司法部的检察官有能力运用其广泛的裁量权, 而司法权只应决定协议裁决是否在公共利益许可范围内, 而并非决定什么样的裁决才是最好的裁决。" Agri-Mark 案则不仅仅阐述类似观点, 还进一步肯定了协议裁决是反托拉斯法的有效执行工具, 并反对举行听证会, 以免损及协议裁决所要追求的效率。

为什么法院会退回到"橡皮图章"的角色？在 United States v. Bechtel Corp. 一案中, 法院作出了最为明确的回答。该案中, Bechtel 公司加入了阿拉伯人所实施的对以色列的联合抵制行为, 最终司法部和 Bechtel 达成了协议。然而, Bechtel 公司随后又对该项协议裁决提出异议。地方法院否决了 Bechtel 公司的异议, 许可了最初的协议裁决。Bechtel 公司不服而提起上诉, 在上诉判决中, 第九巡回法院支持了地方法院的判决, 同时指出:

> 立法建议法院可以(也许应该)在公共利益的基础上严格考察指控(complaint)与救济(remedy)之间的关系。然而, 我们不能同意法院应该对司法部所提出的协议裁决——这种也许能很好服务于公众的解决方式进行无限制的审查。对于协议所涉及的竞争利益与公共利益的权衡, 应该属于检察长的权限范围。法院保障公共利益的功能主要在于确认政府是否疏于履行保护公共利益的职能。因此, 法院只应被要求考察一个特定的协议裁决是否在公共利益许可范围内, 而不是该协议裁决是否能实现公共利益的最大化。严格的司法审查将会削弱协议裁决作为一种反垄断法执行方式的应有功能。

---

① NBC 自己制作黄金时段电视节目(prime-time television), 此外还收购独立制作公司的节目, 采取的是在获得这些节目首播之后的联播权利(the syndication right)的方式。司法部指控 NBC 企图利用对黄金时段节目的控制取得联播市场的独占力量, 并要求 NBC 放弃自制节目、收购联播权等一系列活动, 但最终达成的协议只要求 NBC 不再收购联播权。

② Agri-Mark 是新英格兰区(New England)最大的牛奶生产公司, 在其与 Hood 这一区最大的牛奶农场签订了牛奶供应合同之后, 企图进一步兼并 Hood, 司法部指控这一行为将削弱市场竞争。但最终达成的协议并未禁止兼并行为, 而仅仅对 Agri-Mark 收购 Hood 之后的行为进行了一定的限制, 例如不得对 Hood 以外的其他奶农实施差别待遇等。

尽管《塔尼法》试图让法院脱离在审查反垄断协议裁决时的"橡皮图章"角色，但是从 Gillette 案到 Bechtel 案的司法实践来看，法院仍然显示出对司法部裁决的极大尊重。此后，还有大量案件不仅仅明确表达对司法部协议裁决采取尊重的立场，还对该立场进行了解释。例如 United States v. Airline Tariff Publishing Co. 案，法院指出：

> 法院无法预测案件最终应如何解决才是最正确的，因为法院仅仅处理理论及可能性（probability）问题。政府在达成最终裁决时，很明显已经考虑并拒绝了公众评论中的那些反对意见了。

2. 一个偶然的反复：AT&T 案和 Microsoft 案

在 Bechtel 案后也曾出现对协议裁决持严格审查立场的案件，如 1982 年的 United States v. AT&T 案。在此案中，法院明确表示它将极其严格地审查该协议裁决的立场：

> 国会希望法院对司法部作出的协议裁决进行独立的审查，这一点非常明确。本法庭将依据此精神对协议进行审查。……判例法所形成的关于"法院不应该评判政府在协商过程与协议裁决中的智慧"的认识必然是国会所要反对的。

但是，该案的法官格林（Greene）也表示，严格审查的立场并非在任何一个案件中都适用。在后来他审理的另一个案件 United States v. GTE Corp. 案中，格林法官就改变了严格审查立场，而采取了较低程度的审查："由于 GTE 与 AT&T 案显著不同，在本案中，司法部在协议中的妥协只要是在能接受的范围之内就应该批准该协议裁决，尽管该协议中的救济达不到法院所想要寻求的效果。"

另一个持严格审查立场的案件是 1995 年的 Microsoft 案。如果说《塔尼法》及其相关案例不断地引发争议，那么 Microsoft 案是众多争议案件中尤其引人注目的一个。1994 年 7 月 15 日，美国司法部起诉软件巨头 Microsoft 公司，指控 Microsoft 在操作软件市场实施垄断，在提交诉状的同时也提交了司法部与 Microsoft 达成的协议裁决。该协议裁决并没有要求停止其所指控的 Microsoft 全部垄断行为，而只是对个别行为进行了一定的限制。① 司法部根据《塔尼法》的规定公布了竞争影响说明书之后,仅收到 5 份公共评论。然而,当法官斯波金(Sporkin)得知 Microsoft 的"雾件"行为②后,认为政府未指控 Microsoft 的"雾件"行为是错误的,并决定召开听证会,邀请 Microsoft 的竞争者对"雾件"行为进行听证。听证会上最终有三个主体对"雾件"行为提出了反对意见。但是司法部认为诉状中并未涉及"雾件"行为,因此拒绝提供有关的调查资料。法官斯波金认为,从《塔尼法》的规定来看,司法审查的正当范围不应仅限制在政府所起诉的那些垄断行为之内,因为政府即使发现了市场上的垄断行为,也很可能屈服于政治压力或其他非正当原因,仅对其中次要的部分提起诉讼并达成协议,这样将使一些重大的垄断行为避过法院的司法审查。

1995 年 2 月 15 日,法院认为协议裁决不符合公共利益,因而作出了拒绝批准该协议裁决的决定。理由是:政府未向法院提供充分的信息,协议裁决的内容太狭窄,双方回避了某些重要的反竞争行为,如"雾件"行为。Microsoft 案中斯波金法官所提出的严格审查立场甚至超过了 AT&T 案中的格林法官所适用的程度。格林法官对司法部协议裁决的审查毕竟局限在司法部所提起的协议裁决范围内,而斯波金则认为不仅应审查司法部所提起的协议裁决范围内的违法行为,还应该扩展到司法部所指控范围之外的其他反竞争行为。司法部与 Microsoft 对此提起了上诉。两个月后,上诉法院认定地方法院超越了其权限。上诉法院重新审查了"在公共利益许可范围内"这一司法审查标准后认为:

> 通过对《塔尼法》的立法语言与历史的考量,《塔尼法》并没有授予法院决定政府应提起何种诉讼,或质疑政府对没有提出指控的行为的调查情况。……当政府和被告根据《塔尼法》之规定向法院提交已达成

---

① 司法部在诉状中指出,Microsoft 下列行为违反《谢尔曼法》:(1)与个人电脑制造商签订排他性协议,授权制造商在个人电脑出售前安装 Microsoft 的操作系统软件,致使制造商无法使用竞争者的软件;(2)与电脑制作商签订关于售前安装 Microsoft 操作系统的协议期限过长,致使制造商无法使用竞争者的同类软件;(3)与应用软件的独立开发商签订保密协议,限制独立开发商不生产与 Microsoft 竞争的软件。在协议裁决中,司法部对上述指控进行了逐一分析,并规定了相应的救济途径,但是没有禁止 Microsoft 与独立应用软件开发商签订保密协议,而只是对协议的期限进行了限制。

② "雾件"(vaporware)是指宣布要上市但是尚未生产的电脑软件。Microsoft 对自己尚未开发的软件进行宣传,游说电脑制造商不使用竞争者所生产的相关软件。尽管司法部对 Microsoft 的"雾件"行为进行了长时间的调查,但是在最终的起诉中,司法部并未对控 Microsoft 的"雾件"行为进行指控。

的协议裁决时，法院所应审查的是该协议裁决的目的、意义和功能。如果协议裁决的内容模糊，或者法院可明显预见该协议裁决实施的困难，法院有权对此提出相应的要求。当然，如果第三方认为该协议裁决将对之产生损害，法院则必须三思而后行。然而，当政府决定不对一种具有垄断嫌疑的行为提出诉讼时，法院必须非常小心地不逾越其执法角色。当然，一个协议裁决仍然是一种司法行为，即使是未经审理而作出。因此，如果一项协议裁决从表面看或者经过政府/的解释之后仍然明显是对司法权的蔑视，那么地方法院没有义务去批准。但是总而言之，《塔尼法》不应该被解释为是对地方法院代行司法部检察职能的一种授权。

Microsoft 案二审意见与一审判决的观点是截然相反的，虽然二审法院在"公共利益许可范围内"标准所要求审查的"潜在模糊性、执行困难，和对第三方的损害"事项之外创设了一个新的审查事项，即"蔑视司法权"标准，但是由于上诉法院否定了斯波金法官逾越司法权限对司法部未提起诉讼的事项进行审查的做法，那么，"蔑视司法权"标准应该被解释为一种谦让性（deferential）的标准。该标准仅限于对司法部所指控的事项进行审查时予以适用。①

3.《塔尼法》2004 年修正案与后续案件

Microsoft 案所确立的"蔑视司法权"标准不仅没有扩展法院对司法部协议裁决审查的范围，提高其严格程度，反倒被法院用作了对司法审查过于宽松的指责的挡箭牌。为此，参议员科尔与德·温于 2003 年 10 月 23 日提出了对《塔尼法》予以修正的建议，该建议指出："目前，'蔑视司法权'标准在地方法院审查反托拉斯协议裁决案件中的适用是对《塔尼法》的误读，即只要协议裁决不形成对司法权的'蔑视'，就通过该协议裁决，这将使司法审查返回'橡皮图章'的角色。"该修正案建议的内容主要包括以下几点：将法院审查协议裁决"可以考虑"的因素改为"应该考虑"；增加了法院审查一项协议裁决是否符合公共利益要考量的因素，如协议裁决的内容是否含糊不清；要求法院对协议裁决进行独立的（independent）审查。此外，建议修正案还

---

① Lawrence M. Frankel, "Rethinking the Tunney Act：A Model for Judicial Review of Antitrust Consent Decrees", *Antitrust Law Journal*, Vol. 75, 2008, p. 562.

要求司法部在每一个案件中都必须提交实质性证据（substantial evidence），法院必须在该证据基础上判断是否许可一项协议裁决。科尔和德·温所提出的修正案引起了众多的争议，其中最大的争议焦点在于实质性证据。由于司法部的协议裁决执法方式并非正式执法程序，因此在调查和达成协议的过程中并没有公示性的证据记录。事实上，如果要求实质性证据的公示与听证，那么协议裁决就和正式审判没有什么区别了。① 最终，《塔尼法》的修正案于 2004 年正式通过，该修正案对司法审查要考虑的因素进行了一定的修改，但是争议最大的实质性证据要求并没有出现在正式的修正案中，也未要求法院对司法部的协议裁决进行独立的审查。

事实上，虽然 2004 年的修正案增加了对反托拉斯协议裁决司法审查所要考虑的因素，例如协议裁决对竞争的实质性影响等，但这些规定仍然是含糊不清的。修正案实施之后的一些案件显示，其对于消除先前的争议并无太大作用。以 2005 年 SBC/AT&T 合并案②为例，在该案的公众评论期间，反对者认为司法部提起的协议裁决中的救济不足以消除竞争弊害。他们认为 2004 年《塔尼法》的修正案否定了 Microsoft 案中的审查标准，更倾向于法院对司法部的协议裁决进行一个范围更广、公共利益衡量更全面的司法审查。而司法部和被告则认为修正案并没有否定任何先前的判例，尽管修正案在司法审查考量因素方面进行了一些变动，但是并没有任何实质性和程序性的改变。在司法部提交协议裁决 17 个月后，法院于 2007 年 3 月通过了该协议裁决。法院在判决中写道：

> 2004 年的修正案仅进行了极小的改变，司法审查的范围仍然被先例以及《塔尼法》所规定的程序的本质所严格限制。……2004 年的修正案并没有实质性地改变先前的判例法，并没有赋予法院超越司法部

---

① 美国律师协会反托拉斯部（ABA Section of Antitrust Law）针对修正案提交了反对意见，认为新的实质性证据是修正案中"最令人担忧的内容"。美国商业圆桌会议（Business Roundtable）也指出，实质性证据要求将导致昂贵且冗长的证据听证，包括多余的证据展示、多余的专家证词等，这将实质性地增加协议裁决实施的成本和拖延其执行。

② 2005 年，SBC 宣布兼并 AT&T，美国司法部在进行调查之后于 2005 年 2 月 27 日提起了诉讼，并同时提交了一份协议裁决。在指控中，司法部指出该合并中的两个经营者在其本地的私人通信服务市场上是仅有的两个服务提供商，因此，在这种情况下，合并将导致相关市场竞争的实质削弱。但是司法部所提交的协议裁决中，却只要求合并后的经营者以不可撤销使用权（indefeasible rights of use, IRUs）的方式出售其光纤容量，期限为十年。

指控的范围去作出符合公共利益的判断的权力。……因此，法院无权认为自己能寻求到更好的救济而否决一项协议裁决。只要该协议裁决在"公共利益许可范围内"，法院就应该批准其通过，因为法院应该尊重政府对其所提出的救济效能的预测。

尽管 2004 年的修正案对《塔尼法》进行了一定的修改，但是从相关司法实践来看，法院对于公共利益标准的理解与先前的判例并无二致，均体现了司法对政府行政自由裁量权的尊重与谦让。

第四节　评价与启示

美国反托拉斯协议裁决制度的实施历史悠久，也形成了一整套完整的运行程序。从美国协议裁决的启动、达成、履行与监督的运行过程，以及现有相关立法与实践历史来看，美国反托拉斯协议裁决的运行呈现出以下特点，从中我们可以得到一定的启示。

一、在运行过程中充分保持协议裁决的软性特质

（一）协议裁决的协商性

在美国，大部分学者都非常强调协议裁决就其本质而言是一种协议："受法院认可、具有约束力的庭外和解……协议裁决一般解释为协议，并不依据其背后所依据的法律"[①]；"被告与司法部反托拉斯局的检察长之间达成的、由法院许可通过的协议，与判决具有相同的法律效力"[②]；"政府与被告之间达成的、为了解决一个未经审理的案件的协议"[③]；"民事诉讼程序中

---

① 赫伯特·霍温坎普：《联邦反托拉斯政策：竞争法律及其实践》（第三版），许光耀等译，北京：法律出版社，2009 年，第 649 页。

② Notes："The ITT Dividend：Reform of Department of Justice Consent Decree Procedures"，*Columbia Law Review*，Vol. 73，1973，p. 595.

③ Notes："Flexibility and Finality in Antitrust Consent Decrees"，*Harvard Law Review*，Vol. 80，1967，p. 1303.

的双方当事人的相互妥协,其内容是由双方经过协商,最终由法院签署而确定"①。从实践中的协议裁决运作程序来看,也体现出协商性特征。

首先,协议裁决的制作过程恰好显示了讨价还价的合同性的特质。一个协议裁决往往先由政府进行调查并提出指控,而协议裁决的最终达成是由被告的承诺妥协而告终。在 United States v. Union Carbide Corp. 案中,法院对于司法部与被告之间达成协议裁决过程的表述,总结了所有的协议裁决应遵循的标准格式:

> 原告,即美国,于 1960 年 7 月 28 日提出了指控,被告于 1960 年 12 月 27 日针对该指控进行了抗辩,拒绝承认指控中所提到的实质性问题。最终,未经法院对相关事实与法律问题进行审理和判决,相关违法事实也未经原告和被告的承认,原告与被告通过他们各自的代理人进行了协商,达成了最终的审判结果。

> 于是,在未提交证据的情况下,未经法庭对任何事实与相关法律进行审理和判断,原告与被告双方签署了上述协议裁决,因此,本法庭宣布判决如下……

因此有学者指出:尽管协议裁决中的协商可能与普通商业合同的协商有些许不同,但是二者的实质并无二致。双方都致力于讨价还价的过程,政府致力于将一个正式的执法行为转变为一个由被告所认可的具有法律效力的协议。在"藐视"规定(如果不履行协议则视为藐视法庭)的约束下,被告被迫停止或着手一定的行为。② 美国联邦最高法院在 United States v Armour&Co. 案中也对协议裁决的协商性进行了描述:

> 案件中的协议裁决是由当事方经过认真协商并就确切条款达成协议之后订立的。当事方放弃就案件所涉问题提起诉讼的权利,由此节省了时间、费用,免去了诉讼风险。达成的协议自然包含某种妥协;为了换取成本的节省并消除风险,每个当事方都会放弃其在诉讼的情况下可能获得的东西。因此,不能说裁决本身有目的,而是当事方有目

---

① M. Goldbear, "The Consent Decree: Its Formulation and Use", Michigan State Bureau of Business & Economic Research, Occasional Paper No. 8, 1962, p. 768.

② John J. Flynn, "Consent Decrees in Antitrust Enforcement: Some Thoughts and Proposals", *Iowa Law Review*, Vol. 53, 1968, p. 989.

的，他们的目的通常是相反的，最终的命令将依据相关方的议价能力和达成目的的能力尽可能纳入这些相反的目的。

其次，从美国已有的反垄断协议裁决的司法审查历史来看，法院表现出了对司法部协议裁决中的自由裁量权的极大尊重。如前所述，在该制度的实践中，法院的司法审查一直没有脱离"橡皮图章"的角色，这事实上是法院对协议裁决协商性的一种尊重。有学者认为，协议裁决司法审查的最佳实施方式可类比于一个德高望重的牧师所举行的象征性的宗教仪式，而不是像药剂师那样以机器般的逻辑来实现公共职能。因为协议裁决的司法审查就像那些象征性的行为，例如转动祈祷轮、将圣水撒在祈祷者的身上，或者在祭坛上屠宰祭品。这些行为本身是没有意义的，但是其象征意义及结果往往对信仰者意义重大。[1] 因此，当一个协议裁决被提交到法院时，法院对该协议的背景、内容、结果等都知之甚少，甚至一无所知，就只能像某种仪式一样为该协议盖章并许可其通过。

（二）协议裁决之非裁判性与非制裁性

作为反垄断软性执法的一种，协议裁决的重要特征就是非裁判性与非制裁性。协议裁决是通过行政执法机构与当事人之间的协商合意而非行政机构单方面行使公权力的意志来执行法律，体现了个体自治（individual autonomy）的精神。尽管协议裁决与法院判决或执法机构的其他裁定具有相同的可执行力，但是作为一种折中，前者不具有法律上的权威性，也不一定与法律的规定相一致。"协议裁决避免了审判过程，忽略了被告行为是否违法这一点，使得反垄断法的发展，以及反垄断法解释通过协议双方的协议，而非依严格的普通法司法程序而获得。"[2] 整个协议裁决过程，无论是司法部与当事人之间进行协商，还是法院对之进行司法审查，都并不关注确认行为的非法性，反垄断执法机构在协议裁决中更注重如何通过对行为的救济来消除其对市场竞争的影响，而在绝大多数案件中，司法部所提起的协议裁决缩小了对垄断行为的指控范围，其所确认的救济方式比起司法部在诉

---

[1]　John J. Flynn, "Consent Decrees in Antitrust Enforcement: Some Thoughts and Proposals", Iowa Law Review, Vol. 53, 1968, p. 990.

[2]　Richard M. Steuer, "Counseling Without Case Law", *Antitrust Law Journal*, Vol. 63, 1995, p. 823.

状中所请求的救济方式的严厉程度也要低很多。也正是因为如此,从前文的法律执行模式与管制模式的划分来看,协议裁决从性质上来说更倾向于管制特性。[1] 法律执行模式注重禁止垄断行为,与之不同的是,协议裁决则往往通过暂时的过渡性措施消解非法行为所产生的市场势力。基于反托拉斯法的模糊性,执法方式不应追求对被指控行为的违法与否的法律评价,更重要的是如何控制被指控行为的弊端,发扬其优势,甚至要对行为进行长期监控以实现社会福利。从这一角度而言,行政执法无疑要比司法裁判具有优势。前述 Microsoft 案中斯波金法官针对司法部未指控的"雾件"行为进行审查和听证,事实上仍然在遵循司法的固有路径,关注的仍然是将所有违法行为绳之以法,而不是如何修正被告的行为,以提高竞争效率。因此在二审中,法院否定了这种做法,给予司法部的协议裁决以适当的尊重。

前文中提到法院在司法审查中不愿对司法部提起的协议裁决进行过多的干涉,在反垄断协议裁决的司法审查实践中,大部分法院只考察司法部提供的解释是否合理、充分。从专业知识的角度来说,法院并不必然比行政机构更懂得何为公共利益。从这一角度而言,法院不宜对司法部协议裁决的实质内容作过多审查。这一理由也时常被法院用来解释对司法部协议裁决的尊敬(前文中所援引的 Gillette 案、Bechtel 案、Microsoft 案和 Airline Tariff Publishing Co. 案中,法院的判决意见均有此种观点的表达)。"一个专业监管者可能比一个多面手的法官更容易证实生产商出现了过失。"[2] 尤其是在反垄断法多重目标的指引下,反托拉斯案件日趋复杂化,其专业性、技术性逐渐提高。反托拉斯行政机构作为日常的、专门的反托拉斯执法机构,对反托拉斯的相关知识、市场情况的了解程度、反托拉斯执法的相关经验,无论如何都要比法院略胜一筹,法院作为非专业性的裁判机构,往往难以应付反托拉斯法律规则中复杂的情况。

法院不愿对协议裁决进行过多干涉的另一个重要原因就是协议裁决从本质上而言并不是一个司法行为,也不应通过司法审查将其变为一个司法行为。例如,在前述的 Gillette 案中,法院指出,一个协议裁决"毕竟是一个

---

① A. Douglas Melamed, "Antitrust: The New Regulation", *Antitrust*, Vol. 10, 1995, p. 14.

② Glaeser Edward, "Simon Johnson, and Andrei Shleifer, Coase Versus the Coasians", *Quarterly Journal of Economics*, Vol. 166, 2001, p. 863.

协议,由于是政府而不是法院在处理案件,因此协议裁决并不是通过法定义务的确认施加救济的行为"。在1982年的AT&T案中,法院同样指出:"当法院在评估一个和解协议时,它不能超过其权限,像查找法定义务那样去修改协议裁决中的救济方式……因为,案件的和解毕竟是一个协议。如果法院依据《塔尼法》审查一个协议裁决,是在考察协议裁决是否包含了经过确认法定义务之后所应施加的法律责任,那么被告就会缺乏达成协议的意愿,那么协议的基础也将被损害。"司法强调确认法律义务,并施加相应的法律责任,这恰好是协议裁决作为一种妥协以诱使被告改变被调查的行为而要放弃的。

当协议裁决经法院审查通过后,其执行类似于一个判决命令的效果。其可以被视为批准了该协议裁决的法院的一项命令,如果被告不履行的话,法院就会启动藐视法庭程序。但是,协议裁决与司法判决还是有不同之处,其中最重要的一点就是,对于一个司法判决,当被告认为其事实认定错误或法律适用错误时,有权提起上诉。而协议裁决却只有在协议有书写错误或协议并未获得自己的同意、存在欺诈等情况下才能上诉。这也从侧面反映出协议裁决的非制裁性,对于一种权力机构施加的强制性制裁,法律必须给予被制裁者抗辩的机会,但是协议裁决是被告自己认可并承诺履行的,这不仅仅反映了协议裁决的协商性,也表明协议裁决中所规定的义务与制裁性法律义务是不同的。

(三)协议裁决之过程性

由于协议裁决的目的在于消除被告被调查的行为对市场竞争的影响,所以协议裁决所施加的救济措施是多种多样的,例如限制被告对某一市场的进入、限制被告的交易方式。因此,协议裁决的结果不可能像司法判决那样进行一劳永逸式的执行,协议裁决往往有一个履行期限。在United States v. Swift & Co.案中法院提出:"在这一特定案件中,为安全起见,应该假设在四十年之后,该协议裁决的目标已实现,而不需要该协议裁决永远实施下去。"其意图在于建议政府在每一个协议裁决中都加入一个确定的年限以解除对被告的约束,因为无论一个协议裁决在达成之初是如何正确,经过时间的推移也可能变得不合时宜。① 期限的设定有利于政府随着市场环境的变化来修正协议内容。

此外,大部分的协议裁决都含有弹性条款(flexible clause),该条款的目的在于建立起一个标准,用来判断协议裁决在履行过程中是否应进行修改,或者最初的救济方式是否在某些特定情形下需要进一步加强或放松。② 协议裁决中的弹性条款将经营者的行为置于反垄断执法机构的监管之下,当市场状况发生变化,经营者想要变更协议所约定的行为时,必须获得反垄断执法机构的同意,这样就将经营者的相关行为置于反垄断执法机构的持续监督之下。这与司法裁判以及传统的行政执法中对案件的一劳永逸式的裁决方式存在根本区别。

通过对美国反垄断协议裁决的运行机制的考察,我们可以看到,协议裁决是一种典型的反垄断软性执法。协议裁决的软性特质不仅在反垄断行政执法机构的相关执法活动中获得了充分的体现,并获得了良好的实施效果,也受到了法院的充分尊重。

二、立法与司法都对反垄断行政裁量权给予充分尊重

从相关立法与实践的发展脉络来看,《塔尼法》的制定与修改和相关判例发展似乎朝着两个不同的方向发展,《塔尼法》及其修正案力图强化法院对协议裁决的司法审查,而法院则不断表现出其对司法部自由裁量权的尊重,二者之间存在着一定的矛盾。为何会出现这一现象?笔者认为,国会主要面临两方面的压力:一方面,协议裁决作为一种反托拉斯法的非正式程序,与正式程序相比,具有非强制性、细节不作正式记录等特征,甚至有学者称之为"息事宁人"的执法方式。③ 这种执法方式的产生可以说是为了追求高效率和低成本而放弃了一些对被告某些可能的法定责任的追究。因此,从理论上而言,该执法方式必然存在自由裁量权过大、"黑箱"操作、公共利益得不到保障的可能。在美国这种对权力滥用极度敏感的国家,在立法上

---

① Kramer, "Modification of Consent Decrees: A Proposal to the Antitrust Division", *Michigan Law Review*, Vol. 56, 1958, p. 1051.

② Notes: "Flexiblity and Finality in Antitrust Consent Decrees", *Harvard Law Review*, Vol. 80, 1967, p. 1306.

③ 苏永钦:《经济法的挑战》,北京:清华大学出版社,2005年,第69页。

采取一定的行动是可想而知的。另一方面，在反托拉斯领域，大企业的行为往往是司法部与公众关注的焦点，因此，在司法部提起的诉讼中，很大一部分针对的是大型企业的行为，其协议裁决中的救济和制裁一旦轻于起诉书中的，必然遭到被告竞争者的反对。这些从个人自身利益出发的反对意见很容易造成对国会的舆论压力，促使国会采取行动。然而，从国会的立法来看，国会对此仅作出了一定的反应，甚至有学者认为国会并不愿司法审查过于约束司法部的协议裁决，不愿《塔尼法》成为司法部协议裁决的不合理负担。[①] 就连国会自己也在立法报告中说明："我们可以预见，法院的审查将提供最必要的信息，而这些信息将通过最简单、耗时最少的方法来获取。"

从司法实践来看，尽管国会一再进行立法督促，但是法院对于司法部协议裁决的司法审查仍然保持了极为谨慎的态度。这种态度有其一定的合理性。司法审查的目标是制约行政权，而不是代行行政权。司法审查之所以有存在的必要，不是因为法院可以代替行政机构做最为理想的事情，而是因为法院可以促使行政机构尽可能不做不理想的事。[②] 协议裁决作为反托拉斯法执行中的一种非正式执法程序，有其固有的灵活性强、成本低、耗时短的优势，如果对协议裁决进行严格的司法审查，上述优势都将被抵消。有学者指出：如果对《塔尼法》的适用不正确的话，《塔尼法》将是一个弊大于利的法律。司法审查本身带有许多固有的职能限制，设定司法审查的意图仅仅在于维持最低的标准而非确保最适宜或最理想的行政决定。[③] 当地区法院认为自己有权审查协议裁决之外的被告的行为时，当地方法院试图以自认为更强大、更好的方式来"重新解决"一个案件时，或者法院对协议裁决实行冗长的、范围不集中的审查程序，那么《塔尼法》所规定的司法审查将不再是一个有益的审查，而是一个不可预见的、成本高昂的负担。[④]

---

① 例如，国会没有改变协议裁决不能作为私人诉讼的表面证据（prima facie evidence）的规定（Lawrence M. Frankel, "Rethinking the Tunney Act: A Model for Judicial Review of Antitrust Consent Decrees", *Antitrust Law Journal*, Vol. 75, 2008, p. 555）。

② 孙笑侠：《法律对行政的控制——现代行政法的法理解释》，济南：山东人民出版社，1999 年，第 256 页。

③ ［美］欧内斯特·盖尔霍恩等：《行政法与行政程序法概要》，黄列译，北京：中国社会科学出版社，1996 年，第 45 页。

④ Lawrence M. Frankel, "Rethinking the Tunney Act: A Model for Judicial Review of Antitrust Consent Decrees", *Antitrust Law Journal*, Vol. 75, 2008, p. 551.

三、利用"公示—评论—解释"程序保障反垄断协议裁决的正当性

从反托拉斯法的目的来看,反托拉斯法保护的是竞争,而非竞争者。协议裁决是反托拉斯执法机构与被告之间通过双方讨价还价最终达成的妥协,从执法机构的角度而言,协议裁决的运用意在以最低的成本获得最高的竞争效益,对于第三方利益的保护并非其考虑重点。根据《塔尼法》的规定,法院对协议裁决司法审查的标准是公共利益,然而,早就有学者指出:可确定的、先验超然的"公共利益"是不存在的,社会中只存在不同个人和团体的独特利益。① 因此,公共利益的实现最重要的是要为受影响之利益提供"论坛",并通过协商达成妥协。《塔尼法》所设计的"公示—评论—解释"程序,事实上已经提供了这样一种"论坛"。公众有权对协议裁决进行评论并要求司法部提供解释,这给予任何受垄断行为影响的利益团体表达自身利益的机会。由于司法部必须在法院的监督下对公众提出的意见作出回应,因此,这一程序自然也会在协议过程中对司法部施加压力,使其所达成的协议裁决对案件所涉利益予以综合考虑。这样的制度设计给予了各种利益方参与行政决定的机会,使整个协议裁决的过程成为平衡各种相互冲突利益的过程。

如前所述,由于反托拉斯法无法精准地指示行政机构的执法行为,立法无法控制反垄断行政裁量权的扩张。反垄断软性执法作为一种非正式执法也无法为之设立法定程序进行过程控制,因此,只能寄希望于司法审查来监督反垄断软性执法中的行政裁量权,以促进公共利益的实现。在美国三权分立的传统框架之下,司法审查的作用在于确保行政机构的行为不超过国会立法的授权,确保立法指令在行政机构的执法中得到遵循,以便禁锢行政自由裁量于法定权限之内,防止行政机构对私人自由的侵入。② 然而,这一模式要求立法必须明确、具体且具有操作性。反托拉斯法的抽象性有目共睹,行政权与司法权之间的对抗也由此产生。纵观美国反垄断协议裁决司

---

① ［美］理查德·B. 斯图尔特:《美国行政法的重构》,沈岿译,北京:商务印书馆,2003 年,第 63 页。

② ［美］理查德·B. 斯图尔特:《美国行政法的重构》,沈岿译,商务印书馆 2003 年,第 10 页。

法审查制度的历史,我们看到的现实是:国会的相关立法语焉不详①,而相关的司法实践呈现一边倒的趋势——不愿对司法部协议裁决予以过多干涉。这是司法基于自身的局限性对行政机构自由裁量权的一种尊重与妥协。《塔尼法》所规定的"公示—评论—解释"的程序使法院在司法审查中的角色不再是一个监控者甚至修正者,其更类似于一个为各方利益代表提供利益表达的辩论场所,这正是对行政机构自由裁量权的一种程序性约束。因此,从这一角度而言,尽管美国对于反垄断软性执法的监督采取的是司法审查的方式,但其实质是向程序控制的回归,通过为各方利益提供表达、抗辩的机会,对软性执法所固有的软约束弊端进行控制与化解。由于反垄断协议裁决的软性特质,美国反垄断协议裁决司法审查中的"论坛"程序与法定的正式行政程序仍然存在区别:司法审查中对协议裁决的程序控制不是过程控制,而是一种事后控制,是在协议达成之后要求执法机构将协议结果予以公示、接受评论,进而对评论进行解释。这一方面保障了协议裁决的达成过程处于秘密状态,协议双方的自由意志得到充分表达,另一方面又以事后的监督形成对执法过程的威慑,促进公共利益的实现。

第五节　本章小结

在行政契约执法逐渐受到重视、反垄断私人诉讼遭到抑制的大环境下,协议裁决作为一种高效率、低成本的反垄断公共执行方式,得到了普遍运用。在美国反垄断协议裁决的整体运行过程中,司法部力求确保协议裁决的非正式性和软性特征。然而,反垄断协议裁决也因其软性特质而遭到质疑,其中最大的质疑就是可能损害相关主体的利益以及公共利益无法保障,因此,有必要为其设立一定的监督机制。从世界范围来看,对于行政裁量权的监督方式主要有三种:立法控制、程序控制与司法审查。反垄断法律规则的模糊性无法形成对执法机构的明确指示,而程序控制必然增加成本,使软

---

①　有学者认为《塔尼法》关于反托拉斯法协议裁决司法审查的规定具有开放性(open-ended)、混乱性(amorphous)和固有的模棱两可性(ambiguous)特征(Lawrence M. Frankel,"Rethinking the Tunney Act: A Model for Judicial Review of Antitrust Consent Decrees", *Antitrust Law Journal*, Vol. 75, 2008, p. 549)。

性执法作为一种非正式执法方式的优势无法发挥。因此,美国主要依靠司法审查对协议裁决进行监督。然而,美国反垄断协议裁决司法审查的立法与实践的历史却表明:法院基于自身的局限性而不愿对政府作出的协议裁决进行过多干涉。司法对反垄断协议裁决中的行政裁量权给予了充分尊重,并保持了反垄断协议裁决的软性特质。尽管美国对于反垄断软性执法的监督采取的是司法审查的方式,但《塔尼法》所确立的"公示—评论—解释"程序为各种相关利益提供了表达、抗辩的"论坛",其实质是向以程序控制行政裁量权的回归。与正式的行政程序不同,这种程序控制是一种事后的程序控制,既保障了协议裁决的非正式性,又能形成对执法过程的威慑,促进公共利益的实现。

第七章　我国反垄断软性执法的评价与完善建议

第一节　我国《反垄断法》的实施现状

在我国,《反垄断法》的产生经历了复杂曲折的过程,可谓"十三年磨一剑"。早在1994年,《反垄断法》就已被列入立法规划,在2007年8月30日第十届全国人民代表大会常务委员会第二十九次会议上,终于通过了《反垄断法》。由于我国没有反垄断的法律传统,立法经验也非常薄弱,对于《反垄断法》可能引发的社会经济效果尚不能完全确定,因此,我国《反垄断法》选择了较为原则性的立法模式,共有条文57个。在《反垄断法》颁布之前,我国并非没有任何竞争法律制度,事实上,1993年的《反不正当竞争法》和1997年的《价格法》都有若干关于垄断行为的规定,但这两部法律中关于垄断的规定十分零散且不全面。因此,《反垄断法》的颁布是我国反垄断法制建设的一个新起点。其背负着公众对打击市场垄断势力、健全市场竞争机制的殷切期望。然而,尽管公众对于《反垄断法》倾注了极大的热情,可是《反垄断法》的实施现状却并不尽如人意。媒体在《反垄断法》实施一年后进行盘点时指出:"没有一起成功的、依据该法维护消费者利益的案例。"《反垄断法》被评价为"花瓶"。[①] 在颁布时备受瞩目的《反垄断法》在实施中遭到了质疑。有学者对《反垄断法》2008年1月实施以来,直至2018年底十年中,中国裁判文书网上所公开的垄断纠纷裁判文书进行研究发现,垄断民事纠纷案件不仅绝对数量小,相对于上一位序列的竞争类案件或更上一位序

---

① 马宏建:《〈反垄断法〉实施14个月忧中见喜》,《中国改革报》2008年11月20日。

列的知识产权纠纷民事案件的数量而言,仅为其零头。①

与私人执行相比,我国反垄断法公共执行的力度与成效则要显著得多。自 2008 年《反垄断法》实施以来,各年度查处垄断案件数量基本上处于逐年增长趋势。反垄断执法机构不断强化反垄断执法工作,充分发挥竞争政策在助推经济发展中的重要作用。从金钱制裁(罚款加没收违法所得)金额来说,早期的案件金额不高,近年来有大幅度增加的趋势,如利乐公司垄断案的 667724176.88 元(2016 年)、宿迁中石油昆仑燃气公司垄断案的 2505 万元(2017 年)、吴江华衍水务公司垄断案的 2142.941908 万元(2017 年)、安徽支付密码器垄断案的 2975.930735 万元(2016 年)。从分布行业来说,涉及面越来越广,既有传统行业,也有新兴行业,例如软件和信息技术服务业,还有文化、体育、娱乐业。从违法行为类型来说,几乎涉及反垄断执法机构有权调查处理的所有垄断行为类型,甚至还包括新型的垄断行为(忠诚折扣)。还出现了拒绝配合调查处罚的案件。由于当事人拒不配合调查,2015 年 9 月 18 日,安徽省工商行政管理局对信雅达公司作出了 20 万元罚款的行政处罚。十多年来的《反垄断法》实施状况表明,我国的反垄断法私人执行目前非常薄弱,而公共执行机构在执法中表现得十分积极,并取得了一定的成效。事实上,出现这种现状是可想而知的。反垄断法私人执行的薄弱与公共执行的卓有成效也从事实上印证了笔者在前文中所论述的司法裁判方式在反垄断执法方面存在的问题,以及行政执法方式拥有的优势。

第一,我国《反垄断法》的执行现状体现了司法被动性的弊端与行政执法主动式执法的优势。尽管《反垄断法》的实施使一些长期以来司空见惯的行为的合法性受到质疑,一些检验法律和挑战界限的试探性、挑战性反垄断纠纷进入了司法程序。然而,我们可以看到,在《反垄断法》实施之初,反垄断案件的原告大多是律师,这说明《反垄断法》并未在普通民众中获得普及,普通民众对于《反垄断法》还极其陌生。作为一种被动式执法的执法机构,司法机构无法主动发起诉讼,也无法对案件进行选择,只能被动地作出受理或驳回的决定。加之市场上的垄断行为非常复杂,原告的举证存在极大困难,法院在判决时也举棋不定,导致我国已有的反垄断民事诉讼案件很少胜

① 杜爱武、陈云开:《中国反垄断民事诉讼案件数据分析报告(2008—2018 年)》,《竞争法律与政策评论(第 5 卷)》,北京:法律出版社,2019 年,第 331 页。

诉。换个角度来看,行政执法机构能主动出击,能够对一些重点领域和行业进行有选择的执法。例如我国工商行政管理机构除了积极处理举报案件之外,首要目标就是公用企业的滥用市场支配地位行为,以及行政性垄断行为这两种在我国特别突出且危害极大的垄断行为。自 2008 年《反垄断法》实施之后的十年中,工商部门在民生关注度高的电信、供水、医药、保险等领域共立案查处涉嫌垄断案件 93 件,其中 55 件已结案,4 件中止调查,涉及行业包括医药、烟草、广播电视、保险、石油、燃气、供电、计算机软件、家居建材、电信、食品包装材料等民生领域和社会热点问题。同时,依法查处滥用行政权力排除、限制竞争案件,共制止滥用行政权力排除、限制竞争行为 41 起。2017 年,全国工商部门共制止此类行为 12 起。[①]

第二,我国《反垄断法》的执行现状体现了行政执法机构的专业性优势。在一个没有反垄断执法传统,又未对反垄断执法设置专门诉讼机构的国家,由于反垄断知识的欠缺,司法机构的反垄断执法往往难以达到预期效果,尤其是在执法初期情况尤其如此。早在二十多年前,就有学者指出:"当下中国司法在社会公共政策形成方面毋宁说是这样一种现实状况:立法虽然以超常规的速度进行,而司法所能获得的规范资源仍然无法应对急剧变化的经济生活现实;同时,法官受知识逻辑和经验限制,面对加速翻新的市场事件和秩序已然处于无所适从的状态。"[②]这一描述在今天的反垄断私人诉讼领域仍然适用。在司法机构缺乏反垄断相关知识的状况下,甚至出现一些反垄断"伪案"。从反垄断行政执法机构的角度来看,我国最初接手反垄断执法工作的三个行政执法机构——商务部、工商局和发改委,在《反垄断法》颁布之前曾经承担了一部分反垄断执法工作,在此过程中形成的相关执法经验和特定知识对《反垄断法》实施初期的执法工作极其重要。

第三,我国《反垄断法》的执行现状表明公共执行更能体现《反垄断法》对公共利益的保护。在《反垄断法》实施的最初两年中,反垄断民事诉讼曾出现过一个热潮。截至 2010 年 5 月,全国地方法院共受理 10 起反垄断案件。在这些案件中,不乏热心人士牺牲自己的时间和精力,对垄断行为提起

---

① 冯国栋:《全国工商机关十年间制止 40 多起滥用公权干涉市场竞争行为》,http://news.sina.com.cn/o/2018-04-04/doc-ifyteqtq4109525.shtml,2021 年 8 月 16 日。

② 顾培东:《中国司法改革的宏观思考》,《法学研究》2000 年第 3 期。

的"1元诉讼"。在个人法律知识欠缺、经济实力薄弱的情况下,原告还将承担极大的败诉风险。在这10起反垄断民事诉讼中,刘方荣诉重庆市保险行业协会垄断纠纷案,周泽诉中国移动通信集团北京有限公司、中国移动通讯集团公司垄断纠纷案,李方平诉中国网通(集团)有限公司北京市分公司垄断纠纷案,分别遭遇了撤诉、和解撤诉以及驳回起诉。可想而知,其中只有和解能对被告造成一定的约束,然而这种结果根本无法对被告的经营行为形成真正的约束。更何况在没有为《反垄断法》设计特殊诉讼程序的前提下,这种私人发动的反垄断诉讼即使获得胜诉,其效力也仅仅涉及被告对原告一人实施的行为,无法彻底消除被告的垄断行为。行政执法则不必拘泥于被调查企业是否造成了对某一特定竞争者或消费者的损害,只要该企业实施了《反垄断法》所禁止的行为,而且已经或者可能造成市场竞争秩序的危害,或者消费者权益的损害,行政执法机构就能对该行为开始正式调查和处理。因此,从这个角度而言,相对于立足于私人个体利益的反垄断私人执行方式,行政执法更能有效控制企业的经营行为,从根本上消除企业垄断行为的竞争弊害。

综上所述,我国《反垄断法》十多年来的实践,已在事实上证明行政执法方式在《反垄断法》实施中的优势。反垄断软性执法作为行政执法的特殊类型,就有了其存在以及发挥优势的基础。在我国《反垄断法》的实施实践中,反垄断行政执法机构已经在大量运用软性执法方式进行执法,并取得了一定的成效,本书将在后文中专门论述。

第二节　反垄断软性执法在我国的适用性分析

反垄断软性执法在西方成熟市场经济国家得到广泛适用,甚至塑造了一国反垄断执法的基本面貌,但是我国反垄断采用软性执法以及应在多大限度上采用仍然是个问题。笔者认为,尽管我国在市场发展阶段、市场经济成熟度、行政执法模式等方面与美国、日本、加拿大等成熟市场经济国家存在一定的差异,但我国《反垄断法》仍然应该重视软性执法这类在发达国家普遍采用的执法方式。

一、适宜的社会背景

从历史来看,我国的法律制度往往以刚性约束的姿态出现。然而,随着现代市场经济和民主政治的深入发展,传统的刚性法律约束已经不能完全适应经济发展和社会进步的需要。法律制度不再固守单方性和强制性,在建构和谐社会的大前提下,软法治理、柔性执法成为公法治理领域的新现象,也成为公法研究领域的重要研究对象。[①] 在刑法相关领域,近年来,最高人民法院、最高人民检察院多次提到宽严相济的刑事政策。在行政法相关领域,行政指导、行政合同、行政奖励、行政给付、行政调解等新型政府行为方式作为一种灵活有效的行政活动方式,已经被我国广泛采用。我国法治大环境目前正由刚性走向软性,为反垄断软性执法提供了现实土壤和发展契机。

二、反垄断执法机构改革为软性执法提供了制度基础

在《反垄断法》生效实施的 2008 年,《反垄断法》规制的各项职责切割为三个部分,分别由三个机构专属管辖。其中,商务部管辖经营者集中,国家发改委管辖价格垄断,国家工商总局管辖除价格垄断外的垄断协议、滥用市场支配地位和行政垄断。国务院反垄断委员会办公室则设在商务部。经过一段时间的沉淀,三个反垄断执法部门都逐渐在各自职责领域做出了卓有成效的工作。

在《反垄断法》颁布的第十年,我国反垄断执法机构终于实现了业界广为期待的"三合一"。根据新的改革方案,国务院组建国家市场监督管理总局,作为国务院直属机构,将多年来分立在商务部、发改委、工商总局的反垄断执法机构合并,统一归属于国家市场监管总局,保留了国务院反垄断委员会的设置,具体工作由国家市场监管总局承担,建立中央和省两级负责的反垄断执法体制。2018 年 12 月,市场监管总局授权省级市场监管部门负责本行政区域有关反垄断执法工作,建立执法报告备案制度,切实加强对地方的指导,充分激发地方反垄断执法的积极性,发挥系统合力。改革后,新一

---

① 罗豪才等:《软法与公共治理》,北京:北京大学出版社,2006 年;黎慈:《柔性执法:和谐行政的有效保障》,《行政与法》2007 年第 12 期。

届国务院反垄断委员会修订完善了 6 项委员会工作制度,组建了新一届国务院反垄断委员会专家咨询组,建设市场监管总局反垄断专家库,强化反垄断工作智力支持。在统一工作规则制度方面,制定了覆盖反垄断工作全流程、全领域的 30 件工作制度和 62 件执法文书模板,制定 15 件工作模板,向省级市场监管部门印发了 15 种文书范本,提高了反垄断执法的标准化、规范化水平。① 三家反垄断执法机构合并为一家,执法主体的融合更有利于执法标准的统一和执法行为的协调,也为反垄断软性执法工具的运用提供了制度基础。

三、各国市场经济与法律制度的趋同化

反垄断法不是从来就有,而是在市场经济条件下才得以产生。市场的自由竞争必然伴有垄断,与市场竞争一样,垄断也是市场经济的本质属性。② 因此,反垄断法是任何一个市场经济国家必备的法律制度。此外,当前世界正朝着经济一体化的方向发展,其中突出的标志就是具有全球性质的经济组织——世界贸易组织的建立。这意味着各国市场经济运行模式的逐渐趋同,发生在一个国家的经济问题同样可能发生在另一个国家。经济基础决定上层建筑。市场经济运行模式的趋同化表现在法律制度方面,就是各国经济法律制度的相互借鉴、逐渐趋同的特征非常明显。如果将市场经济比作一场球赛,为保证球赛的进行,球员必须遵守基本的游戏规则,民商法可担当此任。但是为了比赛的公平,则需要确立处罚规则,对影响赛事公平的球员进行处罚,反垄断法正是发挥了这一作用。从这一角度而言,反垄断法是任何一国的市场经济内生的法律,不可或缺。此外,对于同一种赛事而言,处罚规则应该是趋同的。因此,各国反垄断法无论立法框架、规制对象还是执法方式都有趋同之势。

作为反垄断法运行最为成熟的国家,美国反垄断执法的一些经验一直被其他国家或地区所借鉴。在 21 世纪以来的几年中,许多国家或地区对反垄断法律制度进行了大规模的修订,尤其是在欧洲,修订的核心就是将美国

---

① 石海娥:《优化机构职能后,反垄断执法将更加系统化》,《光彩》2021 年第 3 期。

② 邱本:《自由竞争与秩序控制——经济法的基础建构与原理阐析》,北京:中国政法大学出版社,2001 年,第 242 页。

的反垄断执法制度吸收进来。有学者称这种借鉴为"美国化"。① 作为一个后发的市场经济国家,我国《反垄断法》无论是结构还是规制的内容,都可以说是对西方市场经济国家反垄断法的复制与移植。这一现象并非出于立法者的无知或无能,而是由市场经济本身对反垄断法律制度的固有需求决定的。因此,我国的《反垄断法》对企业承诺制度、经营者集中事前申报制度、垄断协议宽大制度等软性执法制度均有明确规定。这为软性执法在我国《反垄断法》实施中的适用提供了制度基础。

四、软性执法是反垄断法的内在需求

一般来说,法律可以移植,但问题永远是本国的。因此,即使一项制度在我国已有明确规定,但其现实适用性仍会遭到怀疑。然而,对于反垄断软性执法制度而言,其存在的正当性理由并非外在的,而是反垄断法本身的内在需求。如前所述,反垄断法不同于传统法律的不确定性使刚性执法失去了正当性基础,反垄断法的适用应该更多地依赖指导、建议、协商等方式来实现其正当性。无论是成熟市场经济国家,还是发展中国家,其反垄断法的不确定性个性特征同样存在。因此,尽管我国《反垄断法》的执法必然面临着有中国特色的问题,但是对软性执法的需求和发达市场经济国家并无二致。可以说,是反垄断法选择了软性执法,而不是成熟市场经济国家选择了反垄断法。

第三节　我国《反垄断法》指导性规则

一、我国《反垄断法》指导性规则的现状

原则性、抽象性是反垄断立法的特点之一,这一点在我国尤其突出。有学者指出:"我国是一个没有反垄断传统且鲜有反垄断执法经验的国家,采

---

① George Stephanov Georgiev, "Contagious Efficiency: the Growing Reliance on U. S. -Style Antitrust Settlements in EU Law", *Utah Law Review*, Vol. 4, 2007, p. 981.

取原则性立法模式不仅是无奈,也是较大程度的积极选择。"①原则性立法要较好地落实到实践中,对之进行补充性立法是尤其必要的。在《反垄断法》正式实施后,为了增强法律的可操作性,同时将法律的原则落在实处,提高立法的透明度,各个执法机构也在进行着《反垄断法》的配套立法工作。国务院及其反垄断执法机构制定了大量的行政法规、部门规章以及其他规范性文件对《反垄断法》的抽象条文进行具体化,以突破制度供给不足导致的执法困境。从严格意义上来讲,并不是所有执法机构颁布的法律文件都属于软性执法的指导性规则,在此,笔者仅选取几个较具代表性的反垄断指导性规则进行研究。

（一）《关于相关市场界定的指南》

根据《反垄断法》第九条规定,国务院成立了反垄断委员会。从性质上来说,我国的国务院反垄断委员会是一个《反垄断法》的议事协调机构。其职责主要有五项:竞争政策的拟定、竞争状况的调研、反垄断指南的制定、反垄断执法工作的协调以及国务院规定的其他职责。反垄断委员会不代替执法机构,也不干预各个执法机构的执法,可以就竞争政策总结协调,就各个执法机构的工作进行总结协调,所以会颁布一些涉及共性或国家竞争政策方面的指南或者其他文件。2009年5月24日,国务院反垄断委员会颁布了《关于相关市场界定的指南》。《关于相关市场界定的指南》是为了明确反垄断执法中市场界定的相关问题,由商务部牵头并会同国家发展和改革委员会、国家工商总局起草完成,并经国务院反垄断委员会审议通过后发布的。众所周知,相关市场(relevant market)的界定并不是我国《反垄断法》中的一项独立制度,但它却是建立《反垄断法》各主要制度的基础,在已建立起反垄断法基本制度的国家和地区,相关市场的界定常常成为反垄断法实施中的一个非常关键的问题。② 因此,反垄断委员会在《关于相关市场界定的指南》第二条就指出了相关市场界定对于反垄断执法的意义:"任何竞争行为(包括具有或可能具有排除、限制竞争效果的行为)均发生在一定的市场范围内。界定相关市场就是明确经营者竞争的市场范围。在禁止经营者

---

① 时建中主编:《反垄断法——法典释评与学理探源》,北京:中国人民大学出版社,2008年,第2页。

② 王先林:《论反垄断法实施中的相关市场界定》,《法律科学》2008年第1期。

达成垄断协议,禁止经营者滥用市场支配地位,控制具有或者可能具有排除、限制竞争效果的经营者集中等反垄断执法工作中,均可能涉及相关市场的界定问题。科学合理地界定相关市场,对识别竞争者和潜在竞争者、判定经营者市场份额和市场集中度、认定经营者的市场地位、分析经营者的行为对市场竞争的影响、判断经营者行为是否违法以及在违法情况下需承担的法律责任等关键问题,具有重要的作用。因此,相关市场的界定通常是对竞争行为进行分析的起点,是反垄断执法工作的重要步骤。"《关于相关市场界定的指南》共有 11 个条文,其主要条款对相关市场的含义和种类、界定相关市场的依据和方法进行了规定。《关于相关市场界定的指南》的内容与目前国际反垄断执法实践基本一致,且引入了在美国和欧盟反垄断执法实践中普遍适用的假定垄断者测试方法(SSNIP)这一先进的相关市场界定方法。此外,《关于相关市场界定的指南》还规定了相关市场界定的基本依据,即替代性分析(包括需求方面的替代及供给方面的替代)。该界定方法不仅给经营者如何遵守《反垄断法》提供相对较为明确的指引,也将为《反垄断法》的具体执法机构的执法提供依据。在《关于相关市场界定的指南》颁布之前的 2009 年 3 月 18 日,商务部反垄断局作出了禁止可口可乐公司收购中国汇源公司的审查决定,该案引起了广泛争议,其争议焦点之一就是对于饮料相关市场的界定不够清晰和明确。在该案中,相关市场被界定为果汁类饮料,商务部的理由是:"此次相关市场界定采用了国际上普遍使用的两种方法,即需求替代和供给替代。商务部高度注重经济学分析,对果汁类饮料和碳酸类饮料之间可替代性以及三种不同浓度果汁饮料之间的可替代性进行了深入分析,根据市场调查和搜集的证据,将此案相关市场界定为果汁类饮料市场。"[1]有学者认为这一解释给人的印象是:"中国缺乏具体的有关反垄断相关市场界定的标准,相关市场的界定缺乏法律依据和说服力。"[2]在《关于相关市场界定的指南》出台后,我们可以预见反垄断执法机构将适用 SSNIP 这一在国际反垄断法与政策领域内符合国际共识的主流分析方法来界定相关市场,在未来执法中不断完善该方法在我国的运用。

---

① 《商务部新闻发言人姚坚就可口可乐公司收购汇源公司反垄断审查决定答记者问》,http://shanghai. ec. com. cn/article/shhzxkb/shhzxkbjj/200904/735122_1. html,2009 年 3 月 24 日。

② 余东华:《反垄断法实施中相关市场界定的 SSNIP 方法研究——局限性及其改进》,《经济评论》2010 年第 2 期。

（二）商务部颁布的指导性规则

为了指导经营者集中申报前的商谈和具体申报工作,商务部制定了《经营者集中商谈规则》《经营者集中反垄断申报流程图》《关于经营者集中申报的指导意见》《关于经营者集中申报文件资料的指导意见》和《经营者集中反垄断审查办事指南》等 5 份指导性规则。除《经营者集中商谈规则》之外,其他文件均在商务部网站上进行了公布。《关于经营者集中申报的指导意见》对经营者集中的商谈规则进行了初步规定,并对申报主体、代理申报、申报应提交的文件等进行了规定。《关于经营者集中申报文件资料的指导意见》对经营者集中应提交的文件资料进行了规定,经营者集中申报的资料中主要应包括参与集中的各方经营者的基本情况、集中交易的基本情况、集中对相关市场竞争状况影响的说明等内容。《经营者集中反垄断审查办事指南》确认了商务部对经营者集中申报进行审查行为的法律性质,即行政许可行为,其法律依据为《反垄断法》《国务院关于经营者集中申报标准的规定》《经营者集中申报办法》《经营者集中审查办法》《金融业经营者集中申报营业额计算办法》。《经营者集中反垄断审查办事指南》还对经营者集中申报许可程序进行了规定。

（三）《关于平台经济领域的反垄断指南》

近年来,我国平台经济迅速发展,新业态、新模式层出不穷,对推动经济高质量发展、满足人民日益增长的美好生活需要发挥了重要作用。然而,新经济的快速发展也带来了一系列问题。平台经营者强制商家"二选一"、大数据杀熟、未依法申报实施经营者集中等涉嫌违反《反垄断法》的行为频频出现,屡见报端。这些行为损害了市场公平竞争和消费者合法权益,不利于充分激发全社会创新创造活力、促进平台经济创新发展、构筑经济社会发展新优势和新动能。习近平总书记强调,以良法善治保障新业态新模式健康发展。[①] 在此社会背景下,2021 年 2 月,国务院反垄断委员会制定发布《关于平台经济领域的反垄断指南》(以下简称《平台反垄断指南》)。《平台反垄断指南》以《反垄断法》为依据,强调平台经济领域的垄断行为应当适用《反

---

① 张璁:《人民日报人民时评:以良法善治保障新业态新模式健康发展》,http://opinion.people.com.cn/n1/2020/1215/c1003-31966242.html,2020 年 12 月 15 日。

垄断法》及有关配套法规、规章、指南等,释放互联网平台不是反垄断法外之地的明确信号。《平台反垄断指南》共 6 章 24 条,包括总则、垄断协议、滥用市场支配地位、经营者集中、滥用行政权力排除、限制竞争和附则等内容。《平台反垄断指南》界定了平台、平台经营者、平台内经营者及平台经济领域经营者等基础概念,提出对平台经济开展反垄断监管应当坚持保护市场公平竞争、依法科学高效监管、激发创新创造活力、维护各方合法利益的原则。考虑到平台经济的复杂性,《平台反垄断指南》强调,界定平台经济领域相关市场需要遵循《反垄断法》所确定的一般原则,同时考虑平台经济特点进行个案分析。《平台反垄断指南》为加强平台经济领域反垄断监管提供了科学有效、针对性强的制度规则,有助于反垄断执法机构统一执法标准、提高执法透明度,有利于平台经营者、平台内经营者等各类市场主体深化对《反垄断法》的理解和认识,有效预防和降低法律风险,共同营造公平竞争的市场环境。

二、对反垄断执法机构现有指导性规则的评析

第一,我国各反垄断执法机构在制定指导性规则的过程中,注重立法过程的公开透明性和公众的参与性。反垄断执法机构在上述指导性规则的起草,会在官方网站上公布该规则的征求意见稿,广泛征求社会各界的意见,在规则制定过程中还会多次召开专家论证会和立法座谈会,广泛收集各方代表的意见与建议。《反垄断法》是直接涉及许多企业利益,并最终涉及消费者权益的重要法律,《反垄断法》中的任何规定对于每个市场主体以及市场整体发展的影响都十分重大。第二,立足于指导性规则的指导性质,给予企业很多选择机会。为了让公众更加了解已颁布的规则,各执法机构还会在官方网站上公布本机构对该规则的"解读",对规则的立法意图以及具体条款的含义进行解释,以进一步确保规则的落实。第三,在配套性法律文件制定的过程中,反垄断执法机构的立法思路非常明确,指导性规则不仅仅承担了指导功能,还为新的立法性规则提供了基础。例如,商务部颁布了《关于经营者集中申报的指导意见》和《关于经营者集中申报文件资料的指导意见》,在实施了一段时间之后,于 2009 年 7 月 15 日第 26 次部务会议审议通过了《经营者集中申报办法》与《经营者集中审查办法》,两则《办法》在内容上有很多都和《关于经营者集中申报的指导意见》和《关于经营者集中申报

文件资料的指导意见》相同,并对某些内容进行了细化和更改。第四,上述规则的内容体现了指导性规则的性质与目的。如果说《反垄断法》以"行为的禁止"为核心,那么反垄断执法机构所颁布的上述指导性规则则是告知企业如何行事才合法,大大降低了《反垄断法》的不确定性,也大大减少了《反垄断法》对企业的经营行为的干扰。

然而,毕竟我国的《反垄断法》尚处于实施的起步阶段,执法机构在实践经验上存在一定的欠缺,因此,上述已颁布的指导性规则还需要进一步改进:第一,由于相关执法经验欠缺,我国《反垄断法》的指导性规则基本是对国外有关规则的直接借鉴,但这些规定可能难以适应我国特有的现实状况。例如,在《关于相关市场界定的指南》中规定的确定相关市场的 SSNIP 分析方法在理论上较为复杂,其操作需要具有丰富专业知识和执法经验的执法人员才能胜任,而且该分析方法必须立足于一国的市场经济环境和一个具体案件的事实状况才能真正发挥作用。美国律师公会反托拉斯法部和国际法部在就我国商务部《关于相关市场界定的指南(草案)》作出的评论意见中指出:"除非一项标准总体合理并具体符合中国国情,否则遵守这样的标准并不具有价值。"此外,指导性文件应该相对于立法更加具体明确才能发挥其作用。在对具体条文的意见与建议中,美国律师公会反托拉斯法部和国际法部特别强调这一点。

第二,由于执法经验的欠缺和执法人员专业知识的不足,指导性规则中需要高度专业知识的部分内容无法落到实处。例如,从《关于相关市场界定的指南》颁布后的执法实践来看,《关于相关市场界定的指南》中所规定的 SSNIP 分析方法并没有被我国反垄断执法机构在执法实践中运用。在商务部官方网站上公布的经营者集中审查决定公告中,很少对相关市场的界定进行专门且详细的论证。例如,在商务部的执法公告《关于附加限制性条件批准日本三菱丽阳公司收购璐彩特国际公司审查决定的公告》与《关于附条件批准美国通用汽车公司收购德尔福公司反垄断审查决定的公告》,对案件所涉及的相关市场进行了专门的说明,但其说明都非常简单,都对相关市场的范围直接进行说明,而没有谈及相关市场的界定依据。在我国反垄断纠纷诉讼中,对于相关市场的界定也因对《反垄断法》相关知识的欠缺而缺乏说服力。例如,有学者指出,唐山人人信息服务有限公司诉北京百度网讯科技有限公司垄断纠纷案中,法院对相关市场的确定①不仅存在内在矛盾,而且采取的是传统的产品功能界定法,而不是以 SSNIP 分析方法进行的精确界定。② 由此可见,我国的《反垄断法》指导性规则在实践中并未完全发挥实际作用。

第三,规则的内容未区分立法性规则与指导性规则。作为一种指导性规则,其目的应该是告知企业执法机构的审核判断标准,应更多地采用非强制性条款,但是在我国反垄断执法机构所制定的指导性规则中含有大量的强制性内容,没有体现指导性规则作为一种软性执法方式的特点,也无法实现指导性规则的现实功能。

三、完善我国反垄断指导的若干建议

(一)明确指导性规则的性质

如前所述,在西方法学界,《反垄断法》指导性规则属于非立法性规则,即并非运用委任的法律制定权力,而是在实践执法中获得了相关经验之后,通过颁布指南、规则、声明等文件来指导企业如何行动以实现反垄断任务,这种规则没有强制性法律效力。在我国,《反垄断法》指导性规则从性质上应被视为一种规范性文件。③ 从其功能来讲,应属于广义上的行政解释。④然而,目前在我国的学理界中,学者们一般将行政解释定义为:具有法定解释权的国家行政机构对制定法所作的能够产生法律拘束力的解释。⑤ 因

---

① 法院认为:"搜索引擎服务是指服务商根据网络用户的搜索请求,利用一种互联网应用软件系统,在对相关网页进行搜索和抓取后,经过一定的处理和阻止,将查询到的结果反馈给网络用户的互联网信息查询服务。搜索引擎服务所具有的快速查找、定位并在短时间内使网络用户获取海量信息的服务特点,是其他类型的互联网应用服务所无法取代的,即作为互联网信息查询服务的搜索引擎服务于网络新闻服务、即时通信服务等其他互联网服务,并不存在构成一个相关市场所必需的紧密的需求替代关系。因此,搜索引擎服务本身可以构成一个独立的相关市场。"(参见北京一中院民初字第 845 号判决书。)

② 李剑:《双边市场下的反垄断法相关市场界定——"百度案"中的法与经济学》,《法商研究》2010年第 5 期。

③ 我国行政法学界通常区分法律规范(法源)和非法律规范(非法源),将行政规范分为两大类:一是经行政立法的具有法律规范之约束力的法,即行政法规和规章;二是除此之外的不属于法的其他规范性文件(郎长策:《行政解释的概念探究》,《法学杂志》2008 年第 3 期)。

④ 根据 1981 年的《全国人民代表大会常务委员会关于加强法律解释工作的决议》所建立的立法解释、司法解释、行政解释三分法的法律解释框架,行政解释即国务院及其主管部门进行的法律解释。

⑤ 惠生武:《论行政解释的基本范畴及其分类》,《法律科学》1999 年第 3 期。

此,《反垄断法》指导性规则会与行政解释的性质发生一定的冲突;《反垄断法》指导性规则并不是一种授权立法,而是反垄断执法机构在实际执法工作中根据现实需要,对执法标准、工作程序等内容的公开解释,或者是对企业行为的引导。为了更好地发挥《反垄断法》指导性规则的功能,应明确其法律性质。

第一,明确《反垄断法》指导性规则的法律性质有利于提高指导性规则的制定效率。作为一种非立法性规则,《反垄断法》指导性规则不需要严格依照立法性规则的法定程序。对于行政解释行为,我国目前主要有《行政法规制定程序条例》和《规章制定程序条例》对之进行程序规范。依照这两个法规的规定,行政解释必须经过立项、起草、审查、决定、公布等复杂程序。作为一种非立法性规则,《反垄断法》指导性规则对企业行为并没有法律约束力,往往是一种说明和指引,如果要求其经过法定的复杂程序才能制定,将会削弱行政机构制定《反垄断法》指导性规则的积极性。

第二,明确《反垄断法》指导性规则的法律性质是为之确立特别监督程序的基础。从目前的立法来看,《反垄断法》指导性规则作为一种规范性文件并没有法律对之进行程序规范,然而,从实践来看,规范性文件出自国家权力机构之手,公众一般很难区分哪些有法律效力、哪些并无法律效力,规范性文件往往因为威慑而发生实际功能。因此,有必要为之设立特别的监督程序。

(二)加强对指导性规则的监督

从已有实践来看,我国目前采取的是公开征求意见的方式以加强对《反垄断法》指导性规则的监督,提高其合理性。然而,这种监督方式还存在诸多问题,应在以下方面进行进一步完善。

第一,在"公示—评论"程序之外,应加强主动咨询。我国《反垄断法》指导性规则的制定程序往往采取公示,进而收集公众评论的方式。然而,从目前已有的实践来看,公众对于这些规则的评论热情并不高。以商务部官方网站公布的《关于对未达申报标准涉嫌垄断的经营者集中调查处理的暂行办法》的征求意见稿为例,仅收到两条意见。这表明《反垄断法》这一对经营者、消费者的利益影响极大的,被誉为"经济宪法"的法律的实施并未引起公众的重视。这一现象与我国没有反垄断传统,以及公众对《反垄断法》并不熟悉有关。因此,我国反垄断执法机构有必要对公众,尤其是相关利益主体的意见进行主动咨询。

第二,建立"公示—评论—解释"制度。对于《反垄断法》指导性规则的制定,我国执法机构大多在事先采取了"公示—评论"的程序来采集公众意见,但是并没有对公众意见进行解释的程序,这样很可能导致公众意见形同虚设。从前述美国协议裁决制度的经验中,我们已经认识到解释制度是对于反垄断执法机构的软性执法进行监督的重要程序。因此,反垄断执法机构在收集公众意见之后,应当进一步对意见的采纳与否作出公示与理由解释。

第三,建立公众反馈制度。如前所述,市场是一个动态的过程,《反垄断法》指导性规则的内容和目标也会因市场的变动而存在修正的必要。然而,对于市场变化最为敏感的并非身居高位的执法者,而是身处市场之中的市场主体。因此,在一个指导性规则颁布之后,反垄断执法机构应对指导性规则的实施状况进行适时公布,并建立专门的途径,接受公众的意见反馈。

(三)建立个案指导制度

作为软性执法之一种的反垄断指导既包括制定普遍的指导性规则,也包括对个案提供意见、建议的指导制度。如美国的商业审查函,欧盟的指导函、安慰函等,都是针对企业具体行为应该如何进行才能避免反垄断法追究的指导制度。因此,我国《反垄断法》指导性规则仅仅只是反垄断指导制度之一,针对个案进行指导的制度在我国尚未建立起来。但是,在实践中,我国反垄断执法机构在市场监管和价格监管领域中常常以行政告诫的方式来实现执法目的[①],也颁布了一些关于行政告诫的规范性文件[②]。从法律性质

---

① 例如,贵州省发改委于 2017 年 2 月召开机动车检测行业反垄断提醒告诫会,提醒机动车检测企业不得达成固定或者变更商品价格、限制商品的生产数量或者销售数量、分割销售市场或者原材料采购市场等方面的协议。其还于 2017 年 12 月召开水泥行业反垄断提醒告诫会,提醒企业不得通过串通与协同方式进行市场垄断和操控,破坏正常的市场秩序。2018 年 1 月,国家发改委价格监督检查与反垄断局召开白酒行业价格政策法规提醒告诫会;2019 年 4 月,国家市场监管总局反垄断局召开建材领域垄断行为告诫会,通报了浙江省衢州地区混凝土行业垄断协议案、陕西省延安地区混凝土行业垄断协议案和重庆地区的页岩砖垄断案,部署各参会单位组织开展反垄断自查。

② 反垄断领域行政告诫的规范性文件主要包括原国家工商行政管理总局发布的《工商行政管理机关行政指导工作规则》、国家发改委发布的《价格监督检查提醒告诫办法》、辽宁省工商行政管理局发布的《辽宁省工商行政管理行政告诫管理办法》以及沈阳市工商行政管理局发布的《行政告诫暂行办法》。

来看,行政告诫是行政指导的一种方式,具有服从的任意性、单方性等特点,体现了处罚与教育相结合的原则,有助于快速处理复杂的社会经济问题、节约执法资源、提高执法效率。[①] 从上述我国已有的立法与实践来看,反垄断执法机构召开告诫会主要针对行业中的垄断行为,采取通报典型案例、提醒相关经营者加强行业自律的方式来进行,并非针对企业个案进行指导。在未来的执法工作中,我国反垄断执法机构应建立专门的接受咨询的渠道,告知企业可主动申请反垄断咨询,并通过违法性确认、否定和提出行为修正建议等方式来预先规范企业的经营行为,从多方面着手预防垄断行为的发生。

第四节　我国经营者集中审查中的商谈制度

关于经营者集中的申报制度,在理论上有四种可能的制度安排,即自愿的事先申报、强制的事先申报、自愿的事后申报、强制的事后申报。在历经演变和取舍之后,目前各国普遍采取了强制的事先申报制度。[②] 我国《反垄断法》顺应了这一制度选择,在其第二十一条规定了强制的事先申报制度,即经营者集中达到国务院规定的申报标准的,经营者应当事先向国务院反垄断执法机构申报,未申报的不得实施集中。反垄断执法机构对集中进行审查之后可作出禁止集中、批准集中或附条件批准集中的决定。《反垄断法》对于经营者集中申报的具体程序未进行规定,在国家市场监管局成立之前,整个集中申报程序都是由商务部的内部文件予以规定,经过多年的实践摸索,商务部经营者集中审查程序已基本固定下来,商务部公布的经营者集中申报的流程如图 7-1 所示。

图 7-1 表明,我国经营者集中的事前审查制度已经基本建立起来。深入考察商务部经营者集中审查实践,我们可以看到在建立正式执法机制的同时,商务部一直都在寻求非正式的执法机制来处理集中案件,非正式商谈方式就是其中一种。集中前申报制度为经营者与执法机构在申报前或申报

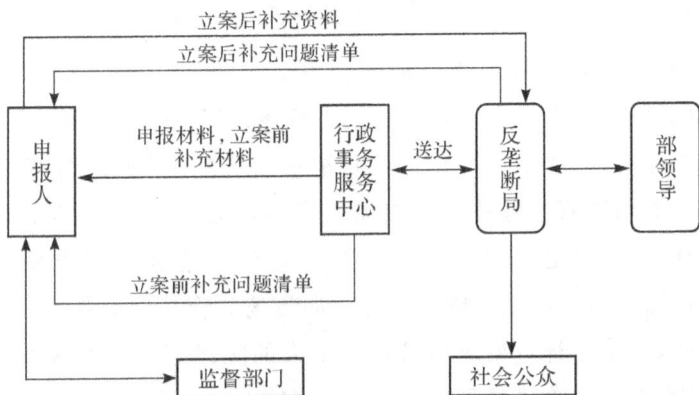

图 7-1　商务部经营者集中申报流程

过程中进行非正式商谈、消除集中带来的竞争弊害、提高集中的经济效率提供了契机。商谈制度的基础性作用固然与其所处时间节点更为在先有关，但更重要的在于其促进执法机构与申报人合作互惠、提高反垄断审查效率与透明度、增进反垄断审查结果可预测性的制度价值。[①] 我国反垄断执法机构不仅颁布了有关经营者集中商谈机制的指导规则，而且在实践中大量采用商谈方式来执法，不仅节省了大量执法成本，也避免了公共执法信息不对称问题，减少了经营者与执法机构之间的对抗，还通过公开、公示、听证等程序来促进各方利益的平衡，促使经营者集中申报机制能公开、公平地运行。

一、经营者集中商谈实践

2019 年 10 月，市场监管总局启动《经营者集中审查暂行规定》(以下简称《规定》)的起草工作。在整合商务部《经营者集中申报办法》《经营者集中审查办法》《未依法申报经营者集中调查处理暂行办法》《关于经营者集中附加限制性条件的规定(试行)》4 部部门规章及《关于评估经营者集中竞争影响的暂行规定》《关于经营者集中简易案件适用标准的暂行规定》2 部规范性文件的基础上，形成《规定》征求意见稿，于 2020 年 1 月 7 日至 2 月 7 日在中国法制信息网和市场监管总局官网征求社会公众意见，同时书面征求

---

① 顾小霞：《论经营者集中前申报商谈制度》，《商业评论》2015 年第 5 期。

国务院反垄断委员会成员单位、总局各司局、各省级市场监管部门意见。2020年2月至6月,市场监管总局对相关部门、行业协会、国内外企业、机构、律师事务所及个人提交的意见反馈进行逐条深入研究论证,对《规定》草案反复修改完善,形成了《规定》并经批准颁布实施。《规定》中关于商谈程序的规定在沿用原有规范性文件相关内容的基础上,对商谈机制进行了更为详细的规定。《规定》第二十二条规定:"在审查过程中,参与集中的经营者可以通过信函、传真、电子邮件等方式向市场监管总局就有关申报事项进行书面陈述,市场监管总局应当听取当事人的陈述。"第二十三条规定:"在审查过程中,市场监管总局可以根据审查需要,征求有关政府部门、行业协会、经营者、消费者等单位或者个人的意见。"第三十二条规定:"为减少集中具有或者可能具有的排除、限制竞争的效果,参与集中的经营者可以向市场监管总局提出附加限制性条件承诺方案。市场监管总局应当对承诺方案的有效性、可行性和及时性进行评估,并及时将评估结果通知申报人。市场监管总局认为承诺方案不足以减少集中对竞争的不利影响的,可以与参与集中的经营者就限制性条件进行磋商,要求其在合理期限内提出其他承诺方案。"从上述规定可以看出,市场监管总局很重视在经营者集中审查过程中的商谈程序,在原有基础之上,对商谈程序作出了更为细致的规定。

从上述规定来看,我国经营者集中审查商谈制度有如下几个特点:第一,商谈程序主要由经营者主动申请而启动。第二,商谈程序的启动时间并不固定。不仅可在执法机构对集中行为开始正式调查之前进行,也可以在进入正式调查之后提出商谈申请。在商务部经调查已确认经营者集中有排除、限制竞争效果之后,经营者仍有机会为自己抗辩,并提出解决建议。第三,商谈结果主要由经营者提出,由执法机构同意而最终决定。

从商务部公布的经营者集中审查决定文件中可以看出,在经营者集中审查实践的早期就开始运用非正式的商谈程序来处理案件,2009年商谈已达200多次。① 商务部网站披露,2010年共接收经营者集中申报案件130多起,立案110多起,进行立案前商谈100余次。② 2008年11月18日,商务

---

① 数据源自商务部原反垄断局局长尚明在中国人民大学法学院举办的后金融危机时代反垄断法实施国际研讨会上的演讲:"中国反垄断的立法与实施"(转引自张东:《经营者集中申报前商谈制度比较研究》,《比较法研究》2013年第5期)。

② 张斌:《反垄断立案数量猛增,商务部称外资进入未趋严》,《经济观察报》2011年1月31日。

部首次在其官方网站上公布了关于经营者集中审查决定的 2008 年第 95 号公告。该公告的内容即商务部附条件批准英博集团公司(INBEV N. V. S. A.)收购 AB 公司的审查决定。该公告中并没有涉及有关经营者与商务部进行商谈的说明,但是在 2008 年 11 月 21 日,商务部就此案审查的有关问题答记者问时谈道:"商务部对经营者集中案件实行申报前磋商制度。当申报方对申报存有疑问时,可以向反垄断局提出商谈或磋商申请,将所要讨论的问题以书面形式发给反垄断局。反垄断局收到申请后,对提出的问题进行研究,并将答复意见当面告知申报方。"[①]这表明,商务部在反垄断执法初期就开始在经营者集中审查中运用非正式的商谈机制。在《反垄断法》实施的最初两年,商务部官方网站上共公布了 7 个经营者集中审查决定公告。从第二个公布的审查决定公告,即商务部公告 2009 年第 22 号《关于禁止可口可乐公司收购中国汇源公司审查决定的公告》开始,除关于附条件批准辉瑞公司收购惠氏公司反垄断审查决定的公告之外,其余 5 个经营者集中审查决定公告中都记录了有关附加限制性条件商谈的专项内容。

二、评价与建议

尽管我国相关执法经验还十分有限,但是从现有的经营者集中审查实践来看,其执法的规范性以及专业性在我国反垄断执法工作中是最为突出的。

第一,我国在反垄断执法初期就已开始顺应世界各国反垄断执法注重软性执法的潮流,重视协商方式在执法中的运用,既节省了执法资源,提高了获取案件相关信息的效率,也顺应了反垄断法的抽象性特征,避免了严格执法造成的执法机构与经营者之间的对抗。第二,在协商式执法的过程中,注重相关利益的考量。商务部在审查过程中的听证制度事实上是将前文所述的美国协议裁决司法审查中的听证程序提前进行了。审查过程中的听证不仅有利于商务部获得更多的案件相关信息,还能为各方利益提供表达的"论坛",提高案件结果的公正合理性。第三,根据《规定》第三十六条:"对于附加限制性条件批准的经营者集中,义务人应当严格履行审查决定规定

---

① 《商务部反垄断局负责人就经营者集中反垄断审查有关问题答记者问》,http://fldj.mofcom. gov.cn/aarticle/zcfb/200812/20081205935637.html,2008 年 11 月 18 日。

的义务,并按规定向市场监管总局报告限制性条件履行情况。市场监管总局可以自行或者通过受托人对义务人履行限制性条件的行为进行监督检查……"这表明,经协商而达成的经营者集中限制性条件将会形成商务部对经营者的长期监督。在某些案件的实际操作中,商务部也特别注意了对经营者履行协议结果的过程监督。例如,在三菱丽阳收购璐彩特案中,经过商谈程序之后,商务部认可了集中双方提出的针对影响竞争问题的救济方案,对该集中作出了附加限制性条件的集中许可。限制性条件之一就是璐彩特公司将其产能中的50%剥离出来,一次性出售给一家或多家非关联的第三方购买人。在该案中,商务部为这一限制性条件设置了适用的期限,即剥离期限为五年。此外,商务部还为该限制性条件规定了执行期限,即该剥离必须在拟交易完成后的六个月内完成,并规定如果璐彩特公司有合理理由申请延期,商务部将有权将以上期限延长六个月。这样的规定,使得企业集中的商谈结果形成了商务部对该集中的长期监控;时间期限的规定,使得商务部能够顺应市场的变化来修正对集中的控制。

从以上分析可以看出,我国经营者集中事前申报制度在协商性、参与性与过程性等方面较好地体现了软性执法的特点。然而,如前所述,软性执法虽有其特有的执法优势,但对之进行一定的监督是必要的。由于我国法律实施体制固有的特点,一项行政执法行为并不一定要进入司法审查程序才能发生法律效力,因此,我国无法采取美国式的司法审查来监督我国的经营者集中商谈制度。美国的协议裁决司法审查给予我们的启示是通过程序来控制软性执法,为相关利益提供"论坛"是一种较合理的选择。在我国的经营者集中事前审查实践中,商务部已主动采取公示与听证程序来制约商谈式审查这一具有软性特质的执法方式。与美国司法审查中设置的程序不同的是,我国仍然采取的是一种过程性的程序控制。为保障经营者集中审查商谈制度的软性特质,同时又能进行必要的监督,笔者认为我国现有监督程序应从以下三方面加以完善。

(一)进一步完善公示制度

商谈制度缺乏公开性,是其最受质疑之处。由于商谈的非法定性质以及非公开进行,除了相关当事人之外,人们对该制度的运行状况、操作过程以及相关信息知之甚少。日本理论界与实务界均对此提出了批评。① 在我国,行政执法没有必经的司法审查程序监督和约束的情况下,公示是最重要的监督方式之一。在国务院反垄断执法机构设置改革"三合一"之前,从各反垄断执法机构的官方网站上公布的信息来看,在我国所有反垄断执法机构中,商务部的信息公开是做得最好的。然而,也存在不足之处。

第一,公示的范围过于狭窄。商谈内容的适度公开,主要是为了保护利害关系人等公共利益。反垄断法执行中的公众知情及参与具有深刻的缘由。向反垄断执法机构提出批准一项合并的申请,本质上事关公共利益。对这类申请的知情不应局限于企业或执法机构等内部人员,根本原因在于这些是事关公众的事情,而不仅仅是申请者和政府机构的事务。但是,我国反垄断执法机构未就哪些经营者集中审查决定应该予以公布的标准进行说明。在我国没有司法审查这一必经程序制约的情况下,在秘密中进行的商谈可以说没有任何外来约束,因此,作为一种非正式的软性执法程序,由于其便宜性而有最终架空正式程序的危险,经营者集中审查商谈机制也因此容易沦为腐败的温床。对于这一危险,日本学者早有评述:"由于申报前商谈的不公开,其并非针对个别企业结合计划进行的有无法规定的实质性的限制竞争的判断,因此,也具有作'两者皆因伤而停止比赛'处理的危险性。"②

第二,公示的内容太简单。商务部网站所公布的经营者集中审查决定公告中关于商谈的程序与内容的记录都非常简单粗略。以 2010 年 8 月 13 日商务部公布的《附条件批准诺华股份公司收购爱尔康公司反垄断审查决定的公告》为例,从公示要求的角度来说该内容过于简单。③ 从国家市场监管总局反垄断局 2021 年 6 月 7 日最新公布的《关于附条件批准丹弗斯公司

---

① 王为农:《企业集中规制基本法理》,北京:法律出版社,2001 年,第 220 页。

② 〔日〕根岸哲、舟田正之:《日本禁止垄断法概论》(第 3 版),王为农、陈杰译,北京:中国法制出版社,2007 年,第 121 页。

③ 该公告中关于审查工作的记录是:"立案后,商务部书面征求了相关政府部门、行业商会和协会的意见,对申报材料及相关补充材料的真实性、完整性进行了审核,要求申报方对特定问题进行了补充和澄清。审查中,商务部要求申报方就申报双方的重叠产品种类、销售数据、产品差异性、产品的定价方式与策略、分销模式、与下游用户的谈判、产能变化以及可能存在的纵向关系等问题,提供相关文件与证据。为了解相关方面意见,商务部还向涉及不同产品的 39 家同行竞争者和下游用户发放了调查问卷,对个别企业进行了电话采访,并赴深圳等地进行了实地调查。针对审查中发现的限制或排除竞争问题,商务部与申报方进行了充分磋商,并就消除不利影响的解决方案达成共识。"

收购伊顿股份有限公司部分业务按反垄断审查决定的公告》来看,尽管经营者集中审查过程中进行商谈的实践已有十多年,但公示出来有关商谈的公示内容仍然过于简单。[①] 尽管审查过程会涉及企业的商业秘密等不宜公开的内容,而且协商过程的秘密性有助于企业与执法机构在较为轻松的环境下达成共识,然而,我国反垄断执法机构在经营者集中审查公告中仍然过于保守,有很多可以公开的内容也未予以公布,例如究竟经过了哪些程序,哪些企业知悉并被邀请征求意见,相关政府部门、商会和协会以及有关企业到底提供了哪些意见与建议,这些内容在商务部的公告中都未予以反映。

综上所述,我国反垄断执法机构尽管在执法工作公开方面做出了一定的努力,但是其透明度仍然有待进一步提高,尤其是商谈的过程、基本内容这方面信息的公示,不仅仅是对执法工作进行监督的需要,在一个处于反垄断法实施初期的国家,需要更加透明的执法机制让企业和消费者了解执法部门究竟是如何执法的,这是对执法机构的执法政策与标准进行宣传的有力工具。此外,对于附加限制性条件的经营者集中决定而言,审查结果的公布也有利于发挥公众力量来监督审查决定的执行。

(二)加强对商谈机制的监督,完善听证制度

从理论的角度而言,任何行政执法行为都需要设定一定的监督机制。尤其是对于反垄断软性执法而言,经营者集中审查过程中的商谈行为属于非正式执法行为,商谈过程处于秘密状态,这意味着反垄断执法机构的自由裁量权难以受到约束。商谈程序是反垄断执法机构在作出审批决定之前,与被审批人进行接触和商讨的行为,这会带来一个危险:参与集中的经营者可以在交易进入正式审查前对反垄断执法机构的观点施加影响。"与反垄断监管机构工作人员进行任何类型的申报前接触具有两种潜在的风险。第一,它可能把该方的立场锁定为其在接触期间支持的观点,或者至少使之更

---

① 该公告中关于附加限制性条件商谈的记录是:"审查过程中,市场监管总局将本案具有或可能具有排除、限制竞争效果的审查意见及时告知申报方,并与申报方就如何减少此项经营者集中对竞争产生的不利影响等有关问题进行了多轮商谈。对申报方提交的限制性条件承诺,市场监管总局按照《经营者集中审查暂行规定》,重点从限制性条件的有效性、可行性和及时性方面进行了评估。经评估,市场监管总局认为,申报方2021年5月25日提交的附加限制性条件承诺方案(见附件)可以减少此项经营者集中对竞争造成的不利影响。"

难改变观点……"①尽管经营者集中审查中的商谈程序是在申报后启动的，但同样也存在着申报者对执法者观点影响和锁定的风险。在前文对美国协议裁决机制的介绍中我们可以看到，美国是通过司法审查制度，即通过司法权来对行政自由裁量权加以控制，来监督行政机构的反垄断执法。但我国并未规定司法审查程序是所有行政行为获得法律效力的必经途径，只有行政相对人不服行政机构的处理决定而对之提起行政诉讼的情况下，该行政行为才会受到司法审查的监督。因此，如何在行政执法的阶段就体现公正、促进多方利益的平衡，是每个行政执法制度都要考虑的问题。

在现代行政法领域，听证制度作为一个监督政府行政行为、促进多方利益的博弈与平衡的制度，越来越受到重视。在我国经营者集中审查制度中，反垄断执法机构也采用了听证制度。在商务部颁布的《经营者集中审查办法》中有大量与听证制度有关的条款。但是在《经营者集中审查暂行规定》颁布之后，《经营者集中审查办法》已经失效，《经营者集中审查暂行规定》中仅有一条，即第六十三条，对听证程序进行了规定："在审查或者调查过程中，市场监管总局可以组织听证。听证程序依照《市场监督管理行政许可程序暂行规定》《市场监督管理行政处罚听证暂行办法》执行。"

尽管听证程序并非为商谈机制单独设立，但是对于防范申报者"俘获"执法者有重大意义。然而，从上述经营者集中审查的相关听证规定可以看出，听证并非我国经营者集中反垄断审查的必经程序，是否召开听证会完全由市场监督管理部门自行决定。商务部将经营者集中审查行为定性为行政许可行为，那么该行为的听证程序首先应该适用《行政许可法》中关于听证的有关规定。然而，《行政许可法》中的有关听证的规定毕竟不是针对反垄断执法的专门规定，只是一种框架性的、较为抽象的总体规定，没有考虑反垄断执法的特殊性。因此，有必要对经营者集中审查中的听证规则进行进一步细化。

第一，进一步明确听证制度的内容。一是应明确听证程序的发起主体。明确听证程序发起主体的种类和范围能促进这种监督机制落实到位。二是应明确听证程序的发起时间。根据我国《反垄断法》第二十五、二十六条，我

---

① 美国《克莱顿法》委员会主席罗伯特·斯罗斯伯格之语（美国律师协会反垄断分会编：《美国并购审查程序暨实务指南》，李之彦、王涛译，北京：北京大学出版社，2011年，第92-93页）。

国经营者集中审查分为初步审查和进一步审查两个阶段。在《反垄断法》实施的最初两年,商务部网站公布的 7 个经营者集中审查决定中,只有英博集团收购 AB 公司案和美国通用汽车公司收购德尔福公司案这两起案件仅进行了初步审查,其他均进行了进一步审查。听证会应该在哪个阶段发起更为合适? 在实践中,商谈程序往往在第一阶段就开始启动,但是初步审查程序仅有 30 天,很难在 30 天内组织并完成听证工作,因此,在实践中可以将听证程序未完成作为进入进一步调查的理由,来保障在初步审查程序中就开始进行听证。三是明确列入听证程序的内容。经营者集中不仅仅关系到参与集中的经营者的利益,对于整个市场竞争自由与公平都会发生影响。然而基于效率的考虑,不可能将商务部所有要考量的因素都纳入到听证内容之中。应当将集中产生决定性影响的事项纳入听证内容,例如,经营者集中申请书、经营者集中对相关市场状况的影响说明书、经营者在商谈中主动提出的批准附加条件等。四是明确听证程序的参与主体。有学者通过评析可口可乐公司收购中国汇源公司一案的听证程序提出疑问:可口可乐申报收购汇源果汁涉及外商投资,果汁生产涉及产品质量和卫生,质检总局和卫生部是否有需要应邀参加听证会以确认该相关市场的市场准入问题、市场进入障碍问题? 此外,果汁生产的上游市场主体可能因此次集中遭受损失,农业相关部门是否也需要列席相关听证会,了解该合并计划,并分析该计划实施后可能对上游市场造成的影响? 五是明确听证参与者的权利,例如必要的阅卷权。听证参与主体大多与经营者集中案件有较大的利益关联,有必要对集中事项进行一定的了解,但是集中申报材料又很可能涉及商业机密,必要且合理的阅卷权与商业秘密保护是需要认真权衡的问题。六是明确听证意见的效力。从商务部已公布的审查决定公告中,我们可以看到商务部在审查过程中征求了有关部门、协会和企业的意见,但是这些政府部门、协会和企业并没有参加到程序当中发表意见的程序制度的保障,它们的意见是否需要被听取完全取决于商务部的决定。① 很显然,主管机构不必完全受听证程序结论的直接约束,那么听证程序的目的是什么? 实际上,听证内容将为执法机构提供大量信息,作为听证程序的主持者,自然有采纳或

---

① 潘志成:《中美经营者集中审查程序比较——以英博收购 AB 案为例展开》,《中外法学》2010 年第 3 期。

不采纳何种意见的自由。在没有司法审查机制约束的情况下,听证程序更应被设计为一个利益相关主体表达意见的"论坛"。因此,有必要通过一定的程序规定来限制商务部对听证意见采用与否的自由,例如要求商务部对多数意见进行取舍提供理由解释,并予以公布。

第二,进一步提高听证制度的公开程度。我国商务部的整个审查程序均处于不公开的状态,作为软性执法机制的商谈过程更是如此。在程序进行的过程中,除了商务部征求意见的特定的政府有关部门、协会和企业之外,该案可能涉及的潜在利害关系人和社会公众均无从知晓案件的情况。因此,我国的听证程序是一种邀请听证,即由商务部决定谁来参与的听证,而不是一种公开听证,即对不特定公众公开,任何有意见的主体都有机会表达自己的意见的听证。很显然,这种邀请听证方式很难形成对商务部审查工作的监督。

（三）加强我国经营者集中审查的事后控制

从已公布的经营者集中审查决定来看,绝大多数公告中都未提到限制性条件的时间期限,也没有关于限制性条件在将来予以调整的内容。但是随着时间的推移,很多限制性条件的效果将会发生变化,这一点毋庸置疑。尤其是在我国市场还远不成熟的情况下,市场环境瞬息万变,如何应变化来调整审查决定也是商务部面临的重要课题。有必要建立附加限制性条件的调整制度、审查决定执行的监督制度等过程性控制制度。

总体而言,我国经营者集中审查制度所存在的问题主要在于监督和利益平衡这两方面,而监督与利益平衡又往往是一个问题的两个方面,如果给予相关利益方以监督案件审查工作的机会,那么就比较容易达到利益的平衡,如果利益已达到平衡,就意味着监督发挥了其应有的作用。上述制度评价与问题分析涉及很多方面,有些问题只能依靠商务部在实践中逐渐积累经验才能解决,因此,笔者在此对经营者集中事前审查制度中亟待解决,而且目前已基本成熟的问题提出以下建议:第一,执法机构应将所有经营者集中案件的基本情况公布于其官方网站,便于公众了解和监督,也为学者进行相关研究提供方便。第二,从一项审查申请提交到执法机构开始,执法机构就应该在其官方网站上对案件申请情况进行公告。由于初步程序的期限仅有 30 天,笔者建议在初步审查程序中,执法机构不必召开正式的听证会,为了取证和获得更多的信息,执法机构可以邀请某些主体对案件发表意见,但与此同时,也应该为不特定公众发表意见提供渠道,将这些意见予以公开并作出相应的解释。第三,基于协商的特殊性,商谈过程应具有一定保密性(这一点可参见前文关于美国协议裁决过程应具有一定保密性的理由分析),因此无法将整个商谈过程公开,但是笔者认为,执法机构应该要求参与集中的经营者制作本集中的竞争影响说明书,并将其公布,便于利益相关者了解本次集中的相关事项。第四,建立案件负责人员署名制度。每一个案件都会有具体的负责人员,将负责人的名字公布于公告之中,便于落实责任制,加强监督。

第五节　我国《反垄断法》经营者承诺制度

承诺是世界各国在反垄断法实施过程中普遍采用的一项制度,是反垄断执法机构解决垄断问题的一种有效方式。反垄断执法机构对有关经营者涉嫌实施垄断行为开展调查时,如果相关经营者承诺改正自身行为,主动采取措施消除行为后果,并且反垄断执法机构认为相关经营者的承诺可以消除行为可能给市场竞争带来的损害,反垄断执法机构可以作出接受经营者承诺的决定,中止反垄断调查,并在经营者履行承诺后,终止案件调查。

建立完善的经营者承诺制度对加强和改进反垄断执法、保护市场公平竞争具有重要意义。第一,承诺有利于尽快恢复公平竞争的市场秩序。经营者承诺在反垄断执法机构认可的期限内采取具体措施消除该行为后果的,反垄断执法机构可以决定中止调查,不再作出行政处罚,鼓励涉嫌实施垄断行为的经营者主动采取措施,消除行为的不利影响,保护市场公平竞争。第二,经营者承诺制度有利于提高反垄断执法效率。垄断行为的调查取证困难,研究分析也需要较长时间。通过经营者承诺制度,鼓励经营者尽快停止违法行为,可以有效缩短反垄断执法时间,提高执法效率。第三,经营者承诺制度有利于节约反垄断执法资源。反垄断案件较为复杂,调查一起案件需要花费较多的人力、物力和时间成本。建立经营者承诺制度,鼓励经营者尽早停止涉嫌垄断的行为,有利于反垄断执法机构节约执法资源,更好实现保护市场公平竞争、维护消费者利益和社会公共利益的目标。

《反垄断法》第四十五条规定："对反垄断执法机构调查的涉嫌垄断行为,被调查的经营者承诺在反垄断执法机构认可的期限内采取具体措施消除该行为后果的,反垄断执法机构可以决定中止调查。中止调查的决定应当载明被调查的经营者承诺的具体内容。反垄断执法机构决定中止调查的,应当对经营者履行承诺的情况进行监督。经营者履行承诺的,反垄断执法机构可以决定终止调查。"据此,我国《反垄断法》正式引入了承诺制度。

2009 年 5 月 26 日,国家工商总局颁布了《工商行政管理机关查处垄断协议、滥用市场支配地位案件程序规定》(以下简称《程序规定》),对《反垄断法》承诺制度进行了规则的细化。主要内容如下:第一,明确经营者在被调查期间可以申请中止调查,启动承诺程序。《程序规定》第十五条规定:"涉嫌垄断行为的经营者在被调查期间,可以提出中止调查的申请,承诺在工商行政管理机关认可的期限内采取具体措施消除行为影响。"第二,明确中止调查的申请必须以书面形式提出,以及申请书应载明的具体事项。《程序规定》第十六条规定:"中止调查申请应当以书面形式提出,并由法定代表人、其他组织负责人或者个人签字并盖章。申请书应当载明以下事项:(一)涉嫌违法的事实及可能造成的影响;(二)消除行为影响拟采取的具体措施;(三)实现承诺的日程安排和保证声明。"第三,关于工商行政管理机关如何作出处理决定的规定。《程序规定》第十七条规定:"工商行政管理机关根据被调查经营者的申请,在考虑行为的性质、持续时间、后果及社会影响等具体情况后,可以决定中止调查,并作出中止调查决定书。中止调查决定书应当载明被调查经营者涉嫌违法的事实、承诺的具体内容、消除影响的具体措施、时限以及不履行或者部分履行承诺的法律后果等内容。"第四,工商行政管理机关决定中止调查后,经营者的履行义务以及工商行政管理机关如何对经营者履行承诺的情况进行监督。《程序规定》第十八条规定:"决定中止调查的,经营者应当在规定的时限内向工商行政管理机关提交履行承诺进展情况的书面报告。"第十九条规定:"工商行政管理机关对经营者履行承诺的情况进行监督。确定经营者已经履行承诺的,可以决定终止调查,并作出终止调查决定书。终止调查决定书应当载明被调查经营者涉嫌违法的事实、承诺的具体内容、消除影响的具体措施、履行承诺的具体步骤和时间等内容。"第五,恢复调查的情形。《程序规定》第二十条规定:"有下列情形之一的,应当恢复调查:(一)经营者未履行承诺的;(二)作出中止调查所依据的事实发生重大变化的;(三)中止调查的决定是基于经营者提供的不完整、不正确或者误导性的信息作出的。"国家发改委于 2010 年 12 月 29 日发布的《反价格垄断行政执法程序规定》也对经营者承诺制度予以规定,该规定与国家工商总局的有关规定内容大致相同。

为给经营者提供更有操作性的指引,提高反垄断执法的规范性和透明度,在执法实践中更加准确、规范地适用承诺制度,有效发挥制度功能,国务院反垄断委员会于 2019 年 1 月发布了《垄断案件经营者承诺指南》。2019 年 6 月 26 日,国家市场监管总局新发布了两部规章《禁止垄断协议暂行规定》和《禁止滥用市场支配地位行为暂行规定》,对《工商行政管理机关查处垄断协议、滥用市场支配地位案件程序规定》中关于经营者承诺制度的相关规定进一步予以完善,并对经营者承诺制度的程序和实体条件作出了细化规定,从此,我国《反垄断法》经营者承诺制度的适用标准和执法口径进一步得以明确并趋于统一。两部规章(《禁止垄断协议暂行规定》和《禁止滥用市场支配地位行为暂行规定》)中关于经营者承诺制度的规定大致相同,主要内容有以下几方面:第一,限制经营者承诺制度的适用范围,核心垄断行为,即《反垄断法》第十三条第一款第(一)至(三)项规定的固定价格、限制产量、划分市场的横向协议行为,被排除在承诺制度适用范围之外。第二,将承诺申请时间确定在立案调查之后、核实调查之前。如反垄断执法机构认为经营者构成相关垄断违法行为的,将不再接受经营者提出的中止调查申请。第三,将是否接受经营者的承诺规定为执法机构的自由裁量权。执法机构可根据被调查行为的性质、持续时间、后果、社会影响、经营者承诺的措施及其预期效果等具体情况,决定是否中止调查。

笔者在国家市场监管总局反垄断局公布的从 2013 年至 2019 年 7 月的反垄断行政处罚决定书中,一共查找到 14 份终止调查决定书(2013 年至 2015 年未公布终止调查案件的决定书),具体情况见表 7-1。

表 7-1　我国经营者承诺案件的统计情况(截至 2019 年 9 月)

序号	案件名称与案件号	涉案行为类型	结果
1	联想(北京)有限公司垄断案(京市监价中止〔2019〕1 号)	纵向垄断协议	2019 年 9 月 16 日决定中止调查
2	盐城新奥燃气有限公司垄断案(苏市监反垄断终止〔2020〕1 号)	滥用市场支配地位	2019 年 7 月 8 日决定终止调查
3	海昌隐形眼镜有限公司上海分公司、上海海俪恩隐形眼镜光学有限公司垄断案(沪价检终止〔2019〕1 号)	纵向垄断协议	2019 年 4 月 24 日决定终止调查
4	盐城新奥燃气有限公司垄断案(苏市监案中字〔2019〕2 号)	滥用市场支配地位	2019 年 2 月 20 日决定中止调查
5	南通精华制药原料药垄断案(苏市监案中字〔2019〕1 号)	滥用市场支配地位	2019 年 2 月 20 日决定中止调查
6	国网江苏省电力有限公司南京市溧水区供电分公司涉嫌垄断案(苏市监案终字〔2018〕1 号)	滥用市场支配地位(附加不合理的交易条件)	2018 年 12 月 3 日决定终止调查
7	上海公立医疗机构药品集团采购联盟相关经营者垄断协议案(沪工商案字〔2018〕第 000201710008 号)	联合抵制交易	2018 年 7 月 10 日决定终止调查
8	中国农业银行内蒙古自治区分行滥用市场支配地位案(内工商竞争案字〔2017〕第 2 号)	滥用市场支配地位	2018 年 1 月 8 日决定终止调查
9	中国移动通信集团内蒙古有限公司滥用市场支配地位案(内工商竞争案字〔2017〕第 1 号)	滥用市场支配地位	2017 年 12 月 20 日决定终止调查
10	鄂尔多斯三亚液化石油气公司等垄断协议案(内工商竞争处字〔2016〕4 号)	横向垄断协议	2016 年 12 月 14 日决定终止调查

续表

序号	案件名称与案件号	涉案行为类型	结果
11	中国电信宁夏分公司滥用市场支配地位案（宁工商竞争处字〔2017〕第3号）	搭售	2016年12月9日决定终止调查
12	中国联通宁夏分公司滥用市场支配地位案（宁工商竞争处字〔2017〕第2号）	搭售	2016年12月9日决定终止调查
13	中国铁通宁夏分公司滥用市场支配地位案（宁工商竞争处字〔2017〕第1号）	搭售	2016年12月9日决定终止调查
14	江苏省电力公司海安县供电公司滥用市场支配地位案（苏工商案终字〔2016〕1号）	滥用市场支配地位	2016年8月19日决定终止调查

一、我国《反垄断法》经营者承诺制度的特点及演变

从上述关于经营者承诺制度的相关规定与实践，我们可以总结出我国《反垄断法》经营者承诺制度的特点：第一，承诺申请由经营者主动提出。这种承诺的提出对于被告并不是强迫性的，而是被告出于自愿来选择该种解决途径。《国务院反垄断委员会垄断案件经营者承诺指南》第五条对"经营者提出承诺前与执法机构的沟通"进行了规定："执法机构鼓励经营者在尽可能早的阶段提出承诺。经营者提出承诺前，可以与执法机构进行必要的沟通。执法机构可以告知经营者涉嫌垄断行为的基本事实以及可能造成的影响，并可以与经营者进行沟通。在沟通基础上，由经营者自愿提出承诺。"有学者认为，在被诉违法行为不确定并且采取经营者承诺制度的花费可能低于在诉讼中成功抗辩的费用的情况下，涉嫌垄断行为的经营者主动提出承诺是一种理性的选择。[①] 经营者承诺如果由行政机构主动提出，则容易产生寻租和权钱交易的弊端。第二，经营者承诺制度中执法机构的调查权有不同于一般行政调查权的特点。在一般行政执法中，调查与取证紧密相连，调查的目的在于取证，取证情况反映调查成果。调查与取证密不可分，

---

① 黄勇：《经营者承诺制度的实施与展望》，《中国工商管理研究》2008年第4期。

贯穿执法过程,体现执法工作的内容,往往直到行政处罚决定作出才形成完整的一项行政执法决定。国家工商总局在反垄断执法机构调查涉嫌垄断行为的过程中,被调查的经营者作出特定承诺时,反垄断执法机构可以作出中止调查的决定。经营者履行承诺的,反垄断执法机构则可以作出终止调查的决定;经营者不履行承诺的,反垄断执法机构应当恢复调查。很显然,在反垄断执法中,调查涉嫌垄断行为的职权是被作为独立的调查权对待的。在《反垄断法》中,实施调查、中止调查、终止调查、恢复调查均可成为独立的行政执法决定,发挥其独特的作用。第三,我国《反垄断法》经营者承诺制度作为一种行政执法,其监督机制与美国协议裁决的监督机制不同。我国的经营者承诺无须经过司法审查即可产生法律效力。在我国的经营者承诺制度中,反垄断执法机构的权力行使是单向度的,只有在经营者认为行政机关在实施承诺制度的过程中存在不合法现象的情况下,经营者作为行政相对人才能够通过行政复议以及行政诉讼来纠正行政机构的执法,以保障自身权利。

由于反垄断传统的缺失与执法经验的不足,我国《反垄断法》经营者承诺制度在建立初期还存在诸多问题,而其中最大的问题在于经营者承诺制度作为一种软性执法的设计并没有体现软性执法的特征。经营者承诺制度的作用机制在于,政府通过一种制度安排向经营者提供可置信的承诺,使得经营者充分相信,在任何时候"自证其罪"都是自己的最优选择,并且在确定自己的最优选择时,接受经营者"自证其罪"并兑现承诺也是政府的最优选择。[①] 因此,经营者承诺制度的目的并不在于明确经营者的垄断违法行为和追究相应的法律责任,而在于通过经营者与执法者双方之间的协商,以最小的成本获得最大的排除竞争弊害的效益。从这一角度而言,从经营者承诺作出一定的行为并申请中止调查,到执法者认可而中止调查,最终到经营者履行承诺而执法者终止调查的一整套经营者承诺制度实现过程表明,承诺的目的不在于认定行为和追究责任。中止经营者的涉嫌垄断行为、消除涉嫌垄断行为的负面后果才是经营者承诺制度的基本目的,这体现了经营者承诺制度作为一种反垄断软性执法方式的根本特征。但从我国《反垄断法》第四十五条与《工商行政管理机关查处垄断协议、滥用市场支配地位案

---

① 盛杰民、焦海涛:《反垄断法承诺制度的执行难题与激励》,《清华法学》2009 年第 2 期。

件程序规定》中所规定的经营者承诺制度来看,相关内容并未体现软性执法所应有的特点。在十多年的实践中,执法机构已经注意到这一问题,因此,国家市场监管总局所颁布的《禁止垄断协议暂行规定》《禁止滥用市场支配地位行为暂行规定》和《国务院反垄断委员会垄断案件经营者承诺指南》所规定的承诺程序力求充分体现协商性、参与性、过程性等软性执法特质的要求。

第一,我国《反垄断法》实施初期所建立的经营者承诺制度并未完全体现协商性质。初期的经营者承诺过程并不是一种讨价还价的过程。经营者提出中止调查申请,承诺在一定期限内采取具体措施消除行为影响,如果执法机构认可则开始履行,但是如果执法者不认可经营者的申请,该承诺就不产生任何效力。目前我国有关法律并未为经营者承诺不被执法机构认可的情况下应如何操作提供指导,我们只能推断执法机构不停止调查,而继续"调查—查明违法事实—处罚"这一通常执法程序。因此,我国经营者承诺制度本质上并不是一种协商,而是一种行政许可行为。如前所述,反垄断法律规则存在极大的模糊性,甚至会随着政府经济政策的变化而获得不同的解释。可以想见,经营者对于这样一种法律必然无所适从。因此,在缺乏协商过程的情况下,由经营者主动提出的承诺恐怕也很难达到消除竞争弊害的效果,"申请—批准"式的经营者承诺制度将很难将《反垄断法》落到实处。《国务院反垄断委员会垄断案件经营者承诺指南》注意到这一问题,并进行了完善,第五条和第八条对"经营者提出承诺前与执法机构的沟通"进行了规定。在沟通过程中,经营者、执法者对案情与相关法律得到更为充分的了解和理解,有助于双方尽快达成一致,也有助于承诺措施的后期履行。

第二,初期的《反垄断法》经营者承诺制度没有设计必要的公开与参与环节,没有充分体现经营者承诺制度作为一种反垄断软性执法的参与性,整个承诺达成过程都是执法者与经营者之间的线性交往,任何利益相关者都没有机会对承诺的合理与合法性发表意见。在相应的公开制度没有建立的情况下,承诺制度很容易沦为腐败、权钱交易的温床。国家市场监管总局所颁布的《禁止垄断协议暂行规定》《禁止滥用市场支配地位行为暂行规定》和《国务院反垄断委员会垄断案件经营者承诺指南》(以下简称《经营者承诺指南》)所规定的承诺程序,较为充分地体现了软性执法的参与性。《经营者承诺指南》不仅规定了在承诺达成的过程中的公众参与(第九条对"承诺措施公开征求意见与修改"进行了规定：执法机构认为经营者的涉嫌垄断行为已经影响到其他不特定多数的经营者、消费者的合法权益或者社会公共利益，可以就经营者承诺的措施向社会公开征求意见。征求意见的时间一般不少于 30 日。对社会公众等各方提出的意见，执法机构认为需要采纳的，可以建议经营者对承诺的措施进行修改或者重新提出承诺措施。经营者不愿意对承诺的措施进行修改并且无法给出合理解释或者提出可行替代方案的，执法机构可以终止经营者承诺的审查与沟通程序，继续对涉嫌垄断行为进行调查。如果修改后承诺的措施在性质或者范围上发生了重大改变，执法机构可以再次向社会公开征求意见），还对承诺措施履行过程中的公众参与监督也进行了规定（第十四条关于"经营者承诺措施变更"之规定第三款："执法机构认为经营者对承诺措施的变更可能影响到其他不特定多数的经营者、消费者的合法权益或者社会公共利益，可以就经营者变更的承诺措施向社会公开征求意见。"）。上述规定表明，我国反垄断执法机构已经充分注意到经营者承诺制度作为一种软性执法机制，需要公众的参与与监督从而获得正当性，并将公众参与落实到承诺措施确定、修改、履行的整个过程中。

第三，根据我国关于《反垄断法》经营者承诺制度初期的规定，在承诺达成之后，经营者将在执法者的监督下进行，如果违反则执法者有权重新启动调查。这种思路仍然将反垄断执法机构当作典型的"规则之治"之下的行政执法机构，执法者高举权力的"大棒"限制经营者依其意志行事。然而，经营者承诺制度不仅仅要求承诺内容在承诺当时是合理的，更要求这种承诺能形成一种过程控制，在行政机构的指引和监督之下，经营者的行为获得符合市场发展要求的动态合理性。因此，承诺在达成之后，执法者仍应关注引导与调整，而不是制裁和处罚。《经营者承诺指南》也注意到这一点，其第十八条关于"恢复调查后的中止调查和处罚"的规定特别强调："执法机构恢复调查后，不再接受经营者提出承诺。但是，依据《反垄断法》第四十五条第三款第（二）项恢复调查的，执法机构可以基于新的事实接受经营者提出承诺。"也就是说，当调查是因"作出中止调查决定所依据的事实发生重大变化的"而恢复时，经营者仍然拥有提出承诺的机会。这一规定充分考虑到经营者承诺制度作为软性执法机制的过程性。市场是动态的，承诺措施也非一劳永逸，只要承诺者言而有信，就能拥有继续协商、提出整改措施并免除法律处罚的机会。

二、我国《反垄断法》经营者承诺制度的完善

诚然，相较于初期的《反垄断法》经营者承诺制度，我国目前的规定已经有很大的改进，较为充分地体现了经营者承诺制度作为一种软性执法机制应有的特质。经营者承诺制度的具体规定仍然太过粗糙，难以形成对经营者的合理指引。例如：如何激励经营者主动提出承诺？何为"可以消除该（涉嫌垄断）行为的后果"的内容？但在本书中，笔者仅从经营者承诺制度作为一种软性执法的角度提出进一步的完善建议。

第一，转变"申请—许可"模式的承诺方式，注重执法者与经营者之间的协商，正确指引经营者的经营行为。从世界范围来看，反垄断法经营者承诺制度有由执法者主动提出承诺的，如日本、韩国[①]，也有由经营者主动提出的，如美国。但是在由经营者主动提出的情况下，必然伴随着协商过程。这两种经营者承诺制度虽然在形式上有所不同，但是都体现了执法者在承诺中的指引作用。在执法者主动发起承诺程序的模式中，执法者的行为本身就是一种协商姿态，即放弃调查和追究责任，只要经营者能按要求改变行为，就无须承担责任，皆大欢喜。在经营者主动发起承诺程序的模式中，尊重经营者的自主选择，其本身减弱了执法者的强迫力量。在之后加入协商环节，能将执法者的执法意图体现在最终的承诺之中，这样的承诺执行起来将更具有稳定性。事实上，对于承诺措施如何能消除经营者行为对于市场竞争的负面影响，经营者与执法者在认识上各有优势。经营者对自身的行为目的、内容、效果有更为清晰的了解和更为稳定的预期，而执法者则对相关法律、市场整体状况、垄断行为的法律后果有更深刻的认识。只有二者密切、坦诚地合作，才能有效率地达成承诺之目的。如前所述，我国已经规定了承诺前和承诺过程中的协商，但仍然是以经营者主动提出承诺为条件的，反垄断执法者仍然是一种"居高临下"的审核、修改、同意的姿态。笔者认

---

① 《日本禁止私人垄断及确保公正交易法》规定："公正交易委员会认为发生违反第三条……的行为的情形，可以对实施违法行为者劝告其应采取适当的措施。"《韩国规制垄断与公平交易法》第五十一条规定："发生违反本法规定的行为，公平交易委员会可以针对该事业者或事业者团体制定纠正方案，并劝告其执行。"可见，日本和韩国劝告和解制度的提出主体都是公平交易委员会，也就是反垄断调查机构，而不是经营者，经营者本身甚至没有协商的余地，只能接受或者不接受公平交易委员会所给出的劝告（刘光磊：《反垄断法承诺制度研究》，华东政法大学硕士学位论文，2009 年，第 35 页）。

为,在此可以不拘一格,如果垄断事实比较明确,证据较为充分,反垄断执法机构认为只要采取某些措施就能消除竞争影响,也可以主动提出承诺措施,听取经营者的意见,并在有必要的情况下征求相关利益主体的意见,最终形成承诺措施的合意。这样也能给耗时费力的反垄断经营者承诺过程提供便利条件,尽快达成协议,提高执法效率,节省执法成本,减少调查程序对经营者正常经营的影响,真正凸显经营者承诺制度作为一种软性执法机制的优势。

第二,进一步完善经营者承诺的公众参与与信息公开制度,促进利益相关者利益实现的同时,加强对承诺行为的监督。经营者承诺制度以执法者和经营者之间的协商与妥协为基础,因为各国都非常注重对承诺的监督,以避免腐败发生。反垄断法的执法从性质上而言是一种行政执法,在我国,行政执法并不必然经过司法审查就能产生法律效力,只有在行政相对人不服行政机构具体行政行为的情况下,才能提起行政复议或行政诉讼,对行政机构的行为进行监督。这种制度设计使得与涉案行为有利益关系的其他人或公众无法介入执法者和行政管理相对人之间单向度的关系之中,因此也无法形成对该执法关系的监督,我国《反垄断法》并未突破行政法的有关规定,为其执法利益损害的第三人提供特别救济途径。① 如何对经营者与执法者之间的承诺进行监督,进而维护利益相关人的利益,是我国经营者承诺制度必须考虑的问题。如前所述,《经营者承诺指南》对经营者承诺机制的参与性和公开性都进行了规定,但这些规定都不够详细具体,而且是否启动公众参与程序的决定权完全掌握在反垄断执法机构手中,经营者承诺制度的参与性要求也难以真正落到实处。在这方面和我国有着相同制度的欧盟经验值得借鉴。在欧盟,反垄断法承诺决定无须欧盟法院批准即产生法律效力,但欧盟委员会必须解释与经营者所达成的承诺决定如何能消除对竞争的影响。此外,承诺决定具有可诉性,若第三人认为承诺决定直接或间接地损害

---

① 有学者认为根据《反垄断法》第五十三条的规定,承诺损害其利益的第三人"可以依法申请行政复议或者提起行政诉讼"(黄勇:《经营者承诺制度的实施与展望》,《工商行政管理研究》2008年第4期)。笔者认为这种理解有待商榷。《反垄断法》第五十三条的规定意在区分行政机构在经营者集中与其他垄断行为的案件执法中作出的决定,对前者不服的经营者可以通过行政复议对执法者的决定进行监督,对复议决定不服的再提起行政诉讼,但是对后者不服的则可自行选择行政复议与行政诉讼中的任何一种救济自身权利。

了他的利益,可以直接向法院起诉。笔者建议,如果无法从行政诉讼的层面引入第三人监督,至少可以提高经营者承诺制度中的公众参与度,形成对经营者承诺制度的监督。

在没有司法审查的约束下,我国可将美国反托拉斯法协议裁决司法审查制度中的"公示—评论—解释"程序引入我国的经营者承诺制度,提升其作为反垄断软性执法制度的参与性。该程序既是一种利益平衡机制,也是一种监督机制,笔者建议当经营者提出承诺来消除对竞争的危害,行政机构认为该承诺足以有效消除对竞争的影响并作出中止调查决定后,必须制作特定的文件公布中止调查的原因并解释经营者提供的承诺能消除对竞争的影响的理由。在文件公布后,明确在一定的期限之内,公众可对承诺的内容发表建议与意见,在"公示—评论"期届满之后,行政机构如果认为在公示期间的公众意见有合理之处,则应重新考虑是否中止调查,如果仍然决定中止调查则应当作出竞争影响评估报告,对承诺可能产生的竞争影响作出评估和说明。这一文件可借鉴美国的竞争影响说明书。其内容应主要包括:(1)对涉嫌违反《反垄断法》的行为或事件的描述及该行为对竞争所产生影响的说明;(2)执法机构已作出的调查及调查获得的证据;(3)经营者承诺的内容及该承诺能消除竞争影响的说明。反垄断执法机构作出的中止承诺决定与竞争影响评估报告均应在特定媒体上予以公布。

此外,对于承诺制度的启动、经营者提出承诺内容的申请书等,法律没有规定需要公开。《经营者承诺指南》第九条规定,经营者的垄断行为影响到利害关系人利益的,可将承诺措施向大众公布。但该条文中的"可以"一词表明,是否公布的选择权掌握在反垄断执法机构手中,该规定并不是强制性规定。《经营者承诺指南》第十六条虽然也规定了执法机构应当将中止调查决定、终止调查决定及时向社会公布,但具体以何种途径公布、应该公布哪些内容并未予以规定。

第三,细化经营者承诺履行规则,形成执法者对经营者履行承诺的过程控制。《反垄断法》第四十五条规定,行政机构在认可经营者的承诺之后,可以决定中止调查,如果经营者履行承诺的,执法机构可以决定终止调查。作为一种软性执法制度,经营者承诺制度不是一种"一劳永逸"式的执法方式,例如业务剥离、市场准入限制等救济往往需要根据市场的发展情况进行适时调整,因此,承诺的内容往往存在一定的期限,如何建立起执法者对经营者履行承诺的长期监督，是承诺制度发挥效用必须关注的重要课题。《反垄断法》第四十五条第三款第（二）项规定，当"作出中止调查决定所依据的事实发生重大变化"的情况下，反垄断执法机构应该恢复调查。这一规定体现了立法者对经营者承诺制度作为一种对经营者长期监督所应具有的过程性的基本考量。但是由于规定过于抽象，不足以正确指导行政机构的执法。在实践中，大多数案件都只公布了案件的调查过程，对于承诺的具体措施的记录都非常简单，我们只能从最终的执法公告中看到，经营者曾经提出的整改内容是什么。国家市场监管总局在其官网上公布的最新一份终止调查决定书是关于海昌隐形眼镜公司上海分公司垄断案的终止调查决定书。从该决定书记录的案件承诺程序来看，存在以下问题：一是国家市场监管总局并未在其网站上公布该案件中止调查决定书，这意味着在中止调查到终止调查期间，公众并不知道经营者承诺了何种整改措施，以及整改措施的履行情况，监督也就无从谈起。二是经营者提出的整改措施记录非常简单，比如该份决定书中仅记录了三种整改措施：认真自查整改、依法开展业务、组织法律培训。这样的承诺非常宽泛，无法落到实处。三是决定书对经营者履行整改措施的记录也非常简单：①定期采取了法律培训；②依法开展经营活动；③决定作出之前进行了专题汇报；④执法机构进行了实地调查和走访，最终得出"当事人已全面履行其承诺"的结论。在这份决定书中我们看不到经营者为消除垄断行为对竞争的影响作出了什么具体的努力，例如如何处理已签订的纵向垄断协议、对于以不公平价格购买产品的消费者是否进行了补偿等。公众对承诺履行的监督也就无从谈起，经营者承诺制度完全陷入经营者与执法者线性协商的"黑箱"。

第六节　我国反垄断宽大制度

在反垄断法的众多规制对象中，卡特尔对于市场竞争与消费者利益的损害最为严重。如何有效打击卡特尔行为是各国反垄断执法机构面临的重要课题。美国司法部首先探索出一种从卡特尔内部瓦解和分裂卡特尔的方法，即宽大制度（又称为宽恕制度，leniency program/policy）。自美国司法部在 1978 年颁布《公司宽大制度》以来，到 2007 年为止，世界上已经有 30

多个国家或地区建立了宽大制度。[①] 例如,欧共体委员会在 1996 年发布了《关于在卡特尔案件中免征或者减征罚款的通告》(2002 年、2006 年修订),日本在 2005 年修订《禁止私人垄断及确保公正交易法》时引入了课征金减免制度。与此同时,各国对宽大制度的规定也越来越细化和清晰,例如英国从 2017 年起开始起草专门针对民航、金融、铁路等监管行业的宽大制度适用指南,欧盟在 2019 年正式上线了 eLeniency 在线宽大申请系统。随着宽大制度的建立和完善,在查处垄断协议方面发挥的积极作用日益凸显。据统计,在美国、欧盟、日本和韩国,60% 以上的垄断协议案件是通过宽大制度发现并查处的。经济合作与发展组织在 2014 年发布的《宽大制度中标记的使用》显示,从 1996 年起,美国反垄断刑事案件累积罚金超过 50 亿美元,其中超过 90% 来自因宽大制度启动的调查。[②] 可见,宽大制度已经成为各司法辖区发现和查处垄断协议案件的重要途径。

反垄断法语境下的宽大制度是指在执法机构尚未察觉或充分掌握违法证据之前,对于提供卡特尔违法证据并协助调查之涉案成员,给予免除或减轻处罚之优惠,以此提高卡特尔违法案件之查处成效的制度。"虽然在具体制度上各国规定存在差异,leniency 含义也不相同,但其原理如出一辙,即通过免除或减轻较早与竞争主管当局合作的垄断协议参加者的法律责任,促使违法者主动向竞争主管机构报告所涉违法垄断行为,以节约执法资源,提高执法效率,增强反垄断法的威慑和预防效应。"[③]其制度意义在于:首先,卡特尔内部成员提供证据,有助于执法机构顺利完成对卡特尔违法案件的查处;其次,促使卡特尔成员及时停止违法行为的参与,降低卡特尔的危害程度;最后,增加卡特尔形成的困难度,预防违法行为的发生。到目前为

---

① 喻玲:《运用声誉激励机制破解卡特尔的稳定性——完善宽大制度的一条路径》,《法商研究》2010 年第 1 期。

② 国家市场监管总局:《〈横向垄断协议案件宽大制度适用指南〉解读》,http://gkml. samr. gov. cn/nsjg/xwxcs/202010/t20201030_322781. html,2020 年 11 月 3 日。

③ 洪莹莹:《反垄断宽大制度的中国实践及理论反思》,《政治与法律》2015 年第 5 期。

止,宽大制度已被各国广泛接受,成为打击违法卡特尔的利器。①

宽大制度的运行原理在于对卡特尔设计严厉的处罚措施,在严厉处罚的威慑之下,由执法者承诺法律责任的减免来诱使卡特尔成员"窝里反",该卡特尔成员因此能减免处罚,而执法者则能获得进一步了解卡特尔内幕及需要的证据,从而打击卡特尔,完成执法任务。宽大制度之所以能列入反垄断软性执法制度之中,原因如下:第一,宽大制度本身的直接目的在于消除执法者在执法中信息不对称的劣势,通过诱导方式揭露违法信息,而不是惩罚违法者。第二,宽大制度中没有强制力的运用,反倒利用弱化强制力的方式,即法律责任的减免。第三,宽大制度之减免机制实际上是反垄断法为反垄断执法机构与秘密卡特尔成员创设的一种交易机制。从一定意义上讲,该制度设计的减免待遇实际是一种不特定要约,任何秘密卡特尔成员都是要约的对象。而卡特尔成员的有效告发则是一种承诺,卡特尔成员一旦作出有效告发,契约即告成立。因此,减免处罚的待遇实际是法律预先设置的对卡特尔成员有效告发的一种对价。② 第四,宽大制度的功能不仅仅在于在个案中促使卡特尔成员停止参与卡特尔,并协助执法者尽快完成卡特尔查处任务,其另一个重要功能在于通过宽大制度中的一些巧妙设计吓阻新的卡特尔的形成。告发机制的存在使得卡特尔组织成员人心涣散,时刻面临着解体的危险。因此,反垄断宽大制度是通过诱导方式,而非直接利用国家强制力来达到执法目的的执法方式,属于反垄断软性执法的一种。

一、我国反垄断宽大制度之现状

我国通过《反垄断法》与反垄断执法机构发布的相关文件,已基本建立起了反垄断宽大制度。《反垄断法》第五十六条第三款规定:"经营者主动向反垄断执法机构报告达成垄断协议的有关情况并提供重要证据的,反垄断

---

① 根据美国司法部的报告,1997—2004 年,司法部总共对卡特尔进行罚款 25 亿美元,其中 90% 都离不开宽大制度提供的信息。司法部曾表示:"在侦破国际卡特尔方面,宽大制度所做的比我们的搜查令、秘密录音录像、FBI 审讯等其他手段加起来还要多。"(林平、马克斌:《宽大制度(Leniency Program)与卡特尔的反垄断控制》,《产业经济研究》2006 年第 2 期,第 4 页)在欧盟,宽大制度被认为是"破获卡特尔行为的最有效工具。"(Scott D. Harmmond, "Detecting and Deterring Cartel Activity through an Effective Leniency Policy", http://www.justice.gov/atr/pub lic/speeches/9928.pdf, 2000 年 11 月 21 日)

② 娄丙录:《反垄断宽大制度的理论基础与实效保障》,《法律科学》2010 年第 5 期。

执法机构可以酌情减轻或者免除对该经营者的处罚。"国家工商总局 2009 年颁布的《工商行政管理机关查处垄断协议、滥用市场支配地位案件程序规定》第二十条规定："工商行政管理机关对主动报告达成垄断协议有关情况并提供重要证据的经营者,可以酌情减轻或者免除处罚。对垄断协议的组织者,不适用前款规定。重要证据应当是能够启动调查或者对认定垄断协议行为起到关键性作用的证据。"国家发改委 2010 年颁布的《反价格垄断行政执法程序规定》对于反垄断宽大制度的规定最为详细。该规定第十四条指出:"经营者主动向政府价格主管部门报告达成价格垄断协议的有关情况并提供重要证据的,政府价格主管部门可以酌情减轻或者免除对该经营者的处罚。第一个主动报告达成价格垄断协议的有关情况并提供重要证据的,可以免除处罚;第二个主动报告达成价格垄断协议的有关情况并提供重要证据的,可以按照不低于 50% 的幅度减轻处罚;其他主动报告达成价格垄断协议的有关情况并提供重要证据的,可以按照不高于 50% 的幅度减轻处罚。重要证据是指对政府价格主管部门认定价格垄断协议具有关键作用的证据。"2019 年 1 月,国务院反垄断委员会制定了《横向垄断协议案件宽大制度适用指南》(以下简称《宽大制度指南》)。从总体上看,该指南具有以下几个特点:第一,注重及时性,鼓励经营者及早申请宽大;第二,增强指引性,细化报告和重要证据要求;第三,提高透明性,明确执法机构行动指南。《宽大制度指南》为我国反垄断执法机构的执法实践提供了一般性的参照标准,也大大增强了经营者自身行为能否获得宽大及相应的责任减免幅度的可预期性。

然而,从执法实践来看,宽大制度这一打击卡特尔的利器在我国并未发挥其应有作用。2008 年《反垄断法》实施至 2020 年 9 月,中央和地方执法机构累计查处垄断协议案件 191 件,罚没款金额 44.88 亿元,积累了较为丰富的执法经验。但这些案件中适用宽大制度的并不多。国家工商总局于 2015 年 1 月至 2019 年 2 月在其官网上公布了 70 份执法公告,涉及垄断协议的共有 28 份,但无一适用宽大制度。国家发改委在其官网上公布了 72 份反垄断执法行政处罚决定书,其中有 4 个案件适用了宽大制度,有 4 位当事人,即日本邮船株式会社(〔2015〕1 号)、日立汽车系统有限公司(〔2014〕2 号)、株式会社不二越(〔2014〕10 号)、中国人民财产保险股份有限公司浙江分公司(〔2013〕4 号)被免予行政处罚(见表 7-2)。2019 年 2 月至 11 月,国家市场监管总局反垄断局共发布涉及垄断协议的执法公告 7 份,其中无一适用宽大制度。

表 7-2　2019 年 2 月至 11 月国家市场监管总局发布的反垄断协议执法公告

序号	案件文书号	案件名称	垄断协议类型	申请宽大制度具体情形	处罚减免结果
1	国家发改委免予行政处罚决定书〔2015〕1—3 号	滚装货物海运企业案	固定价格与分割销售市场垄断协议	日本邮船株式会社首位主动报告;川崎汽船株式会社紧随其后主动报告并提供核心证据;三井随后主动报告并提供重要材料,且立即停止实施垄断协议	日本邮船株式会社免予行政处罚;川崎汽船按照60%的幅度减少罚款;商船三井按照30%的幅度减少罚款
2	国家发改委行政处罚决定书;发改办价监处罚〔2014〕4—11 号	日本汽车公司之零部件垄断协议案	8 家公司通过价格协商达成并实施价格垄断协议	日立汽车企业首位主动报告参与情况并提供重要证据;株式会社电装紧随其后主动报告并提供核心材料;爱三工业株式会社、三菱电机株式会社、三叶株式会社随后也主动报告并提供重要材料	日立公司免除行政处罚;株式会社电装按照60%幅度减少处罚;爱三工业株式会社、三菱电机、三叶株式会社按照20%幅度减少罚款;矢崎总业、古河电气、住友电气按照40%幅度减少罚款
3	国家发改委 2014 年 8 月 20 日发布的新闻,未公布执法决定书	汽车轴承企业价格垄断案	4 家轴承企业达成并实施了汽车零部件、轴承的价格垄断协议,交换了涨价信息,实施了涨价行为	株式会社不二越首位报告垄断协议有关情况并提供重要证据	株式会社不二越免除行政处罚

续表

序号	案件文书号	案件名称	垄断协议类型	申请宽大制度具体情形	处罚减免结果
4	国家发展和改革委员会免予处罚决定书;发改办价监免〔2013〕4号、8号、9号	浙江保险企业垄断案	24家保险企业参与达成、实施固定商业车险费率的垄断协议	中国人保浙江分公司首家主动报告违法行为,举出相应核心证据;国寿财险紧随其后主动报告《浙江国寿财险参会情况》等核心材料;平安财险其后主动报告《关于车险行业自律有关情况的报告》等核心证据	中国人保浙江分公司免除行政处罚,国寿财险按90%幅度减少处罚;对平安财险按45%幅度减少处罚

上述实践表明,我国虽已建立反垄断宽大制度,但在其实际运行的十多年中,主动申请宽大的企业寥寥无几,适用宽大制度的案件也屈指可数,宽大制度并未发挥其应有功效,这固然与我国缺乏竞争传统、企业对《反垄断法》的了解和理解均不足够有关,但笔者认为,我国反垄断宽大制度"诱惑不足"是更为重要的原因。爱尔兰竞争局成员费兹·杰拉德曾指出,一项成功的宽大制度取决于以下三个要素:简单——最少的先决条件;有限的可利用性——宽恕的类型;明确的规则——合作的持续鼓励。① 以下将以此三要素为框架,逐一分析我国反垄断宽大制度存在的问题和完善建议。

二、明确宽大制度的先决条件

(一)确定宽大制度申请的时间

申请者最终获得的宽大待遇与申请的时间、先后顺序息息相关,因此明确宽大申请时间的划定标准对申请者来说至关重要。目前,世界上大部分国家都将时间限定在反垄断执法机构展开调查之后。鉴于我国目前的宽大制度实践,为增强宽大制度的吸引力,可放宽对宽大申请的时间限制。我国《宽大制度指南》第四条对"经营者申请宽大的时间"进行了规定:"参与垄断

---

① 计蓉:《中欧德反垄断宽大制度比较研究》,《经济法论丛》2018年第2期。

协议的经营者可以在执法机构立案前或者依据《反垄断法》启动调查程序前，也可以在执法机构立案后或者依据《反垄断法》启动调查程序后、作出行政处罚事先告知前，向执法机构申请宽大。"从垄断协议行为开始之时到作出行政处罚事先告知之前的期间，参与垄断协议的经营者都有申请宽大的机会，该规定给予了经营者最长的申请宽大时间，给予了其充分的选择时间，这无疑能激励经营者争当第一个申请者。

（二）限制反垄断宽大制度的适用范围

例如，2013 年惠氏（中国）、惠氏（上海）、贝因美、明治（上海）主动向反垄断执法机构报告其与合生元、美赞臣、多美滋、雅培、富仕兰（美素佳儿）、恒天然等 6 家奶粉企业达成的垄断协议，并提供重要证据，最终全部免除处罚。其他 6 家企业因不主动配合调查未能免除或减轻处罚，共被处以6.6873 亿元罚款。[①] 这一案件的特殊之处在于，其垄断协议为纵向垄断协议，打破了宽大制度仅仅适用于横向垄断协议的世界惯例。[②] 国家发改委认为宽大制度应当扩展适用于纵向垄断协议，并提出了以下理由：第一，从制度体系分析，宽大制度适用于纵向垄断协议符合立法本意；第二，从制度功能分析，宽大制度适用于纵向垄断协议符合制度原意；第三，从执法实践分析，宽大制度适用于纵向垄断协议符合现实需要。[③] 从一般逻辑而言，宽大制度既然能适用于违法性更高的横向垄断协议，当然也应该能适用于竞争弊害没那么严重的纵向垄断行为。然而，这种理解恰恰是对宽大制度这一反垄断软性执法机制的误解。宽大制度并非一种处罚机制，其目的并非处罚经营者，而是及早发现隐蔽性较高的横向垄断行为，宽大制度是根据横向垄断协议的特点而为之"量身定制"的一种特殊执法机制。如果将纵向垄断协议纳入宽大制度中，有违制度的创设初衷。更何况，纵向垄断协议本身是一种单方行为，即其受处罚的对象是实施纵向协议垄断一方，而不是所有

---

① 人民网：《发改委：6 附加企业缴齐罚款奶粉价格垄断案结案》，http://finance.people.com.cn/BIG5/n/2013/0825/c1004-22687029.html，2013 年 8 月 25 日。

② 宽大制度设立之初的主要目的是揭发隐蔽性极高的核心卡特尔，例如在美国等其他国家纵向垄断协议认定并非使用本身违法原则，而使用合理性原则进行分析判断，因而纵向垄断协议并不在宽大制度适用之列（计蓉：《中欧德反垄断宽大制度比较研究》，《经济法论丛》2018 年第 2 期）。

③ 国家发改委价监局反垄断二处：《纵向价格垄断协议法律适用问题研究》，《中国价格监督检查》2013 年第 11 期。

参与者,因而只有受处罚的一方当事人才可能会申请宽大,如果对其免除责任,则出现的结果就是自己报告本身实施的违法行为而免责,同时就该垄断行为没有其他行为人受到处罚,这样的结果只能是纵容甚至可能是鼓励了纵向垄断协议的发生。[①] 值得赞许的是,国家发改委可能意识到了实施宽大制度的不妥之处,在《宽大制度指南》中明确了宽大制度只适用横向垄断协议案件。

(三)明确宽大申请者的主体资格

哪些主体有资格获得宽大是宽大制度首先需要明确的问题之一。美国宽大制度明确将卡特尔的发起者、领导者和强迫者排除在外。但是世界各地在借鉴美国的相关规定时,也逐渐扩展了可以申请宽大的主体范围。例如:韩国 2007 年修改的宽大通告也仅仅不允许强迫者申请宽大;我国台湾地区和香港地区 2015 年的宽大制度也同样只明确排除强迫者;加拿大反垄断执法机构的态度则更为开放,2010 年的宽大制度将宽大范围扩展至领导者或发起者以及强迫者。[②] 从我国《反垄断法》第四十六条第二款的规定来看,反垄断宽大制度所减免的仅仅是行为人的行政责任,而不包括民事责任与刑事责任,这意味着即使申请宽大成功,其所获得的法律责任的减免也是十分有限的。因此,笔者认为,在我国更适宜不对宽大制度的适用者身份加以区分,以弥补责任减免有限带来的激励不足的弊端。我国《宽大制度指南》顺应了国际趋势,其第十条第二款规定:"经营者组织、胁迫其他经营者参与达成、实施垄断协议或者妨碍其他经营者停止该违法行为的,执法机构不对其免除处罚,但可以相应给予减轻处罚。"由此可见,在我国,即使垄断协议的组织者和胁迫者也可以申请宽大,只是不能免除处罚而已,但是应当注意的是,在实践中,领导者或发起者可能为多家企业,这种情况下,依据美国的相关规定,这些领导者都可以申请豁免处罚。此外,如果领导者无法证明的情况下,市场份额最大的企业不能免除处罚。实践中,宽大申请者必须向执法机构提供证据证明自己并非强迫者或胁迫者。

[①] 毕金平:《〈反垄断法〉宽大制度之完善建议》,《竞争法律与政策评论》(第 6 卷),北京:法律出版社,2020 年,第 15 页。

[②] 綦书纬:《完善我国〈反垄断法〉宽大制度的研究——兼就〈横向垄断协议案件宽大制度适用指南(征求意见稿)〉提出几点建议》,《价格理论与实践》2016 年第 3 期。

三、明确宽大制度的减免标准

卡特尔存在的目的在于追求不法利益,而卡特尔成员申请宽大自然也是基于利益考量,一旦发现所受之惩罚将超过卡特尔行为带来的利益,卡特尔成员就有了向执法者举报的积极性。如果对卡特尔的法律责任之规定不明确,卡特尔成员无从对不法利益与法律后果作出明确估量,则会影响其申请宽大的积极性。因此,各国在制定宽大制度时,往往都注重加重卡特尔的法律责任,同时明确处罚的计算方式,作为诱使卡特尔成员申请宽大的基础。严厉的处罚措施与这种宽宥性质的减免处罚待遇所产生的诱惑力与巨大落差,不仅诱使核心卡特尔成员告密,其他卡特尔成员也会有所忌惮。而宽大制度的目标也正是借助这种威慑效应,促使核心卡特尔成员之间相互告发,进而启动调查并制裁违法行为,维护市场竞争环境。[①]

从世界范围来看,对于卡特尔的法律责任,有的仅规定刑事责任,如美国,有的仅规定行政责任,如欧盟,也有对卡特尔同时适用刑事责任与行政责任的,如德国、英国等,尽管在责任形式规定上有所不同,但是各国对于财产法律责任的规定都通过倍数或百分比的方式来确定处罚额度,企业很容易预见自身的法律责任。我国《反垄断法》第四十六条对垄断协议行为的行政责任进行了较为明确的规定,这为宽大制度的实施奠定了基础。

但是,与其他软性执法方式不同的是,在反垄断宽大制度中,执法者完全处于被动状态,需要企业"主动投案",因此,宽大制度的内容可视为一种要约,要约的明确性是接受邀约者作出承诺的前提条件。以美国为例,美国司法部1978年的企业法人宽大制度规定,即使经营者在司法部启动调查之前就主动供述违法行为,最终是否能予以法律责任的免除仍然取决于司法部反托拉斯局的自由裁量,因此,在申请结果不确定的情况下,到1993年为止,司法部每年平均仅收到1起宽大申请。[②] 为了进一步发挥宽大制度的功能,美国反托拉斯局于1993年对宽大制度的有关规定进行了修订,明确了对于符合一定条件的申请宽大的企业,反托拉斯局将不再行使自由裁量权,

---

① 高艳杰:《论我国反垄断法之宽恕待遇的完善》,《黑龙江工业学院学报》2019年第8期。

② Robert Bloch, "Past Practice and Future Promise: The Antitrust Division's Corporate Amnesty Program", *Antitrust*, Vol. 8, 1993, p. 28.

一律免除刑事责任。此次修订具体有三项内容不同于旧有规定：第一，对于符合一定适用条件的企业，直接免除刑事起诉，反托拉斯局不得行使裁量权；第二，在反托拉斯局开始调查之后，对于主动供述违法行为的企业，也可以免除刑事起诉；第三，对于免除刑事起诉的企业，其相关职务人员也相应免除刑事起诉。从 1993 年开始，企业申请宽大的案件数量剧增。司法部在其 2005 年的报告中指出，新的宽大制度在免除责任方面更加明确的规定使其对于经营者更加有吸引力，从 1993 年到 2005 年为止，企业申请宽大的案件已增长至平均每月 2 起。可见，法律责任减免标准作为宽大制度的核心规定，其明确与否对于宽大制度的实现至关重要。

在我国国务院机构改革之后，反垄断执法工作不再是"三驾马车"分别执法的局面，而是由国家市场监管总局统一承担。执法权的统一为宽大制度提供了一站式服务，明确了经营者"向谁申请宽大"这一基本程序问题。法律责任如何免除或减轻这一实体问题的明确成为提升宽大制度诱惑力的重要因素。宽大制度中法律责任的减免主要落实到两个问题上：一是能获得宽大的主体数量；二是法律责任的减免幅度。

（一）获得宽大待遇的主体数量

在我国反垄断执法实践中，获得宽大待遇的主体数量较多，例如 2013 年的奶粉企业实施固定转售价格案中，参与协议的 9 家企业中有 4 家企业获得免除处罚的宽大待遇。这一做法明显过于宽松。从国际上的常规做法来看，各国在宽大待遇的主体数量上多规定只有 1 位申请者可以免除处罚，一般都对能获得法律责任减免的人数总额进行限制。美国作为最初构建宽大制度的国家，处罚减免情形较为特殊，对第一个主动报告企业免除罚款，随后报告的企业均不能获得任何减免。[1] 因此也被称为首位竞赛。欧盟对于能获得宽大待遇的主体人数没有限制；日本总数限制在 5 人；韩国总数限制为 2 人。[2] 一般认为，仅给第一位告发者免予刑事处罚能激励涉案者争先

---

[1]　免除罚款条件包括：(1)企业报告时，反垄断执法机构并未对该企业开展反垄断调查；(2)完整表述达成垄断协议的事实，诚实、全面地配合调查；(3)企业会尽最大努力赔偿被害人损失；(4)企业立即停止违法行为。See Rox Henry：Antitrust Issues in the Globla Marketplace. International White Collar Enforcement，December，2011。

[2]　王慧媛：《我国反垄断宽大制度之减免标准研究——基于期愿遵从原理视角》，《东北农业大学学报(社会科学版)》2020 年第 2 期。

提起宽大申请。[①] 然而,在信息不对称的情况下,企业告发卡特尔行为存在极大的风险,企业不知道自己能否成为第一个告发者,一旦最终不能获得刑罚的免除,企业将承担巨大风险,包括已获得的非法利润不足以抵销处罚,作为告发者其企业在本行业内的声誉将受到影响等。总之,宽大制度的条件严格且适用范围狭窄,将增加企业告发成本,削弱告发动机。我国《宽大制度适用指南》第十三条规定:"对于第一顺位的经营者,执法机构可以对经营者免除全部罚款或者按照不低于80％的幅度减少罚款。在执法机构立案前或者依据《反垄断法》启动调查程序前申请宽大并确定为第一顺位的经营者,执法机构将免除全部罚款,存在本指南第十条第二款情形的除外。对于第二顺位的经营者,执法机构可以按照30％至50％的幅度减轻罚款;对于第三顺位的经营者,可以按照20％至30％的幅度减轻罚款;对于后序顺位的经营者,可以按照不高于20％的幅度减轻罚款。本指南所称罚款是指,将申请罚款减免以外的所有情节综合考虑后确定对经营者作出的罚款金额。"这意味着我国对获得宽大待遇的经营者数量没有限制,也意味着反垄断执法机构在到底给哪些经营者宽大待遇问题上拥有较大的自由裁量权。事实上,如果第一位宽大申请者已协助实现有效查处垄断协议的效果,其后来的申请便不再有意义,毕竟宽大制度的目的并非给予忏悔意愿并付诸行动的经营者以宽大待遇,而是激励垄断协议参与者的举报意愿。因此,在立法上对可以申请宽大制度的主体数量不加限制,将是否给予宽大待遇的决定权交给执法机构是较为合理的做法。

(二)减免幅度的设计

宽大幅度关系到卡特尔成员向反垄断执法机构自首并告发的积极性,对宽大制度功能的发挥起着至为关重要的作用。一般认为,有梯度的减免幅度设计才能最大限度地激发经营者的申请意愿。在我国2013年的浙江保险业横向垄断案中,第二个申请者获得减轻处罚幅度高达90％,与第一个申请者相差无几,不利于违法行为人之间争先、竞相与执法机构合作,未充分体现宽大制度赖以发挥作用的竞赛机制。不合理的宽大待遇会引发申请者提请宽大的惰性,导致违法行为人之间的自我揭发竞赛失灵。因此,各

---

① 颜廷栋:《竞争法宽大制度之研究》,《经济法论丛》第15卷,北京:中国方正出版社,2008年,第45页。

国均设计了较大的减免梯度。表 7-3 是美国、欧盟地区宽大制度减免标准的比较。

表 7-3 美国与欧盟宽大制度减免标准比较

项目	对象/时间	美国	欧盟
调查开始前申请宽大的减免标准	第一个自首企业	完全免除	完全免除
	随后自首企业	无任何免除	第二名：30%～50% 第三名：20%～30% 第四名及以下不高于 20%
调查开始后申请宽大的减免标准	当反垄断机构缺乏相关证据时	对第一个自首者完全免除	对第一个自首者完全免除
	当反垄断机构有相关证据时	无任何减免	第一名：30%～50% 第二名：20%～30% 第三名及以下不高于 20%
是否免除刑事指控		与罚金一同免除	因欧盟未将卡特尔作为刑事犯罪，故未作规定

我国《宽大制度适用指南》第十三条规定的减免幅度基本与欧盟的减免标准相类似，设定的减免人数及减免幅度总体上较为适中，能够调动卡特尔成员申请宽大的积极性。但有些地区的规定更为细致，给予申请者对宽大待遇更明确的预期。例如，我国台湾地区规定：调查启动之前告发的，首位告发者免除处罚；若调查启动之前无人告发，调查程序启动之后告发的，首位告发者免除处罚；若调查启动之前已经有人告发，调查程序启动之后的告发者，依照调查启动之后的顺位分别按照 30%～50%、20%～30%、10%～20% 以及 10% 以下的幅度减轻处罚。其较好地处理了调查启动之前已有申请与调查启动之后再提出申请的衔接问题。

四、明确重要程序规则

简言之，宽大制度的整个程序就是申请人为获得法律责任的减免而向执法机构提供涉嫌违法行为有关情况的报告以及提交重要证据。这一程序涉及几个关键问题：报告情况的时间点（决定申请者的顺位）、重要证据和对申请人提供的重要信息的保密义务。没有申请者会在缺乏制度保障和面临极大风险的情况下向执法机构告发正在从事的违法行为[1]，如果立法对上述三个关键问题不予规定或规定得不够合理详细，就很难对经营者产生激励作用。

（一）标记制度

欧盟的宽大程序中有一项较为重要的制度就是标记（marker）制度，目的在于保护申请人在一段时间内的申请位次。申请人向主管部门表示有合作的意愿并提供相应的证据即可进行标记，其激励作用主要体现在以下两个方面：一方面，鼓励已有申请意愿但暂时无法备齐全部证据的申请人进行申请，标记制度能保证其在补全信息之后仍然处于靠前位置甚至首位；另一方面，在卡特尔联盟中营造一种检举竞赛的氛围，各方参与人处于相互怀疑的状态，唯恐他方抢先坦白使自己非但无法受益还要遭受严厉的惩罚。[2]我国的《宽大制度指南》第七条规定了登记制度，其第三款规定了登记制度的核心内容："第一个申请免除处罚的经营者向执法机构提交的报告符合本指南第六条第二款要求，但未提供证据或者证据不全的，执法机构可以进行登记，将出具本条第一款的书面回执，并要求经营者在规定的期限内补充相关证据。该期限一般最长不超过 30 日，特殊情况下可以延长至 60 日。如果经营者在执法机构要求的期限内补充提交相关证据，执法机构将以其收到报告的时间为申请宽大时间；经营者未在期限内按要求补充提交相关证据的，执法机构将取消其登记资格。"也就是说，只要参与协议的经营者有申请宽大的意愿就可以申请，如果暂时无法提供重要证据，可以先进行"标记"，保留其申请位次，如果在规定期限内提供了法律所要求的重要证据，就能最终确认其优先的位次。这一制度以其回溯倒签的形式成为宽大程序中成功的关键因素之一，既能为有意愿的宽大申请者提供申请宽大的便利，也能在参与协议的经营者之间形成竞争，有效激励经营者争先申请宽大。

（二）重要证据

在反垄断执法中，证据是对垄断行为施以处罚的基础。在宽大制度中，

---

① Sandra Marco Colino, "The Perks of Being a Whistleblower: Designing Efficient Leniency Programs in New Antitrust Jurisdictions", *Vanderbilt Journal of Transnational Law*, Vol. 50, 2017, pp. 533-537.

② 计蓉：《中欧德反垄断宽大制度比较研究》，《经济法论丛》，北京：社会科学文献出版社，2018 年，第 278 页。

重要证据就是能够证实卡特尔违法行为的一切材料或信息,只有提交满足要求的证据才能获得宽大待遇。申请宽大待遇的证据标准设定是宽大制度中的一个关键问题,也是一个难题。如果标准过高,可能会让申请者望而却步;反之,如果标准过低,申请者提供的证据难以满足处罚违法行为的要求,则宽大制度就会形同虚设,无法达到其制度目的。近年来,各国(地区)在反思与修改宽大制度的过程中都在淡化重要证据这一构成要件,从最初的要求宽大申请者提供所有有关秘密卡特尔的证据材料,到后来仅要求申请者提供足以开启一项秘密卡特尔调查的证据或线索即可。^① 这些证据一般包括垄断协议的大致情况、协议成员的基本情况、协议涉及的产品或服务的基本情况,并不要求宽大申请者提供能直接证明垄断协议成立的证据资料。因为反垄断执法机构难以发现和调查的垄断协议往往比较隐蔽,大多不会有书面文件,以书面协议以外的方式来达成固定价格、划分市场协议已经成为主流。因此,如若对申请宽大者的证据设置的标准过高,会严重影响其申请意愿。

我国宽大制度所要求的重要证据标准却与上述发展方向相反,对于重要证据的要求越来越细致和严格。在《宽大制度指南》出台之前,国家工商总局和国家发改委分别在《工商行政管理机关查处垄断协议、滥用市场支配地位案件程序规定》和《反价格垄断行政执法程序规定》中对重要证据给予了解释。前者规定:"重要证据应当是能够启动调查或者对认定垄断协议行为起到关键性作用的证据。"后者则规定:"重要证据是指对政府价格主管部门认定价格垄断协议具有关键作用的证据。"《宽大制度指南》将重要证据分为两种,分为申请免除处罚的证据和申请减轻处罚的证据。申请免除处罚的重要证据是指:"(一)执法机构尚未掌握案件线索或者证据的,足以使执法机构立案或者依据《反垄断法》启动调查程序的证据;(二)执法机构立案后或者依据《反垄断法》启动调查程序后,经营者提供的证据是执法机构尚未掌握的,并且能够认定构成《反垄断法》第十三条规定的垄断协议的。"(《宽大制度指南》第六条第三款)申请减轻处罚的重要证据是指:"执法机构尚未掌握的,并对最终认定垄断协议行为具有显著证明效力的证据,包括:

---

① Gary R. Spratling, "The Corporate Leniency Policy: Answers to Recurring Questions", Remarks at the ABA Antitrust Section 1998 Spring Meeting, 1998, p. 5.

（一）在垄断协议的达成方式和实施行为方面具有更大证明力或者补充证明价值的证据；（二）在垄断协议的内容、达成和实施的时间、涉及的产品或者服务范畴、参与成员等方面具有补充证明价值的证据；（三）其他能够证明和固定垄断协议证明力的证据。"（《宽大制度指南》第八条第三款）从上述规定来看，我国仍坚持相对严格的重要证据认定标准，要求申请宽大者提供的证据对于证明垄断行为的成立起关键性作用，但何为关键性证据，却是一个认识模糊的问题，在具体认定中反垄断执法机构的自由裁量权仍处于主导地位，这势必导致各地反垄断执法机构对重要证据认定标准不一，从而出现"同案不同判"的现象，与此同时也会打击经营者申请宽大的积极性。

（三）申请者信息保护制度

企业作为追求利润的市场主体，风险收益判断是它们从事任何行为都要事先考虑的问题，在申请宽大时也不例外。宽大申请者以"告密"形式向反垄断执法机构"出卖盟友"，必然有身份信息曝光的风险，从而累及其商业信誉。宽大制度的设计只有最大限度地减小告密的风险，才能最大限度地鼓励违法者积极申请宽大。我国《反垄断法》第五十四条仅对执法人员泄露经营者商业秘密规定了法律责任，但申请人向执法者提供有关情况和重要证据并不能与商业秘密画等号。在《宽大制度指南》中，第十六条对"执法机构的保密义务"进行了规定："对经营者依据本指南申请宽大所提交的报告、形成的文书等材料，未经经营者同意不得对外公开，任何单位、个人均无权查阅。"从此规定来看，我国对申请宽大经营者报告的有关情况和重要证据进行的是"一刀切"式的全面保护。如此简单的规定回避了一些实践中的尴尬问题，例如在调查过程中如何保障涉案经营者的查阅权、在结案后的执法文书公告中如何处理这些保密信息。

在这一问题上，我们可以借鉴欧盟竞争法中的相关规定。欧盟对宽大制度适用中的信息设计了较为完整而细致的保护制度。根据宽大通告（leniency notice）和文档查阅（notice for access）的有关规定，相关证据被分为三类：一是现存信息（pre-existing information），即在调查启动前既已存在证据；二是合作声明（corporate statement），是宽大申请者向执法机构提供的信息和证据；三是前两类信息之外的其他信息。① 对于第一、三类证据，经营者、举报者与第三人享有较为自由的查阅权，而第二类信息就是宽大申请者提供的信息与证据，对宽大申请者最终的宽大待遇及其商业信誉至关重要，因此欧盟施以整体化保护，在整个案件的调查过程中以及后续的民事诉讼中，该类信息的披露都受到严格限制。具体而言，只有被调查的经营者在受到欧盟委员会发送的异议声明（statement of objections）之后，才能提出查阅相关证据的申请，并且在查阅合作声明必须在严格的条件限制下进行，例如不得以机械或电子的方式复制信息、不允许向第三方披露信息等。

第七节　本章小结

在我国《反垄断法》的实施过程中，私人执行效果并不明显，但是公共执行取得了一定的成绩，软性执法机制也在《反垄断法》执行中崭露头角并日趋完善。我国反垄断执法机构颁布的反垄断指导性规则体现了软性执法方式的参与性，发挥了解释《反垄断法》、对市场行为进行指导的功能，但也存在一些不足之处。商务部在《反垄断法》执行初期就已开始顺应软性执法的潮流，重视协商方式在执法中的运用，建立了较为完善的经营者集中商谈制度。在没有司法审查的背景下，还应进一步完善公示与听证制度，以加强对经营者集中商谈制度的监督。我国《反垄断法》规定的经营者承诺制度，并未体现其作为一种软性执法方式应具有的协商性、参与性与过程性。我国反垄断宽大制度作为一种揭露垄断协议的激励机制，是协议参与者和执法机构之间的一种要约与承诺的交易机制，如何克服其"诱惑不足"缺陷及增强其激励效应，是未来我国宽大制度设计的重中之重。

---

① 刺森：《我国反垄断宽大制度中的重要信息保护问题研究》，《法学论坛》2019 年第 2 期。

结　语

　　"结论并不重要，结论只是人们为了退出某一具体研究的一个比较有效又体面的战术或策略。"[①]但是行文至此，笔者在此不得不作出一个结论——由于反垄断法特殊的不确定性，相对于非软性执法，软性执法更适合反垄断法的实施。为了得出这一结论，本书主要进行了以下几个方面的论证：

　　第一，反垄断软性执法即一国反垄断法专门执法机构在执法过程中不直接运用国家强制力，而通过指导、许诺、揭露、协商等方式，于事前对垄断行为予以预防，于事中形成对垄断行为的控制，或于事后对垄断行为加以修正的执法方式。在反垄断软性执法中，国家强制力往往备而不用，只是通过国家强制力所产生的公信力和威慑力来完成执法任务。西方成熟市场经济国家在反垄断法实施过程中存在大量的软性执法现象。以美国为例，美国反托拉斯执法机构通过颁布结合指南、政策声明等对企业的经营行为进行普遍指导，并接受企业的申请，针对具体的经营行为提供顾问性意见或以商业审查函的方式发表意见。美国反垄断执法机构还通过协议方式来规范企业涉嫌违反反垄断法的行为，并建立宽大制度诱使卡特尔成员揭露卡特尔行为。此外，在欧盟、加拿大、德国、日本等国家和地区，反垄断法实施中都大量使用了软性执法。在有的国家，如日本、加拿大，软性执法的适用范围和程度都超过了非软性执法方式，塑造了这些国家反垄断执法的软性特征。

　　第二，反垄断软性执法产生于公域之治转型、行政执法方式转变的大环境之下，其生成对传统的反垄断行政执法提出了挑战。反垄断执法机构对反垄断法律规则的解释不再是决策式而是指导式；反垄断执法机构的裁量采取商谈、接受承诺、宽大等方式进行，是一种交往理性下的执法裁量，这种

---

　　①　苏力：《法治及其本土资源》，北京：中国政法大学出版社，1996年。

裁量方式注重权力的非单向性,表现为一种暂时性共识,基于主体间的认同而获得正当性。反垄断软性执法对于一种垄断行为的处分,不是事后的责任追究式,而是事中的直接规制式,即将垄断行为纳入监督视野,并对其进行长期监控与调整,以趋利避害。

第三,在公域之治转型的大环境下,软性执法并非只存在于反垄断法中。如果说公域之治的转型为反垄断软性执法提供了发展契机,那么反垄断法特殊的不确定性才是软性执法相对于非软性执法更具正当性的基础。反垄断法的不确定性表现为反垄断诉讼中自相矛盾的"反垄断双语"。经济学上关于垄断和垄断控制观念的争议与分歧,使反垄断法无法很好地对垄断进行明确定义,导致反垄断法立法语言的模糊与规制对象的不稳定性;合理原则的主导性适用,使法官和当事人均难以预见涉案行为的法律后果;各国反垄断法目的的多元化与内在冲突,使反垄断法确定性失去了最后一道屏障。法律最优论、法律不完备理论和执法激励理论早已表明:在法律不确定的条件下,行政执法优于司法执法,这为软性执法的优势论证提供了理论基础。上述理论落实到反垄断法执行中,我们可以得出反垄断法执行不适宜由私人诉讼来主导的结论,其原因包括:私人诉讼无法完成反垄断法"保护竞争,而非竞争者"这一任务;私人利益与反垄断的公共利益目标存在冲突;司法裁判运行原理与反垄断法不确定性存在冲突;司法执法无法实现多元化的反垄断任务。此外,反垄断软性执法机制因其非裁判性、非制裁性、协商性、过程性和参与性等优势,使具有特殊不确定性的反垄断法得到更为合理的适用。因此可以说,反垄断法的不确定性为软性执法提供了正当性基础,而软性执法又促进了反垄断法正当性的实现。

第四,反垄断法是一种以公共利益保护为目标的法律。因此,在软性执法运作过程中,一方面应保障其软性优势的发挥,另一方面则应防止其对公共利益及相关主体利益的损害。通过对美国反垄断协议裁决运行原理的考察,我们得到的启示是:一是应在软性执法的运行过程中充分保持软性执法的软性特质,发挥其独特优势;二是立法与司法都应对软性执法中行政自由裁量权给予充分尊重;三是利用"公示—评论—解释"程序保障反垄断软性执法的正当性。

第五,本书对反垄断软性执法研究的最终目的仍然是为我国的《反垄断法》实施提供合理化建议。在我国《反垄断法》多年的执法实践中,我们看到了反垄断软性执法的发展,如经营者集中商谈机制,但更多的反垄断软性执法,如经营者承诺制度、宽大制度,仍然停留在纸面上,并未在实践中获得充分的运用。这表明在我国短时间的反垄断执法实践中,软性执法的重要性并未获得充分认识,其优越性也未得以发挥。在反垄断指导中,指导性规则的性质并不明确,也未建立个案咨询的渠道。在经营者集中商谈制度中,商务部采取公示与听证的方式来监督商谈,是一种过程性监督,但这种过程性监督并未真正发挥作用。我国目前所规定的经营者承诺制度并未体现软性执法的特性,应加强其协商性和参与性。虽然我国《反垄断法》引进了宽大制度,但其激励性仍然不足,并未引发经营者申请宽大的意愿。

综上,如果说反垄断软性执法的产生离不开公域之治转型的背景影响,那么,以软性执法来主导反垄断法的实施则是反垄断法自身的制度需求,我国应加强反垄断软性执法的制度设计与实践适用。国务院原法制办工交商事法制司司长赵晓光先生曾指出:"与一般法律不同,反垄断法不是一把刻度精确的尺子,不能像其他法律那样去衡量每一个企业、每一个市场行为。更多时候,反垄断法更像是一把高悬的'达摩克利斯剑',悬而不用,引而不发,利用剑的寒光去彰显'经济宪法'的威力,从而震慑经营者遵守市场规则、公平竞争。"[①]这表明我国政府官员对于反垄断法的个性特征已经有了一定的认识,可以预见,反垄断软性执法的意义也将逐渐被重视,软性执法在我国未来的反垄断执法中如何发挥其应有的功能、体现其特有价值是值得我们期待的。这一切都有待反垄断执法实践的未来发展和学者们的密切关注与适时研究总结。

"对现实的分析或对未来情况的预测随历史进程和我们从中获得的知识而不断变化。"[②]站在这个历史的节点上,我们展望未来,不论分析和预测为何,反垄断法都将会在实施中形塑其自身。

---

① 赵晓光:《反垄断法是一部什么样的法律?》,中国世界贸易组织研究会竞争政策与法律专业委员会主编:《中国竞争法律与政策研究报告(2010年)》,北京:法律出版社,2010年,第23页。

② [法]雷蒙·阿隆,《知识分子的鸦片》,吕一民、顾杭译,北京:译林出版社,2005年,第245页。

参考文献

一、中文著作

[1] [奥]凯尔森:《法与国家的一般理论》,沈宗灵译,北京:中国大百科全书出版社,1996年。

[2] [德]汉斯·J.沃尔夫、奥托·巴霍夫、罗尔夫·施托贝尔:《行政法》(第一卷),高家伟译,北京:商务印书馆,2002年。

[3] [德]汉斯·J.沃尔夫、奥托·巴霍、罗尔夫·施托贝尔:《行政法》(第二卷),高家伟译,北京:商务印书馆,2002年。

[4] [美]B.盖伊·彼得斯:《政府未来的治理模式》,夏宏图译,北京:中国人民大学出版社,2001年。

[5] [美]W.吉帕·维斯库斯、约翰·M.弗农、小约瑟夫·哈林顿:《反垄断与管制经济学》,甫军等译,北京:机械工业出版社,2004年。

[6] [美]博登海默:《法理学法律哲学与法律方法》,邓正来译,北京:中国政法大学出版社,1999年。

[7] [美]彼得·H.舒克编著:《行政法基础》,王诚等译,北京:法律出版社,2009年。

[8] [美]戴维·J.格伯尔:《二十世纪欧洲的法律与竞争》,冯克利、魏志梅译,北京:中国社会科学出版社,2004年。

[9] [美]丹尼尔·F.史普博:《管制与市场》,余晖等译,上海:上海三联书店、上海人民出版社,1999年。

[10] [美]赫伯特·霍温坎普:《联邦反托拉斯政策:竞争法律及其实践》(第三版),许光耀等译,北京:法律出版社,2009年。

[11] [美]罗斯科·庞德:《法理学》(第一卷),邓正来译,北京:中国政法大学出版社,2004年。

［12］［美］理查德・A.波斯纳:《法理学问题》,苏力译,北京:中国政法大学出版社,1994年。

［13］［美］理查德・A.波斯纳:《反托拉斯法》(第二版),孙秋宁译,北京:中国政法大学出版社,2003年。

［14］［美］理查德・B.斯图尔特:《美国行政法的重构》,沈岿译,北京:商务印书馆,2002年。

［15］［美］欧内斯特・盖尔霍恩、威廉姆・科瓦契奇、斯蒂芬・卡尔金斯:《反垄断法与经济学》,任勇等译,北京:法律出版社,2009年。

［16］［美］朱迪斯・N.施克莱:《守法主义:法、道德和政治审判》,彭亚楠译,北京:中国政法大学出版社,2005年。

［17］［日］根岸哲、舟田正之:《日本禁止垄断法概论》(第三版),王为农、陈杰译,北京:中国法制出版社,2007年。

［18］［英］蒂莫西・A.O.恩迪科特:《法律中的模糊性》,程朝阳译,北京:北京大学出版社,2010年。

［19］［英］哈耶克:《法律、立法与自由》(第一卷),邓正来等译,北京:中国大百科全书出版社,2000年。

［20］［英］哈耶克:《法律、立法与自由》(第二卷),邓正来等译,北京:中国大百科全书出版社,2000年。

［21］［英］赫伯特・哈特:《法律的概念》,张文显等译,北京:中国大百科全书出版社,1996年。

［22］曹士兵:《反垄断法研究》,北京:法律出版社,1996年。

［23］傅士成:《行政强制研究》,北京:法律出版社,2001年。

［24］侯利阳:《市场地位的反垄断剖析》,北京:中国书籍出版社,2019年。

［25］胡光志:《欧盟竞争法前沿研究》,北京:法律出版社,2005年。

［26］金美蓉:《核心卡特尔规制制度研究》,北京:对外经济贸易大学出版社,2009年。

［27］孔祥俊:《反垄断法原理》,北京:中国法制出版社,2001年。

［28］赖源河:《公平交易法新论》,北京:中国政法大学出版社、元照出版公司,2002年。

［29］李波:《公共执法与私人执法的比较经济研究》,北京:北京大学出版社,2008年。

［30］李国海:《反垄断法实施机制研究》,北京:中国方正出版社,2006 年。

［31］李国海:《英国竞争法研究》,北京:法律出版社,2008 年。

［32］李晓明:《非强制行政论》,长春:吉林人民出版社,2005 年。

［33］李钟斌:《反垄断法的合理原则研究》,厦门:厦门大学出版社,2005 年。

［34］刘宁元主编:《中外反垄断法实施体制研究》,北京:北京大学出版社,2005 年。

［35］刘星:《法理学导论》,北京:法律出版社,2005 年。

［36］罗豪才等:《软法与公共治理》,北京:北京大学出版社,2006 年。

［37］罗豪才、宋功德:《软法之治:公共治理呼唤软法之治》,北京:法律出版社,2009 年。

［38］莫于川:《行政指导要论:以行政指导法治化为中心》,北京:人民法院出版社,2002 年。

［39］潘丹丹:《反垄断法不确定性的意义追寻》,北京:法律出版社,2015 年。

［40］邱本:《自由竞争与秩序控制——经济法的基础建构与原理阐析》,北京:中国政法大学出版社,2001 年。

［41］阮方民:《欧盟竞争法》,北京:中国政法大学出版社,1998 年。

［42］邵建东:《竞争法教程》,北京:知识产权出版社,2005 年。

［43］沈敏荣:《法律的不确定性——反垄断法规则分析》,北京:法律出版社,2001 年。

［44］时建中主编:《反垄断法——法典释评与学理探源》,北京:中国人民大学出版社,2008 年。

［45］苏永钦:《经济法的挑战》,北京:清华大学出版社,2005 年。

［46］孙笑侠:《法律对行政的控制——现代行政法的法理解释》,济南:山东人民出版社,1999 年。

［47］王炳:《反垄断非强制性执法制度与实践》,北京:法律出版社,2011 年。

［48］王炳:《反垄断法实施指南制度建构研究》,北京:知识产权出版社,2019 年。

［49］王健:《反垄断法的私人执行——基本原理与外国法制》,北京:法律出版社,2008 年。

［50］王全兴:《经济法基础理论专题研究》,北京:中国检察出版社,2002 年。

［51］王廷惠:《竞争与垄断:过程竞争理论视角的分析》,北京:经济科学出

版社,2007 年。

[52] 王为农:《企业集中规制基本法理:美国、日本及欧盟的反垄断法比较研究》,北京:法律出版社,2001 年。

[53] 王晓晔、[日]伊从宽主编:《竞争法与经济发展》,北京:社会科学文献出版社,2003 年。

[54] 王玉辉:《垄断协议规制制度》,北京:法律出版社,2010 年。

[55] 吴小丁:《反垄断与经济发展》,北京:商务印书馆,2006 年。

[56] 伍铁平:《模糊语言学》,上海:上海外语教育出版社,1999 年。

[57] 徐晨:《权力竞争:控制行政裁量权的制度选择》,北京:中国人民大学出版社,2007 年。

[58] 徐士英等:《竞争法新论》,北京:北京大学出版社,2006 年。

[59] 许光耀:《欧共体竞争立法》,武汉:武汉大学出版社,2006 年。

[60] 薛兆丰:《商业无边界——反垄断法的经济学革命》,北京:法律出版社,2008 年。

[61] 余凌云:《行政契约论》,北京:中国人民大学出版社,2000 年。

[62] 赵杰:《垄断的观念》,北京:人民出版社,2006 年。

[63] 郑鹏程:《行政垄断的法律控制研究》,北京:北京大学出版社,2002 年。

[64] 中国世界贸易组织研究会竞争政策与法律专业委员会主编:《中国竞争法律与政策研究报告(2010 年)》,北京:法律出版社,2010 年。

二、中文文章

[1] [德]卡塔琳娜·皮斯托、许成钢:《不完备法律(上):一种概念性分析框架及其在金融市场监管发展中的应用》,吴敬琏:《比较》(第三辑),北京:中信出版社,2002 年。

[2] [美]爱德华·格莱泽、安德烈·施莱弗:《监管型政府的崛起》,吴敬琏主编:《比较》(第二辑),北京:中信出版社,2002 年。

[3] [美]理查德·B.斯图尔特:《二十一世纪的行政法》,苏苗罕译,毕小青校,《环球法律评论》2000 年夏季号。

[4] [美]迈克尔·阿斯姆:《非立法性规则制定与规制改革》,高秦伟译,《公法研究》(第六辑),杭州:浙江大学出版社,2007 年。

[5] 白雅丽:《论中国行政诉讼和解制度的建立》,《现代法学》2006 年第

3 期。

[6] 毕雁英:《法律社会化视角下的软法责任》,《政法学研究》2018 年第 4 期。

[7] 陈瑞华:《司法权的性质——以刑事司法为范例的分析》,《法学研究》2000 年第 5 期。

[8] 崔卓兰、卢护锋:《契约、服务与诚信——非强制行政之精神理念》,《社会科学战线》2005 年第 4 期。

[9] 崔卓兰、卢护锋:《我国行政行为非强制化走向之述评与前瞻》,《北方法学》2007 年第 2 期。

[10] 邓晔:《论行政权的扩张与控制》,《法学杂志》2008 年第 2 期。

[11] 郭跃:《美国反垄断法价值取向的历史演变》,《美国研究》2005 年第 1 期。

[12] 洪莹莹:《反垄断宽大制度的中国实践及理论反思》,《政治与法律》2015 年第 5 期。

[13] 黄义:《对经营者承诺制度的理性审思与解释适用——基于反垄断执法实践的分析》,《价格理论与实践》2014 年第 5 期。

[14] 黄勇:《经营者承诺制度的实施与展望》,《中国工商管理研究》2008 年第 4 期。

[15] 黄勇、江山:《反垄断法实施的文化维度论纲——以竞争文化、诉讼文化与权利文化为中心》,《江西社会科学》2008 年第 7 期。

[16] 惠生武:《论行政解释的基本范畴及其分类》,《法律科学》1999 年第 3 期。

[17] 计蓉:《中欧德反垄断宽大制度比较研究》,《经济法论丛》2018 年第 2 期。

[18] 季卫东:《从法治到民主的里程碑——解读〈全面推进依法行政实施纲要〉的内涵和体制改革的契机》,《财经》2004 年第 3 期。

[19] 蒋悟真:《反垄断法的中的公共利益及其实现》,《中外法学》2010 年第 4 期。

[20] 兰磊:《转售价格维持违法推定之批判》,《清华法学》2016 年第 2 期。

[21] 李国海:《论反垄断法中的慎刑原则——兼论我国反垄断立法的非刑事化》,《法商研究》2006 年第 1 期。

［22］李剑：《横向垄断协议法律适用的误读与澄清——评"深圳有害生物防治协会垄断案"》，《法学》2014年第3期。

［23］李剑：《双边市场下的反垄断法相关市场界定——"百度案"中的法与经济学》，《法商研究》2010年第5期。

［24］李俊峰：《反垄断从宽处理制度及其中国化》，《现代法学》2008年第2期。

［25］刘普生：《论经济法的回应性》，《法商研究》1999年第2期。

［26］刘水林：《反垄断诉讼的价值定位与制度建构》，《法学研究》2010年第4期。

［27］刘水林：《规制视域下的反垄断协商执法研究》，《政法论丛》2017年第4期。

［28］刘水林、吴锐：《论"规制行政法"的范式革命》，《法律科学》2016年第3期。

［29］刘星：《法律"强制力"观念的弱化——当代西方法理学的本体论》，《外国法译评》1995年第3期。

［30］娄丙录：《反垄断宽大制度的理论基础与实效保障》，《法律科学》2010年第5期。

［31］卢秋帆：《法律语言的模糊性分析》，《法学评论》2010年第2期。

［32］罗豪才、宋功德：《公域之治的转型——对公共治理与公法互动关系的一种透视》，《中国法学》2005年第5期。

［33］莫于川：《非权力行政方式及其法治问题研究》，《中国人民大学学报》2000年第2期。

［34］潘志成：《中美经营者集中审查程序比较——以英博收购AB案为例展开》，《中外法学》2010年第3期。

［35］綦书纬：《完善我国〈反垄断法〉宽大制度的研究——兼就〈横向垄断协议案件宽大制度适用指南（征求意见稿）〉提出几点建议》，《价格理论与实践》2016年第3期。

［36］秋风：《相信市场还是相信反垄断政策》，《产业经济评论》2008年第1期。

［37］沈岿：《软法概念之正当性新辨——以法律沟通论为诠释依据》，《法商研究》2014年第1期。

［38］盛杰民、焦海涛：《反垄断法承诺制度的执行难题与激励》，《清华法学》2009 年第 2 期。

［39］施建辉：《行政救济中的和解与调解》，《法学论坛》2008 年第 3 期。

［40］宋英辉等：《我国刑事和解实证分析》，《中国法学》2008 年第 5 期。

［41］涂怀艳：《行政执法和解初探》，《法商研究》2008 年第 2 期。

［42］王炳：《论反垄断接受承诺程序之使用范围限制——兼论我国《反垄断法》第 45 条之适用》，《理论界》2009 年第 4 期。

［43］王红梅：《加拿大竞争局的执法方法简介及评价》，《河北法学》2003 年第 5 期。

［44］王健：《关于推进我国反垄断私人诉讼的思考》，《法商研究》2010 年第 3 期。

［45］王太高、邹焕聪：《论给付行政中行政司法行为的法律约束》，《南京大学法律评论》2008 年（春秋合卷）。

［46］王天习：《论美国反托拉斯法"模糊性"的三大表现——从微软垄断案说起》，《法学评论》2002 年第 1 期。

［47］王廷惠：《反垄断法政策批评：知识约束及对过程竞争的威胁》，《经济评论》2008 年第 2 期。

［48］王万华：《我国行政法法典编纂的程序注意进路选择》，《中国法学》2021 年第 4 期。

［49］王锡锌：《规则、合意与治理——行政过程中 ADR 适用的可能性与妥当性研究》，《法商研究》2003 年第 5 期。

［50］王先林：《超高定价反垄断规制的难点与经营者承诺制度的适用》，《价格理论与实践》2014 年第 1 期。

［51］王先林：《论反垄断法实施中的相关市场界定》，《法律科学》2008 年第 1 期。

［52］王先林、吴建农：《垄断的一般界定与反垄断法所规制的垄断》，《安徽大学学报（哲学社会科学版）》2002 年第 1 期。

［53］谢佩芬：《管制走向下反托拉斯法规范手段之研究——以"协议裁决"为中心》，《公平交易季刊》2005 年第 1 期。

［54］徐世英：《欧盟竞争法的新发展对我国的启示》，《法学》2004 年第 8 期。

［55］许光耀：《"合理原则"及其立法模式比较》，《法学评论》2005 年第 2 期。

[56] 许少波:《论否定性法律后果的立法设置——以救济当事人民事诉讼权利为主的考察》,《法学评论》2005 年第 1 期。

[57] 许永钦:《违反公平交易法行为制裁制度之研究》,台北大学博士学位论文,2004 年。

[58] 应松年、薛刚凌:《论行政权》,《政法论坛》2001 年第 4 期。

[59] 应乙、顾梅:《论后果模式与法律遵循——基于法经济分析的视角》,《法学》2001 年第 9 期。

[60] 游钰:《反垄断宽大制度的理论分析与实证考察》,《法律科学》2008 年第 4 期。

[61] 余东华:《反垄断法实施中相关市场界定的 SSNIP 方法研究——局限性及其改进》,《经济评论》2010 年第 2 期。

[62] 余凌云:《论行政协议的司法审查》,《中国法学》2020 年第 5 期。

[63] 喻玲:《运用声誉激励机制破解卡特尔的稳定性——完善宽大制度的一条路径》,《法商研究》2010 年第 1 期。

[64] 曾勇:《〈谢尔曼法〉不确定性的历史研究》,浙江师范大学硕士学位论文,2007 年。

[65] 张东:《经营者集中申报前商谈制度比较研究》,《比较法研究》2013 年第 5 期。

[66] 张南日:《被"拟制"的法律——中国式的诉辩交易》,《政治与法律》2001 年第 4 期。

[67] 张淑芳:《行政强制与行政处罚关系的若干问题探讨》,《中国法学》1999 年第 3 期。

[68] 张占江:《竞争倡导研究》,《法学研究》2010 年第 5 期。

[69] 赵银翠:《行政复议和解制度探讨》,《法学家》2007 年第 5 期。

[70] 郑鹏程:《论现代反垄断法实施中的协商和解趋势——兼论行政垄断的规制方法》,《法学家》2004 年第 4 期。

[71] 郑鹏程:《美国反垄断法"本身违法"与"合理法则"适用范围探讨》,《河北法学》2005 年第 10 期。

[72] 郑文通:《我国反垄断诉讼对"滥用市场支配地位"规定的误读》,《法学》2010 年第 5 期。

[73] 周永坤:《论法律的强制性与正当性》,《法学》1998 年第 7 期。

［74］周赟:《演绎推理与司法结论的不确定性》,《厦门大学学报(哲学社会科学版)》2015 年第 6 期。

［75］周赟:《于不确定处寻确定:论司法的本质是自由裁断》,《苏州大学学报》2017 年第 1 期。

三、英文著作

［1］Andrew I. Gavil, William E. Kovacic, Jonathan B. Baker, *Antitrust Law in Perspective: Cases, Concepts and Problems in Competition Policy*, St. Paul: West Group, 2002.

［2］David M. Jacobs, Jack Stewart-Clark, *Competition Law in the European Community*, London: Kogan Page, 1991.

［3］D. H. Rosenbloom, R. D. Schwartz, *Public Administration: Understanding Management, Politics, and Law in the Public Sector*, New York: Marcel Dekker, 2002.

［4］E. Thomas Sullivan, Jeffrey L. Harrison, *Understanding Antitrust and its Economic Implications*, Danvers: Matthew Bender and Company, 2003.

［5］F. A. Heffron, *The Administrative Regulatory Process*, New York: Longman, 1983.

［6］Fred S. McChesner, Shughart, William F., *The Causes and Consequences of Antitrust: The Public-Choice Perspective*, Chicago: Universit of Chicago Press, 1995.

［7］Giuliano Amato, *Antitrust and the Bounds of Power*, *The Dilemma of Liberal Democracy in the History of the Market*, Oxford: Hart Publishing, 1997.

［8］Herbert Hovenkamp, *The Antitrust Enterprise: Principle and Execution*, Boston: Harvard University Press, 2005.

［9］Laurence Gormley, *Current and Future Perspective on EC Competition Law*, London: Kluwer Law, 1997.

［10］L. von Mises, *Human Action: A Treatise on Economics*, New Haven: Yale University Press, 1966.

〔11〕 Massimo Motta, *Competition Policy Theory and Practice*, Cambridge: Cambridge University Press, 2004.

〔12〕 P. E. Areeda, *Antitrust Analysisi: Problem, Text, Cases*, Boston: Little Brown and Company, 1988.

〔13〕 Robert Bork, *Antitrust Paradox: A Policy at War with Itself*, New York: Free Press, 1993.

〔14〕 William Breit, Kenneth G. Elzinga, *The Antitrust Casebook: Milestones in Economic Regulation*, Mason: South-Western College Publishing, 2001.

四、英文文章

〔1〕 A. Douglas Melamed, "Antitrust: The New Regulation", *Antitrust*, Vol. 10, 1995.

〔2〕 Bernard Mannin, "On Legitimacy and Political Deliberation", *Political Theory*, Vol. 15, 1987.

〔3〕 Christine Parker, "The 'Compliance' Trap: The Moral Message in Responsive Regulatory Enforcement", *Law and Society Review*, Vol. 40, 2006.

〔4〕 Christine Windbichler, "Informal Practices to Avoid Merger Control Litigation in the U. S. and West Germany: A Comparison", *The Antitrust Bulletin*, Vol. 25, 1980.

〔5〕 Donald I. Baker, "Revisiting History: What Have We Learned About Private Antitrust Enforcement That We Would Recommend To Others?", *Consumer Law Review*, Vol. 16, 2004.

〔6〕 Eleanor Fox, Lawrence A. Sullivan, "Antitrust-Retrospective and Prospective: Where Are We Coming From? Where Are We Going?", *New York University Law Review*, Vol. 62, 1987.

〔7〕 G. S. Beaker, "Crime and Punishment: An Economic Approach", *Journal of Political Economy*, Vol. 76, 1968.

〔8〕 George J. Stigler, "The Optional Enforcement of Laws", *Journal of Political Economics*, Vol. 78, 1970.

[9] George Stephanov Georgiev, "Growing Reliance on U. S.-Style Antitrust Settlements in EU Law", *Utah Law Review*, Vol. 97, 2007.

[10] Harry First, "Is Antitrust 'Law'"?, *Antitrust*, Vol. 10, 1995.

[11] James May, "Antitrust in the Formative Era: Political and Economic Theory in Constitutional and Antitrust Analysis 1880-1918", *Ohio State Law Journal*, Vol. 50, 1989.

[12] John J. Flynn, "Consent Decrees in Antitrust Enforcement: Some Thoughts and Proposals", *Iowa Law Review*, Vol. 53, 1968.

[13] John M. Nannes, "Termination, Modification, and Enforcement of Antitrust Consent Decrees", *Antitrust*, Vol. 15, 2000.

[14] Kramer, "Modification of Consent Decrees: A Proposal to the Antitrust Division", *Michigan Law Review*, Vol. 56, 1958.

[15] Lawrence M. Frankel, "Rethinking the Tunney Act: A Model for Judicial Review of Antitrust Consent Decrees", *Antitrust Law Journal*, Vol. 75, 2008.

[16] Lloyd C. Anderson, "United States v. Microsoft, Antitrust Consent Decrees, and the Need for a Proper Scope of Judicial Review", *Antitrust Law Journal*, Vol. 65, 1996.

[17] Milto Katz, "The Consent Decree in Antitrust Administration", *Harvard Law Review*, Vol. 53, 1940.

[18] Philip Areeda, "Justice's Merger Guidelines: The General Theory", *California Law Review*, Vol. 73, 1983.

[19] R. Preston McAfee, Nicholas Vakkur, "The Strategic Abuse of Antitrust Laws", *Journal of Strategic Management Education*, Vol. 3, 2004.

[20] Rechard A. Posner, "A Statistic Study of Antitrust Enforcement", *Journal of Law and Economics*, Vol. 13, 1970.

[21] Richard M. Steuer, "Counseling Without Case Law", *Antitrust Law Journal*, Vol. 63, 1995.

[22] Richard Schmalensee, "Thoughts on the Chicago Legacy in U. S. Antitrust", *Sapience Center for Competition Policy*, 2007.

［23］ Robert Bloch, "Past Practice and Future Promise, The Antitrust Division's Corporate Amnesty Program", *Antitrust*, Vol. 8, 1993.

［24］ Robert H. Bork, "The Rule of Reason and the Per Se Concept: Price Fixing and Market Division", *Yale Law Journal*, Vol. 74, 1965.

［25］ Rudolph J. Peritz, "The Predicament of Antitrust Jurisprudence: Economic and the Monopolization of Price Discrimination Argument", *Duke Law Journal*, Vol. 33, 1984.

［26］ S. W. Waller, "Prosecution by Regulation: The Changing Nature of Antitrust Enforcement", *Oregon Law Review*, Vol. 77, 1998.

［27］ Shingo Seryo, "Private Enforcement and New Provitions for Damages and Injunctions in Japan", in Clifford A. Jones and Mitsuo Matsushita(eds.), Competition Policy in the Global Trading System, *Kluwer Law International* 2002.

［28］ Thomas B. Leary, "The Antitrust Implications of 'Clinical Integration': An Analysis of FTC Staff's Advisory Opinion to Medsouth", *Saint Louis University Law Journal*, Vol. 47, 2003.

［29］ W. Page, "Ideological Conflict and the Origins of Antitrust Policy", *Tulane Law Review*, Vol. 66, 1991.

［30］ Walton Hamilton, Irene Till, "Antitrust—The Reach After New Weapons", *Washington University Law Quarterly*, Vol. 26, 1940.

［31］ William E. Kovacic, "The Influence of Economics on Antitrust Law", *Economic Inquiry*, Vol. 30, 1992.

［32］ William M. Landes, Richard A. Posner, "The Independent Judiciary in an Interest-Group Perspective", *Journal of Law and Economy*, Vol. 18, 1975.

［33］ Williams S. Hybrid, "Rulemaking under the Administrative Procedure Act: A Legal and Empirical Analysis", *University of Chicago Law Review*, Vol. 42, 1975.

后　记

我与反垄断法有着奇妙的缘分。1997年在中南政法学院读研时，我的导师王全兴教授主要从事经济法基础理论和劳动与社会保障法的研究，当时的研究生课程中也并无老师专门讲授反垄断法的相关知识，然而在毕业论文选题时，我莫名其妙地选择了自然垄断行业垄断的法律规制问题进行研究。但在此后的教学和科研中，我并没有继续深入反垄断法的研究。我自2008年进入南京大学法学院读博，我的导师李友根教授也并非反垄断法研究学者，我在临近毕业论文选题时，却开始对"反垄断法的不确定性"这一议题产生了极大的兴趣。在阅读大量的相关文献后，我逐渐认识到，反垄断法作为法之一种，尽管它承载着人们对法律确定性的期待，但其不确定性却远远超出了一般意义上的法律不确定性，这不仅反映在反垄断法律规则的含糊不清上，还表现为反垄断法适用原则的模棱两可，而这又进一步导致了反垄断法在适用过程中让人无所适从。

在博士毕业论文开题之前那段时间中，我醉心于阅读关于法律确定性以及反垄断经济学的理论文献，越来越确信反垄断法的不确定性是该法的本质特征，反垄断立法及其实施都应该围绕这一特征来展开。于是，在博士论文开题时，我热情满怀、信心满满地选择了"法律不确定性视角下的反垄断法实施机制研究"这一选题。现在想来，这一题目完全不是我这个初涉反垄断法学术领域、法学理论功底欠缺的人所能驾驭的。果然，我的开题报告受到了导师组的一致反对，甚至有老师质疑："我国《反垄断法》刚开始实施，你就要谈不确定性，是不是太不合时宜？"开题之后，尽管受到了沉重的打击，但我仍然不想放弃这个选题。最终我决定调整开题报告中论文提纲的内容顺序，将从理论到实践的内容安排，改成从实践到理论的逻辑，从国外反垄断法实施机制的独特之处谈起，进而探讨为何需要这些创新，从而顺理成章地将对反垄断法的不确定性的研究植入论文写作之中。尽管最终选题通过了，但是这一选题对于我来说是难以驾驭的，在如此宏大的命题面前，我算不上一个写作者，而是一个学习者。反垄断法像一个迷宫，虽引人入胜却令人迷茫纠结。面对庞大深邃的文献我总有一种自觉渺小、甘愿臣服的感觉。当然，这也许是性格使然，我似乎天生骨子里就带着一种随遇而安的惰性，因此，本书与其说是一次创作，不如说是一种阅读记录，带着"反垄断法应该如何实施才能实现其立法目的"这一疑问，我以一种"风吹哪页读哪页"的方式，将所有目力所及范围内的材料尽量以一个较为合理的逻辑串联起来，形成了我的博士毕业论文，从而有了本书的雏形。

在毕业之后，书稿又经过了几次修改，每次修改时我总会回忆起论文的写作过程，那些或迷茫，或困顿，或欣喜，或恍悟的感觉仍然历历在心。在南京大学读博的那三年，尽管在我的求学生涯中是最艰辛的一段时光，但也是最快乐和充实的。感谢我的导师李友根教授，在读博期间，老师如一个摆渡人，引领我领略学术海洋的浩瀚，感受学术研究的苦趣与乐趣。尤其是在毕业论文的写作过程中，无论是选题立论，还是谋篇布局都得到了老师的悉心指导。在毕业后很长一段时间里，老师仍然督促我对论文中的某些论题继续深入研究，促进本书的不断完善。求学于老师门下的三年中，老师坚毅严谨的治学态度、真诚谦逊的处世风格时常令我心生敬仰，也激励着我在之后的科研和教学中时刻以老师为榜样，努力做一个务实的研究者和一个受学生爱戴的好老师。

在本书付梓之时，我并没有半点轻松。我经常安慰学生：论文没有完美之说，答辩只是在漫长的修改过程中，像按下相机快门一样记录下这一刻的成果而已。然而，在自己的书稿出版之际，我却也像学生一样惴惴不安：我是否又为学术界投放了一份"学术垃圾"？我十分清楚，在学术上，我还是一个蹒跚学步的小儿，书中的谬误和缺漏自是难免，加之《反垄断法》修订在即，书中的很多内容恐怕一出版就已不合时宜，但也只能匆匆"按下快门"，期望在今后的学术研究中加倍努力来弥补今天的缺憾了。

本书的出版也让我有机会向很多我一直心存感激的人表达我的谢意。感谢湘潭大学法学院我曾经的同事们，无论在工作还是生活中，我都受到过他们各种无私的帮助。在那里，我度过了最美好的青春年华，也结识了一群情同姐妹的好同事，尽管现在天各一方，这些神仙姐妹们总让我思之忘俗。2015年，我来到了杭州，调至浙江理工大学法政学院工作。感谢浙江理工大学法政学院院长王健,他的关心和帮助让我很快消除了在新单位工作的陌生感。在浙江理工大学法政学院工作的七年中,我见证了学院在王健院长的带领下日新月异地发展和成长,也成为其中受惠的一员。感谢生我养我的父母,他们无为而治的养育方法养成了我恬淡不争的性格,这也是我一生幸福的基础。感谢我的先生王伟,他努力工作让我衣食无忧,生活中对我处处包容,让我虽已步入中年但仍能做一个任性的人。感谢我的儿子王以歌,他的到来让我开始踏实地生活,并时常带给我无以名状的幸福感。

此外,要感谢的人还有很多,感谢我的挚友王霞教授,她总是在思想上带领我,让我不敢变得庸俗。感谢浙江世元律师事务所的沈海江主任和吴臻律师,他们的陪伴让我很快熟悉了杭州这座城市并领略到人间天堂独特的美。还要感谢本书的责任编辑陈思佳女士,为本书付出了辛勤劳动,提出了专业而细致的修改意见。

·刘　进

2022 年 5 月 1 日

于杭州